KB260696

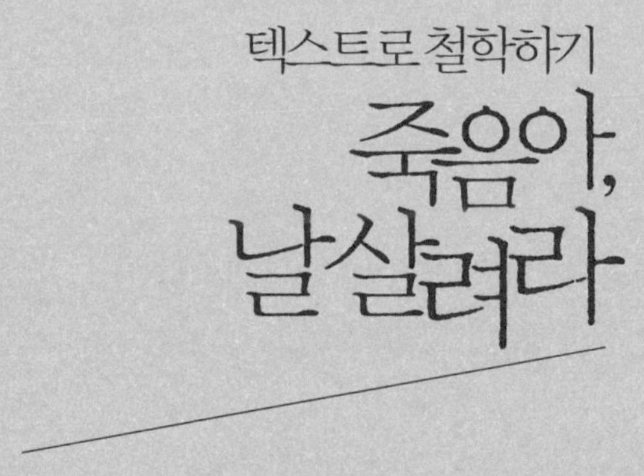

텍스트해석연구소 유헌식 외 지음

일러두기

▶ 이 책은 '죽음'을 주제로 한 텍스트를 함께 읽고 토론한 후, 정리된 생각을 글로 표현하는 과정을 거쳐 만들어졌습니다. 본문은 이를 차례대로 구성한 것입니다. 다만 자연스런 독서 흐름을 위해 텍스트, 읽기, 말하기, 쓰기라는 구분 대신 아래와 같이 표기하였습니다.

T : 텍스트 R : 읽기 S : 말하기 W : 쓰기

▶ 이 책에 사용한 텍스트는 저자와 출판사의 동의를 얻어 게재하였습니다. 다만 《뱀파이어와의 인터뷰》는 현재 한국어 번역 출판권이 소멸되었고, 번역자의 연락처를 찾을 수 없어 임의로 실었습니다. 이후 번역자와 연락이 닿는 대로 절차에 따라 허가를 받고 저작권료를 지불하겠습니다.

▶ 출판사마다 다른 편집 원칙으로 텍스트의 표기와 띄어쓰기 등에 차이가 있으나 저자의 의도를 살려 그대로 두는 것을 원칙으로 삼았습니다.

삶을 위한
죽음의 변주

1.

"세상의 모든 놀라움 가운데 가장 놀라운 게 무엇이냐?"

"인간이 자기 주변에서 다른 모든 생물이 죽어가고 있는 것을 보면서도 자신만은 죽지 않을 것이라고 믿는 것입니다."

인도의 오래된 경전 《바가바드기타》가 전하는 일화다. 이 책에서 텍스트로 다룬 톨스토이의 《이반 일리치의 죽음》에서 자기 생이 얼마 남지 않았다고 선고받은 이반이 자기의 죽음을 부정하는 경우와 곧바로 통하는 이야기다. 이반은 케사르의 명제, 즉 '케사르는 죽는다. 모든 인간은 죽는다. 따라서 나도 죽는다.'는 추론에서 정작 자신은 이런 결론을 수용할 수가 없다. 케사르는 죽어도 나는 죽지 않는다. 그렇다! 살아 있는 자에게 '자기의 죽음'만큼 낯선 사건은 없다. 그 이유는 누구도 죽어본 경험이 없다는 사실보다는 생명의 본성상 죽음을 거부한다는 삶의 맹목적인 의지에서 찾아야 할 것이다.

나는 죽지 않을 수 없지만, 현실에서의 죽음은 나에게 해당되는 사항이 아니다. '다른 이는 죽어도 나는 죽지 않는다.'는 역설이 죽음 문제를 다루는 데서 부딪히는 실질적인 난관으로 보인다. 자신의 죽음을 '생각'할 수는 있어도 '실제로 벌어지는 사건'으로 인지하기는 어렵다. 그래서 '죽음'을 죽음답게 다루기는 쉽지 않다. 섣불리 '죽음'에 뛰어들 일은 아니었지만, 충분히 늙었더라면 죽음을 더 잘 이해하고 말할 수 있었을까? 그렇지 않은 것 같다. 죽음이라는 주제를 놓고 텍스트를 선정하는 과정에서 유명인들의 '미리 쓰는 유서'도 살펴봤지만 우리가 기대하는 죽음의 냄새는 맡지 못했다. '정말 실감나지 않지만'이라는 문구로 시작되는 유서들은 아직 따뜻하고 편안했다.

죽음은 삶 바깥으로 나갈 때 부딪치는 문제다. 죽음은 좀처럼 잡히지 않았다. 삶에서 바라보는 죽음은 낯설고 아득했다. 죽음은 삶 속에서 다룰 수 있는 가장 껄끄러운 주제 가운데 하나다. 그렇지만 인간이 영생의 꿈을 실현하거나 지구가 파멸하기 전까지 죽음만큼 궁극적이고도 극단적인 테마는 없을 것이다. 조갯살에 칼을 대면 움츠리는 것처럼 생명의 소멸에 대한 위협 앞에서 인간은 두렵고 무력하다.

신은 인간에게 자기의 죽음을 두려워할 줄은 알게 했으나 자기의 죽음을 슬퍼할 수는 없게 만들었다. 자기의 죽음을 슬퍼할 경우 인간을 두 번 죽게 하는 꼴이 되기 때문이다. 그만큼 죽음에 대해 인간은 극단적인 거부의 몸짓을 보인다. 그런데 이러한 부정적인 몸짓의 배경이라 할 죽음은 그 자체로 실체가 아니라 삶 쪽에서 만들어낸 가상이다. 살아 있는 자에게 죽음이란 없다. 죽음에 대한 '의식'이 있을 따름이다. 하지만 자기의 죽음에 대한 의식이야말로 삶의 방향타 역할을 할 수 있다.

 죽음은 결국 '삶에 대해서 죽음'이고 삶을 떠나서는 죽음이 문제가 되지 않는다. 죽어서는 내가 할 수 있는 일이 전혀 없다. 죽음도 결국은 '삶을 위한 죽음'이다. 죽음이라는 삶 밖의 문제는 삶의 속을 결정하는 가장 극적인 변수이다. 어느 소설가의 말처럼 "삶은 죽음을 준비하기 위해 꼭 필요한 만큼 지속되는 과정이다." 죽음을 삶에 끌어들이는 것은 양자가 평면에서 충돌하는 사태를 막고 죽음을 통해 삶을 적극적이고 구체적으로 살리기 위해서이다.

 2.

 죽음이 어떻게 삶을 살릴 수 있을까? 이 물음은 삶의 곳곳에 숨어 있는 죽음을 어떻게 들춰낼 것인가 하는 문제에 닿아 있다. 죽음은 삶을 희롱하는 유령이 아니라 삶을 지시하는 전령(傳令)이다. 삶을 노리는 사냥꾼이 아니라 삶을 지키는 파수꾼이다. 이 책에는 죽음을 노래하는 다양한 삶의 합창이 담겨 있다. 우리는 죽음에 관한 텍스트를 선별하고 읽고 토론하고 글로 표현함으로써 텍스트에서 표출되는

협화음과 불협화음의 변주를 드러내고자 했다.

삶은 문제들로 둘러싸여 있다. 문제에 접하여 직접 뛰어들어 해결하기도 하고, 때로는 한 발 물러서 사태를 관망하기도 한다. 하지만 죽음은 그렇게 여유로운 상대가 아니었다. 죽음의 주제에 다가서기 위해 우리는 죽음의 구체적인 현장으로 뛰어가기보다는 우회로를 택하기로 했다. 죽음과 관련된 다양한 문제상황을 제시하고 나름의 해법을 제시하는 전문적인 작가들의 힘을 빌리기로 한 것이다. 이들의 작품에는 죽음의 문제와 씨름하는 장면들이 생생하게 묘사되어 있는데, 이 묘사된 장면들을 우리는 '텍스트'라 부른다. 이 책에는 텍스트로서 영화, 소설, 민요 그리고 철학에세이가 포함되어 있다.

우리는 삶의 핵심적인 주제들에 관념적이고 추상적으로 접근하지 않고 삶의 현장성을 간직한 텍스트를 바탕으로 그 안에서 철학적 의미를 발견하고자 했다. 이를 통해 철학을 중심으로 인문학의 다른 분야들이 서로 호흡할 수 있는 공간을 확보하고자 했다. 철학적 성격을 띠지 않은 텍스트에 감추어진 철학적 의미를 찾기 위해서는 텍스트를 제대로 읽고 이해했는지 따져 묻기 위해 서로 대화하고 토론해야만 했다. 이 과정에서 생각들이 마주치면서 다른 새로운 생각들이 나타났다. 텍스트의 해석을 둘러싼 토론의 결과는 텍스트 밖으로 확대되어 삶의 보편적인 의미를 드러내는 글쓰기로 이어졌다. 이렇게 읽고—말하고—쓰는 일련의 과정이 어우러져 '텍스트로 철학하기'가 완결되었다.

우리의 작업 결과는 최종적이지 않다. 독자들은 우리의 해석에 대해 이견을 제시할 수 있다. 그리하여 독자와 소통하는 철학하기의 장을 마련하고자 한다. 이 현장에 함께하실 분들은 '삶과 철학의 접점을 찾아서(www.phillife.net)'로 오길 바란다. 여기서 서로의 생각을 자유롭게 주고받아, 이 책이 독자와의 대화를 통해 성장하는 책이 되었으면 한다. 삶에서 출현하는 숱한 문제 상황을 사람들은 어떻게 극복해 가는지, 그 패턴을 찾는 우리의 작업에 동승하여 독자들이 한층 밝고 즐거운 일상을 꿈꿀 수 있기를 기대한다.

2008년 10월

유헌식

차례

머리말 삶을 위한 죽음의 변주 · 5

등장인물 소개 · 14

chapter 1
한 번 죽음은 영원한 죽음

T │ 〈상엿소리〉 · 19

R │ 상엿소리가 구슬픈 까닭은? · 23

S │ 왜 죽는 게 싫은가? · 26

W │ 삶만이 아름답다 · 33

chapter 2
공공의 적과 홀로 싸우다

T │ 《이반 일리치의 죽음》 · 49

R │ 이반은 어떻게 죽음의 문을 통과하나? · · · · · · · · · · · 58

S1 │ 죽음은 나에게 어떻게 다가오나? · · · · · · · · · · · · · · · 62

W1 │ 내 삶은 나의 죽음을 취급하지 않는다 · · · · · · · · · · · 71

S2 │ 어떻게 삶에서 손을 뗄 수 있나? · · · · · · · · · · · · · · · 84

W2 │ 죽음의 어둠 속에서 빛을 보다 · · · · · · · · · · · · · · · · 92

chapter 3

죽음 없는 삶은 너나 가져라

T1 | 〈티토노스〉 · 109

T2 | 《뱀파이어와의 인터뷰》 · · · · · · · · · · · · · · 115

R | 티토노스와 뱀파이어가 영생을 거부하는 이유는? · · · · 120

S | 삶에는 왜 끝이 있어야 하나? · · · · · · · · · · · 124

W | 살아 있는 것은 죽기 때문에 아름답다 · · · · · · · · 136

chapter 4

일하지 않는 자, 죽지도 말라

T | 〈이키루〉 · 151

R | 와타나베는 왜 동네 놀이터에서 죽었나? · · · · · · · 163

S | 어떻게 죽어서도 살 수 있나? · · · · · · · · · · · · 166

W | 죽음 앞에서 자기 일을 찾다 · · · · · · · · · · · · 174

chapter 5

죽음이 삶을 후려칠 때

T | 《베로니카, 죽기로 결심하다》 · · · · · · · · · · · · · · · · · · · 189

R | 노인의 뺨을 때린 베로니카에게 어떤 일이 벌어졌나? · · · · · 197

S | 죽음은 어떻게 자기다운 삶을 살게 하나? · · · · · · · · · · · 202

W | 삶을 걷어차야 진짜 삶이 보인다 · · · · · · · · · · · · · · · 210

chapter 6

진리찾아 황천까지

T | 〈파이돈〉 · 221

R | 소크라테스가 기꺼이 독배를 든 까닭은? · · · · · · · · · · · 228

S | 어떻게 죽음을 넘어설 수 있나? · · · · · · · · · · · · · · · · 232

W | 진리를 향한 믿음은 죽음을 무릅쓴다 · · · · · · · · · · · · · 242

chapter 7

순간이여 영원하라

T | 〈시계가 걸렸던 자리〉 · 259

R | 내 삶은 몇 조각 뼈로 남을 뿐인가? · · · · · · · · · · · 266

S | 죽음은 왜 끝이 아닌가? · · · · · · · · · · · · · · · · · · · 270

W | 시계가 멈춘다고 시간이 멈추지는 않는다 · · · · · · 281

난 무미건조하다. 사람들이 말 안 해도 내가 더 잘 안다. 감정에 둔감하고 논리만 따라다녀 여동생이 '논리박쥐'라고 놀린다. 그렇다고 내가 논리를 신념처럼 간직하고 사는 건 아니다. 난 신념에도 둔감하다. 내가 논리를 좋아하는 건 그것이 아름답기 때문이다. 내가 아름답다고 생각하는 건 동물의 율동보다 식물의 정적. 난 책에 담긴 진리와 유려한 말들을 즐기고, 특히 액자에 담긴 그림을 즐긴다. 클레와 마그리트는 나의 안식처. 내가 활달했다면 친구가 많고 평범했을 것이다. 난 무턱대고 아무거나 믿는 사람을 싫어한다. 난 우정과 사랑보다 진리와 자유라는 말이 더 좋다.

난 별점을 믿어. 물고기자리와 전갈자리를 섞어놓은 게 바로 나지. 뒤집어 입어도 상관없는 옷을 즐겨 입고 예쁘고 작은 것들을 수집해. 외동딸이어서 그럴까? 난 어른들이랑 있는 게 편해. 할머니들이 해주는 옛날얘기는 하나같이 다 재미있어. 아이들도 좋아하지만 사실은 동물들과 더 친하지. 불같이 화를 내도 사람들은 나더러 투정부린다고 해. 그래서 속상할 때가 많아. 난 소설가 지망생이야. 장대한 판타지 소설을 한 편 쓰고 홀연히 떠난다면 정말 멋지지 않을까? 그날이 오면 보란 듯이 배낭 하나 둘러메고 세계 일주를 떠날 거야. 친구들이 울보라고 놀리는데 이과수 폭포 앞에서 마음 놓고 울 거야.

준서

나연

나연이 본 준서

준서는 답답해. 논리제일주의자거든. 화가 났는지 안 났는지도 모르겠어. 녀석의 속내는 논리 밑에 잘 감추어져 있으니까. 뭘 생각하니? 기분 안 나빠? 난 자꾸 준서를 쑤셔보고 싶다. 딱 교수 타입이야. 뭐 썩 괜찮은 진중한 교수. 사실 녀석의 은근과 끈기는 날 점점 놀라게 한다.

준서가 본 나연

나연이와 함께 다니면 깜짝 놀랄 때가 많다. 내가 보지 못한 작은 것, 내가 기억하지 못하는 사소한 일을 나연이는 너무나 잘 알고 있다.
눈에 확대경이 있나? 머릿속에 필름이? 스스로도 놀라는 사실이지만, 왠지 나연이 같은 애인이 있었으면 하고 바랄 때가 있다.
매우 피곤하리라는 것은 안다. 감동과 흥분이 항상 도를 넘으니까.

난 심심한 사람. 방에 처박혀 있길 잘해서 사람들이 그렇게 부른다. 어쩌겠어. 게으름과 지저분함이야말로 내 정체성인걸. 생일을 챙기든 말든 그딴 관습이 무슨 상관이야. 아무튼 같이 밥 먹으러 가자고 치근대는 사람 딱 질색이다. 나의 낙은 귀찮은 듯 듣고 있다가 시비 거는 거. 그럴 땐 의외로 꼼꼼해진다. 그래도 역시 제일 즐거운 건 댄디보이 남동생과 한밤중에 영화 보는 일. 오늘은 〈킬빌〉 보고 내일은 〈희생〉 보고. 짜증나는 건 농담하고 있는데 친구들이 잘난 척한다고 넘겨짚을 때. 그나저나 장가는 갈 수 있을까? 워낙 퍼지길 좋아해서. 난 어딜 가도 내 집 같다. 물갈이도 안 하고 잠자리도 안 가린다.

시후

하람이 본 시후
시후는 알다가도 모르겠다. 다른 사람한테는 별로 관심이 없는 것 같다. 혼자만의 시간을 즐기며 '나는 자유인이다!'를 외치는 시후를 보면 신기하다. 정말 혼자인 게 좋을까? 항상 농담 반 진담 반을 섞어 나를 당황케 하는 녀석. 그래도 언젠가는 어른스러워지겠지?

난 바지를 주로 입고 주말이면 자전거를 타고 동네를 둘러본다. 사람 사는 모습은 언제나 경이롭다는 말을 믿으며 진심으로 이 경이로움에 내가 보탬이 됐으면 한다. 내가 싫어하는 건 작은 언니의 수다, 내가 좋아하는 건 나를 잘 따르는 남동생이다. 난 의욕적이지만 현실적이지 못하다는 말을 들으면 화가 난다. 이상만 앞서고 실천엔 젬병이라는 얘기인가? 그럴 때면 난 다시 중심을 잡기 위해 정태춘과 시네이드 오코너를 듣는다. 내 방에 걸려 있는 유명한 혁명가들의 초상을 물끄러미 바라보면서. 나는 최근 좌우명을 정했다. 따뜻한 마음으로 뜨겁게 행동하자.

하람

시후가 본 하람
사실 놈이 부럽다. 그렇다. 하람이는 여자이지만 나보다 더 놈이다. 마초의 육체를 가졌다는 얘기가 아니라 정신이 강건하다는 얘기다. 적극적이고, 약자에게 따뜻하고, 세상 사람 모두에게 주목한다. 그렇게 주목하기 때문에 적당히 감성적이기까지 하다. 하람이는 분명 나중에 일간신문의 사회면과 국제면에 자주 등장할 것이다.

chapter 1
왜 죽는 게 싫은가? · 죽음은 나에게 어떻게 다가오나? · 삶에는 왜 끝이 있어야 하나?
죽어서도 살 수 있나? · 죽음은 어떻게 자기다운 삶을 살게 하나? · 어떻게 죽음을 넘어설 수 있나? ·
죽음은 왜 끝이 아닌가? · 왜 죽는 게 싫은가? · 죽음은 나에게 어떻게 다가오나? · 삶에는 왜 끝이 있어
야 하나? · 어떻게 죽어서도 살수 있나? · 죽음은 어떻게 자기다운 삶을 살게 하나? · 어떻
게 죽음을 넘어설 수 있나? · 죽음은 왜 끝이 아닌가? · 왜 죽는 게 싫은가? · 죽음은 나에게 어떻게 다가오나? · 삶에는 왜 끝이
나? · 어떻게 죽어서도 살 수 있나? · 죽음은 어떻게 자기다운 삶을 살게 하나?

삶만이 아름답 다 · 내 삶은 나의 죽음을 취급하지 않는다 · 죽 음의 어둠 속에서 빛을 보다 · 살아 있는 것은 죽기 때문에 아름답다 · 죽음 앞에서 자기 일을 찾다 · 삶을 걷어차야 진짜 삶이 보인다 · 진 리를 향한 믿음은 죽음을 무릅쓴 다 · 시계가 멈춘다고 시 간이 멈추지는 않 는다 · 삶만이 아름 답다 · 내 삶은 나의 죽음을 취급하지 않는다 · 죽음의 어둠 속에서 빛을 보다 · 살아 있는 것 은 죽 기 때문에 아름 답다 · 죽음 앞에서 자기 일을 찾다 · 삶을 걷어차야 진짜 삶이 보인다 · 향한 믿음은 죽음을 무릅 쓴다 · 시계가 멈춘다고 시간이 멈추지는 않는다 · 삶만이 아름답다

한번 죽음은 영원한 죽음

상엿소리

'상엿소리'는 장례 절차에서 상여를 운반하는 동안 곁들이는 노래다. 상여가 장지에 도착하기까지 노래는 상여를 운반하는 상여꾼들의 수고와 노동을 뒷받침하고 조절한다. "이제 가면 언제 오나 어야 디야." 하는 낯설지 않은 가락 역시 상엿소리에 속한다. 발췌 텍스트는 《전남의 민요》에서 뽑은 것으로 1980년대 후반 전라남도 지역에서 채록된 노래다. 지금도 촌에서 불리는 상엿소리는 한국의 전통적인 인생관을 담고 있다.

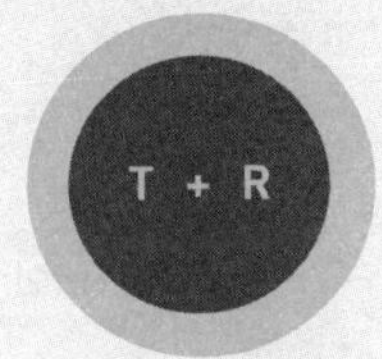

1. 〈상엿소리〉(1987년 전남 영광)

인제 가면 언제 올끄나
오실 날도 창망 없네.
어~노~어~허~노
어~노~어~하노~(이하 후렴구 생략)

언지녁엔 우리 집서 잤드니
오늘 저녁부터는 명산대천 홀로 누워
두견이 잡동새로 벗을 삼네.

황천이 멀고 멀다 드니
앞의 강산이 황천이네.

어화청춘 소년들아
백발 보고 반대 마라.
백발이 따로 있는가
청춘이 늙어지면
백발이 되네.

우열거나 어쩔헐거나
이놈의 노릇을 어쩔거나

우리 인간은 한 번 앗차 생겨났다
한 번 가는 질은 다 있다네.

(중략)

꽃은 졌다도 춘삼월 되면 다시 피는디
우리 인간은 한 번 가면
다시 환생을 못 헌다네.

우리 인간 한세상 허망헌 것이
살다 죽으면 글로 끝나네.

해도 졌다 다시 뜨고
달도 졌다 다시 뜨는디
우리 인간은 한 번 가면
다시 환생을 못 헌다네.

2. 〈상엿소리〉(1988년 전남 완도)

친구 벗이 많다 헌들
누가 대신 가리오.
아에헤헤~허위~관음보살
관음보~살

형제 벗이 많다 헌들
어느 누가 내 대신 갈꺼나

염왕 길이 머다 드니만
문턱 밑이 염왕일세그려.

(중략)

천만 년이나 백만 년은
철년 말년만 살지만 알고서

에헤~널 어허~널
어이 가리 넘자가 너와넘

먹도 입도 못 허시고
가고 싶은지 다 못 가시고

이승의 이 길을 하직허고
저승에 갈라니 내 못 가겠다.

이리 쉽게를 갈지라면
먹고 입고를 맘대로 허고

씌고 자푼 돈 다 써보고
오고 갈디를 다 봐볼건디

일만 하다가 나는 가오.
일만 하다가 갈라고 허니

못 가겠소 못 가겠소.
참말 원통해 내 못 가겠소.

지춘상, 〈상엿소리〉, 《전남의 민요》, 전라남도, 1988,
581~582, 585~586, 656, 662~663쪽

에헤~널 어허~널
어이 가리 넘자가 너와넘

상엿소리가
구슬픈 까닭은?

텍스트 〈상엿소리〉는 전래 민요이다. 이것은 보통 사람들이 죽은 이를 장지로 나르며 부르는 노래다. 그래서 이 텍스트에는 죽음에 대한 현학적인 성찰이 아니라 보통 사람들의 죽음에 대한 생각이 날것 그대로 들어가 있다. 그 소리가 구슬프고 애절한 데 비해 정작 상여꾼들은 춤추듯 놀이하듯 저승길로 망자를 인도한다.

마을 아이들에게 상여 행렬은 분명히 놀이다. 상여꾼들도 얼마쯤은 소풍 가듯이 상여를 메고 한 걸음 한 걸음 장지를 향해 발걸음을 옮긴다. 이때 상여꾼 가운데 우두머리 격이 되는 사람이 읊조리는 상엿소리를 들어보자. "인제 가면 언제 올끄나 오실 날도 창망 없네." 발췌 텍스트의 소리는 질펀한 전라도 방언으로 불린 소리다. 소리꾼이 길게 선창을 하면 나머지 상여꾼들은 후렴구를 반복한다. 듣고 전해지는 구비문학의 특성상 민요는 사태의 핵심만 압축적으로 드러낸다. 상엿소리 역시 압축적 표현을 사용하여 죽음에 대응하는 사람들의 심경을 맛깔나게 노래한다. 상엿소리에는 한 인간을 삶에서 죽음으로 나르는 데 따른 서민들의 애환과 의식이 담겨 있다. 하여 우리 민족이 죽음에 대해 전통적으로 지녀온 생각을 파악하는 데 좋은 자료가 된다.

민간전승이라는 특징을 고려할 때 민요는 인간의 자연적인 감정을 감추거나 거르지 않고 있는 그대로 드러낸다. 한 인간의 급작스런 부재로서의 죽음이라는 사건에 직면하여 자연인으로서의 인간들이 어떤 반응을 보이는지를 상엿소리는 적나라하게 보여준다. 바로 이 이유 때문에 우리는 〈상엿소리〉를 죽음이라는 주제를 다루는 데서 맨 앞자리에 위치시켰다. 그럼으로써 '죽음'을 인간의 '문제 상황'으로 인식하고, 그 이후에는 이 문제 상황을 어떻게 극복할지를 살피고자 한다.

어찌 보면 상여가 나가는 길은 상여꾼들이나 그 죽음 의식에 참여하는 모두가 앞으로 가야 할 길이다. 상엿소리에 담긴 말들은 산 자가 죽은 자에게 그리고 죽은 자가 산 자에게 하고 싶은 말을 상여꾼의 입을 빌려 대신하는 것이다. 〈상엿소리〉 텍스트는 그 자체로 구슬픈 가락으로 점철되어 있다. 여기에서 우리는 '죽음'이 인간에게 던지는 일상적이고 일차적인 의미를 확인할 수 있다. '죽음'에 대한 일상인들의 반응은 지극히 부정적이다. 무릇 생명을 지니고 태어난 자에게 그 생명의 끝이 달가울 리 없다. 죽는 건 싫다. 슬프다. 죽음 앞에서 삶의 허무가 밀어닥친다.

종교와 철학은 한결같이 인간을 죽음에 대한 두려움에서 해방시키려고 한다. 인간은 '생각하는 존재'로서 다른 동물과 달리 죽음 앞에서도 의연할 수 있는 길을 부단히 모색해왔다. 그렇지만 그 길은 인간의 자연성을 초월한 극소수의 인간들에게만 주어질 뿐, 대다수의 사람들에게 죽음을 초월하는 길은 막연하기 그지없다. 보통 사람들은 '죽음'에 대하여 반성적으로 사유하기 이전에 거의 즉각적으로 죽음을 거부한다. 그야말로 '원초적 본능'이다. 반성적인 사유가 인간을 지배하기 이전에 일상의 생활세계에서 드러나는 죽음에 대한 자연적인 태도는 원색적이긴 하지만 진솔하다. 정신의 수양을 통하여 일정한 경지에 도달한 수도자들조차 죽음 앞에서 충분히 당당할 수 없는 경우는 바로 죽음의 이러한 속성 때문으로 보인다.

〈상엿소리〉는 죽음 앞에서 떨고 있는 인간의 자연적인 면모를 폭로한다. 죽은 자와 이별하는 자리는 거침없이 애달프고, 사람들은 끝까지 삶에 매달린다. '개똥밭에 굴러도 이승이 좋다.'거나, '죽으면 그만'이라는 흔한 말이 그대로 들어맞는 경우이다. "이리 쉽게를 갈지라면 먹고 입고를 맘대로 허고", "못 가겠소 못 가겠소. 참말 원통해 내 못 가겠소." 상엿소리가 쏟아내는 이 말에 우리는 흔들릴 수밖에 없다. 누구나 살아가면서 주변 사람들의 죽음을 목격하고 있고, 자기 역시 한 번은 밟아야 할 '상엿소리'가 흐르는 길이기 때문이다. 왜 사람들은 원통해 하나, 죽음이 그야말로 '죽어도' 싫은 이유는 무엇인가?

왜 죽는 게
싫은가?

시후 ｜ 어후~ 끈적끈적해. 왜 이리 질척하누.

나연 ｜ 정말 우기인가봐. 이건 아열대 기후 아니니? 난 햇빛 쨍쨍한 여름이 좋은데.

시후 ｜ 텍스트 말이여. 〈상엿소리〉 왜 이런 거냐? 누가 이런 아열대 텍스트를 갖고 온 거야?

하람 ｜ 저요! 신고합니다. 《전남의 민요》에서 뽑은 〈상엿소리〉야. 영취미에 안 맞나보네.

준서 ｜ TV에서 전통적인 방식으로 치러지는 장례 풍경을 본 적이 있어. 상여를 메고 가면서 부르는 노래가 아마 상엿소리지?

나연 │ 상여?

하람 │ 그래, 죽은 사람을 나르는 도구. 요즘은 검은 띠 두른 장의차로 대부분 바뀌었지. 어렸을 때 시골에 살면서 상여 나가는 걸 몇 번 봤어. 장정 열 명가량이 함께 상여를 메고 발 맞춰 나가면서 노래를 불러. 그게 상엿소리야. 장지에 관을 묻으면서 부르는 노래까지 상엿소리라 일컫기도 하고. 한마디로 한국의 전통적인 진혼곡이지.

시후 │ 참, 전통적으루다 칙칙혀.

나연 │ 사람이 죽었잖아. 무거운 일이고, 슬픈 일이고.

시후 │ 아니, 죽음은 무조건적으루다 아픔과 슬픔을 동반해야 되는 건가?

준서 │ 상엿소리를 보면 우리 주변에서 흔히 볼 수 있는 죽음의 풍경과 닮았어. 보내는 이는 애통해 하고, 떠나는 이는 억울해 하고. "우열거나 어쩔헐거나 이놈의 노릇을 어쩔거나" 이건 보내는 이의 말일 테고, "못 가겠소 못 가겠소." 하는 대목은 떠나는 이의 말이겠지.

하람 | 떠나는 이의 목소리는 보내는 이의 목소리를 투영한다고 봐야 할 거야. 죽은 이의 심정이 이럴 것이라고 살아 있는 이들이 대변하는 셈이니까. 양쪽 모두 똑같이 죽음을 거부하고 죽음을 슬퍼하고 있어.

나연 | 수용과 거부의 문제라기보다 원색적인 호오(好惡)의 문제 아니니? 누군가가 죽는 게 싫은 거야. 그 사람이 자기 옆에 더 머물러주었으면 좋겠는데 말이야. 자신의 죽음도 그래. 주변 사람의 죽음을 보면서 자신의 마지막을 상상하는 거야. 그러면 죽는 게 정말로 싫어지겠지.

하람 | 떠나는 이와 보내는 이가 인간의 일생을 공감한다는 말이지? 그러고 보면 상엿소리는 참 따뜻한 노래야. 여기 해당 구절이 있어. "백발 보고 반대 마라. 백발이 따로 있는가", "우리 인간은 한 번 앗차 생겨났다 한 번 가는 질은 다 있다네." 표현이 참 질박한걸.

시후 | '아차' 하는 순간에 생겨나고 떠나는 게 인생이라. 표현 예술이구먼. 그렇담 '아차' 때문에 슬퍼지는 건가? 그게 싫은 건가? 갑자기 사람이 가버리니까?

준서 | 왜 죽음을 갑작스럽다고 생각할까? 인생에서 '한 번 가는 길'이 있다는 건 누구나 알고 있는 사실인데.

나연 | 아니, 제대로 모르고 있는 거 아니니? "황천이 멀고 멀다 드니 앞의 강산이 황천이네." 내 인생의 마지막에 '황천'이 있다는 사실은 알지만, 그저 막연하게 '멀고 멀다'고 여기는 거야. 나의 죽음을 머리로는 알지만 피부로 느끼지는 못해.

시후 | 야, 생각해봐라. 죽음을 피부로 느낀다면 살맛이 나겠냐? '황천'이든 '염왕길'이든 멀리 있다고 생각해야 살맛이 나는 거지.

하람 | 맞아. 어느 신문기사가 생각난다. 어떤 사람이 시한부 인생을 선고받고 나서 옷 한 벌만 남기고 가산을 탕진했다나. 그런데 그게 오진으로 밝혀졌고, 결국 병원을 상대로 소송을 냈다는 거야. 그땐 그냥 웃어넘긴 기사였는데, 지금 생각해보니 충분히 그럴 만해. 말기암 선고를 받은 사람들의 반응은 대부분 비슷하대. 내가 왜 이렇게 아등바등 살았나, 뭐 하러 열심히 살았나, 허망해 한다잖아.

시후 | 내일 지구가 멸망한대도 한 그루 사과나무를 심겠다던 인간이 누구였더라? 참말로 비인간적이지.

준서 | 삶을 위해서였든, 삶에 바빠서였든 삶 속에 죽음을 멀리 두었다고 치자. 그래서 죽음이 갑작스럽고 슬플까? 죽음을 생각지 못했기 때문에? 만약 죽음이 삶과 그리 다르지 않다면 예기치 않은 죽음이라도 갑작스럽게 느껴지지 않을 거야.

시후 ┃ 흠. 죽음의 전과 후가 다르다, 이를테면 '단절'이라 할 만큼 죽음이 낯선 것이라는 뜻인가?

준서 ┃ 그래, '단절'. 적절한 표현이야. 이 대목을 봐. "언지녁엔 우리 집서 잤드니 오늘 저녁부터는 명산대천 홀로 누워 두견이 잡동새로 벗을 삼네." '엊저녁'과 '오늘 저녁'의 단절이라 할 만하지.

나연 ┃ 표현이 참 맘에 들어. 엊저녁에 같이 잤던 사람이 오늘은 건넛산에 누워 있다. 꽃이나 새처럼 전혀 다른 생명체, 아니 죽었으니 생명체도 아니지. 전혀 다른 유(類)의 개체가 돼버린 거야. 마치 나쁜 마법에라도 걸린 것처럼 말이야.

하람 ┃ 그래, 좋은 마법은 아닌 거 같네. 삶과 죽음이 서로 이질적이라 한다면, 어떤 면에서 그럴까? 아니, 삶과 죽음의 단절을 말하는데 어떤 세계관이 숨어 있는 거지?

시후 ┃ 눈에 보이는 대로 믿는다는 거지. 사후 세계 따위는 미덥지 않다고 생각하는 거야.

하람 ┃ 하기야 죽은 후에 환생한다든가, 지복의 나라로 간다고 생각한다면, 사람들이 이토록 죽음을 싫어하고 죽음에 고통스러워하진 않겠지.

나연 | 지극히 현세적인 가치관이야. 정말로 인생의 끝은 아주 간단하게 처리돼. 사망진단서 한 장으로 한 사람의 행정적인 기록이 소거되고, 펄펄 살아 있던 사람이 이 세상에 잠시 살다간 사람으로 기록돼. 몇 년 몇 월 며칠부터 몇 년 몇 월 며칠까지 존재했던 사람, 현재 존재하지 않으며 앞으로도 존재하지 않을 사람.

시후 | 거, 설명 참 살벌하네.

나연 | 생의 살벌함을 상엿소리가 그대로 보여주고 있는 거 같아. 사람들이 애써 죽음을 위로하고 영생을 기원하는 모습을 보면 그만큼 죽음이 감당 안 된단 말이겠거니 싶어. 생명체의 죽음이란 결국 물리적인 과정이고 인간의 죽음도 예외가 아니야. 보이고 들리는 형태로 존재하던 생명이 더 이상 보이지 않고 들리지 않게 됐다면 거기서 중단된 거야. 끝이라구. 이 실제적인 변화를 사람들은 충격으로 받아들이는 거야.

하람 | 흔히들 그러잖아. '죽으면 그만'이다, '개똥밭에 굴러도 이승이 좋다.'

준서 | 텍스트에 정확히 나와. "우리 인간 한세상 허망헌 것이 살다 죽으면 글로 끝나네." '꽃'도 '해'도 '달'도 모두 환생하는 것처럼 보이는데 "우리 인간은 한 번 가면 다시 환생을 못 헌다네." 그러니까 물

리적이고 감각적인 세계관이 얻어낸 답은 이거야. '죽음＝끝'. 그 이상도 그 이하도 없다. 내 몸의 물리적인 끝이 곧 인생의 종말이다. 사람들이 일상에서 흔히 느끼는 감각이지.

하람 ｜ '이제 가면 언제 오나.' 하는 익숙한 곡소리 있잖아. 그러고 보니 텍스트 첫 대목과 많이 닮았어. "인제 가면 언제 올끄나 오실 날도 창망 없네." 창망 없다는 말은 멀고 아득하다는 뜻이야. 죽음의 길은 영영 돌아올 수 없는 길이고 '이승'과 '저승'은 서로 만날 수 없는 길이고. 그래서 죽은 사람을 두고 '가버렸다'고 표현하나봐.

준서 ｜ '간다'고 하지만 사실 갈 곳이 없어. 삶의 끝은 죽음이고, 죽음은 모든 것의 끝이니까. 이때 죽음은 산화된다, 무화된다는 의미와 다를 바 없어. 죽음의 무방향성과 무목적성이 사람들을 공포에 빠뜨리는 거지.

나연 ｜ 누구도 생의 처음을 몰랐지만 일단 시작된 생의 한가운데서 사람들은 끝나지 않을 것처럼 살아가. 그러다가 어느 날 감쪽같이 끝나버리는 거야. 애들아, 인생은 한 편의 잔혹동화 아닐까?

시후 ｜ 거, 또 살벌하게 나가네. 난 뭐 결론 냈다. 노세 노세 젊어서 노세, 이 리듬이 다 이유가 있는 거였어. "먹도 입도 못 허시고 가고 싶은지 다 못 가시고", "씌고 자푼 돈 다 써보고 오고 갈디를 다 봐볼건디~~." 자, 영영 가기 전에 놀아보자구!

하람 | 역시 현세적인 가치관을 반영한 태도야. 죽음이라는 종말 앞에서 사람들은 삶에 매달릴 수밖에 없어. 암을 조기에 발견한 사람은 건강한 사람이 부럽고, 암 말기 환자는 수술이라도 가능한 암 환자가 부럽다잖아.

시후 | 이 막막한 중생들을 위해 원문 서비스를 제공하지. 이 세상을 살다 갔던 모든 이, 앞으로 살아갈 누군가, 그리고 현재 진행형의 우리에게 바치는 만가(輓歌)라우. "우열거나 어쩔헐거나 이놈의 노릇을 ~~."

삶만이 아름답다

사람은 누구나 죽는다. 죽게 되어 있다. 그런데도 우리는 세상을 떠난 자를 두고 곧잘 '왜 우리를 두고 떠났느냐?'고 원망한다. 생명의 이치에 따라 누구나 죽게 마련이지만, 죽음은 항상 살아 있는 자를 침묵 속에서 숙연하게 한다. 철

천지원수가 죽었다 해도 그 앞에서 콧노래를 부르기는 어렵다. 왜 그 럴까? 무엇이 죽음에 저항하게 할까? 텍스트 〈상엿소리〉는 죽은 자를 보내는 산 자의 애절한 가락으로 가득하다. 이들은 대체 무엇을 슬퍼하는 것일까? 왜 이토록 죽음에 거부반응을 보이는 걸까?

어릴 때의 기억이다. 죽는다는 게 너무나 슬프고 싫었다. 내가 언젠가는 죽는다는 생각이 스치는 순간 몸 전체가 서늘해지면서 머릿속이 아뜩해졌다. 삶의 맛에 매번 재를 뿌리는 죽음이라는 악질에 맞서 나는 다양한 상념에 빠지곤 했다. 죽으면 생각과 감각도 없어지니까 죽은 후의 고통을 염려하는 건 어리석은 짓이다, 나만 죽는 게 아니라 누구나 죽으니까 억울할 건 없다, 현대 의학의 발달에 기대어 냉동인간이 되었다가 다시 살아나자 등등. 하지만 어떠한 사유의 실험도 신통치 않았다. 어떤 경우에도 죽는다는 건 피할 수도 거역할 수도 없는 기정사실이라는 데 나는 절망했다.

죽는 건 싫고 두렵다. 그런 만큼 사람들은 다양한 반성적 사유를 통해 죽음을 극복하고 승화하려 한다. 하지만 〈상엿소리〉는 죽음에 대한 반성적 사유 이전에 죽음에 직면하여 인간이 원초적인 본능에 따라 보이는 일차적인 반응을 드러낸다. 한국의 전통적인 진혼곡이라 할 만한 '상엿소리'에서, 보내는 이는 애통해 하고 떠나는 이는 허망하고 억울하다. 죽음은 산 자에게서 죽은 자를 갈라놓는다. 누구는 떠나고 누구는 남겨진다. 남겨진 사람이나 떠나는 사람이나 모두가 서럽고 슬프다. 〈상엿소리〉는 말한다. "갈 거(去) 자야 설워를 말어라 보낼 송(送) 자 나도 있네." 현상적으로 볼 때 타인의 죽음은 근원적인 상실(喪失)을 경험하게 한다. 텍스트는 이를 간결하게 표현한다. "나도 너 잃고 못 살 지경 너도 나 잃고 못 살 지경." 그가 나에게서 떨어져 나간 것처럼 나도 그에게서 떨어져 나간 것이다. 서로를 잃은 것이다. 이러한 타인 상실의 경험은 곧바로 자기 존재의 상실로 투사된다. 자기도 언젠가는 타인에게 상실되는 자가 될 거라고 추측한다. 이 추측은 꼼짝없는 사실이다. 타인의 죽음에 비추어 자기의 죽음을 예견하여 죽음을 '더 이상 이 세상에 있지 않음'으로 파악하고는 이를 모든 인간의 숙명으로 인식하기에 이른다.

관건은 죽음 그 자체가 아니라 죽음에 대한 인간의 태도이다. 죽음은 죽은 자가 아니라 산 자에게 문제로 다가오기 때문이다. 죽은 자는 죽음 속에 있기에 그에게는 더 이상 죽음이 문제가 되지 않는다. 문제로서의 죽음은 오직 죽음 밖에 있는, '아직 죽지 않은' 산 자에게만 해당된다. 죽음을 미래에 닥칠 사건으로 두고 있는 자에게 죽음은 문제다. 그런 한에서 죽음은 전적으로 실존적인 현상이다. 죽음을 어떻게 바라보고, 어떻게 맞을 것인가 하는 문제는 실존하는 인간으로서 산 자에게 부과된 궁극적이고 최종적인 과제일 수밖에 없다.

〈상엿소리〉는 애절하다. 산 자의 말도 애절하고, 떠나는 자의 말, 즉 산 자를 통해 상상된 떠나는 자의 심정도 애절하다. 무엇이 그토록 애통할까? 우선 죽음이 되돌릴 수 없는 상실의 경험이기에 그러하다. "인제 가면 언제 올끄나 오실 날도 창망 없네." "참으로 갔네그려. 보고 싶어 어이 살꼬." 떠나는 자는 보내는 자에게 '영원히 간 사람'으로 파악된다. 그는 '가서 다시는 오지 않는 자'이다. 단절과 분리는 일차적으로 물리적인 고통을 수반한다. 통증이란 유기체의 관성적인 흐름이 단절되는 데 따르는 반작용의 결과이다. 날카로운 칼에 베었다 치자. 외부의 자극으로 인해 신체의 유기적인 흐름이 항상성(homeostasis)을 잃게 되면서 이를 다시 회복하고자 하는 데서 통증이 발생한다. 마음의 통증 역시 마찬가지다. 마음이 평형을 잃지 않고 본래적인 흐름을 되찾고자 하는 데서 고통이 생긴다. 죽은 이를 떠나보내는 이의 아픈 심정도 유사한 의미 구조를 지닌다. 그를 떠나보내지 않고 여전히 나와 함께 있다고 믿고 싶기에 마음은 애통하고 또 애통하다.

단절은 떠나는 자와 보내는 자 사이의 접점의 소멸을 뜻한다. 서로가 접촉할 수 있는 점이 사라진 것이다. '나도 너 잃고 …… 너도 나 잃은' 상황이다. 떠나는 이가 삶 쪽에서 끌어당기는 관성의 끈을 놓음으로써 서로 간의 접점이 사라진다. 연결고리의 소멸로 인해 남겨진 이는 더 이상 고인과 상호 소통의 창구를 가질 수 없게 된다. "보고 싶어 어이 살꼬."의 하소연은 죽은 자와 산 자의 접점의 상실에 기초한다. 접점의 상실과 소통의 불가능은 심리적으로 분리불안(分離不安)을 가져온다. 익숙하게 소통하던 것들에서 영원히 분리되는 것. 곧 '영원한 이별'이 싫고 무섭다. 민복기의 희곡 〈슬픈 연극〉은 어느 부부의 이별 이야기를 담고 있다. 병든 남편이 아내를 바라보며 독백하는 장면이다. "무서워요. …… 죽는 …… 하지만 더 무서운 건, 더 안타까운 건 아내와 …… 헤어진다는 거. 자식들 남기고 간다는 거……." 같은 삶의 게임 규칙 속에서 소통하던 이들이 더 이상 그 게임을 공유할 수 없게 된다는 것. 그래서 전혀 다른 게임 규칙에 갇혀 단절된다는 것. 죽음에 대한 저항과 증오는 이렇게 단절, 즉 접점의 소멸과 소통의 부재에서 비롯한다.

그런데 소통의 창구는 서서히 희미해지는 게 아니라 급작스럽게 사라진다. 심장 박동이 유(有)에서 무(無)로 전환된다. 있어오던 것이 갑자기 없어진다. 살아 있던 사람이 순식간에 죽은 사람으로 바뀐다. 죽음의 급작성은 수십 년간 뛰어오던 심장이 갑자기 멎게 되는 생리적인 현상이다. 이러한 생리적인 상태의 변화를 〈상엿소리〉는 극적으로 전달한다. "황천이 멀고 멀다 드니 앞의 강산이 황천이네.", "염왕길이 머다 드니만 문턱 밑이 염왕일세그려." 죽음의 급작성은 죽은 자와 산 자의 절대적인 거리로 나타난다. "언지녁엔 우리 집서 잤드니 오늘 저녁부턴 명산대천 홀로 누워 두견이 잡동새로 벗을 삼네." 어제 저녁에 옆에 누웠던 이가 오늘 저녁에는 명산대천에 홀로 누워 있다, 볼 수 있고 만질 수 있었던 이가 돌연 산과 새와 꽃 속에 묻힌다, 기가 막힐 노릇이다. 죽음은 유보와 관용을 모른다. 이편이 아니라 철저하게 저편의 논리에 따라 죽음이라는 사건이 진행되기 때문이다.

모든 죽음은 그래서 충격이다. 얼마간 죽음이 예고된 경우라도 마찬가지다. 장기간 병고에 시달리거나 시한부 인생으로 삶을 연명하던 이가 사망한 경우에도 보내는 이의 입장에서는 충격일 수밖에 없다. 숨을 쉬며 살아 있던 자가 숨이 멎은 죽은 자로 급격히 변화하기 때문이다. 생명의 급작스런 단절이 가져오는 충격을 경험하면서 살아남은 자는 자기의 삶을 반추하여 이를 바탕으로 인간의 삶 전체를 되돌아본다. 생의 물리적인 종말이 생 전체의 종말로 여겨지고 이는 삶의 덧없음으로 귀결된다. "우리 인간 한세상 허망헌 것이 살다 죽으면 글로 끝나네." "꽃은 졌다도 춘삼월 되면 다시 피는디" "해도 졌다 다시 뜨고 달도 졌다 다시 뜨는디 우리 인간은 한 번 가면 다시 환생을 못 헌다네." 꽃은 다시 피고 해는 다시 뜨지만 한 번 멈춘 인간의 심장은 다시 뛰지 않는다.

삶에 반복은 없다. 한 번 가면 끝이다. 왕복표는 없다. 삶은 직선이나 순환이 아니다. 분명하게 끝이 있는 선분이다. 하나의 점에서 시작하여 반대 방향의 점에서 마감한다. 점에서 점으로의 이동에 삶이라는 선분이 단출하게 자리 잡는다. 선분은 유한하다. 시간의 지배를 받는 자는 선분의 운명을 벗어날 수 없다. 시간은 상태의 변화를 유발하여 마침내 끝을 보이고 말기 때문이다. 그리고 종착점을 거부할 수 없으므로 종착점을 완결시키고자 하는 욕구는 그만큼 강렬하다. 완결에의 욕구! 하지만 욕구의 무한성을 고려할 때 그것의 완결은 원칙적으로 불가능하다. 그래서 삶의 종착지에서 뒤돌아보면 누구나 회한이 남는다. 삶의 유한성이 욕구의 무한성을 따르지 못하기 때문이다. 그래서 욕구 충족의 정도가 관건이 된다. 죽기 전에 무엇을 얼마나 충족시킬 것인가? 죽음 자체를 거부할 길은 없으니 죽기 전에 소망을 가능한 한 많이 성취하는 일만이 관심거리다.

〈상엿소리〉의 어조는 삶의 욕구와 그 실행의 문제를 원색적으로 드러낸다. "이리 쉽게를 갈지라면 먹고 입고를 맘대로 허고 쓰고 자푼 돈 다 써보고 오고 갈디를 다 봐볼건디." 이 말은 늘그막에 어느 병상에서나 터져 나올 법한 소리다. 이렇게 갈 줄 알았으면 내가 왜 그리 힘들게 살았나 하는 회한과 후회의 목소리다. 상엿소리에 나타난 원망은 일차적인 감각적 욕구를 충족시키지 못하고 떠난 데 대한 원망의 목소리다. 일반적으로 말하면, 부귀영화(富-貴-榮-華)로 일컬어지는 이른바 '행복'에 미치지 못하는 삶을 살았던 이를 애통해 하는 것이다. 불치병에 걸린 환자의 보호자에게 의사는 종종 이렇게 말한다. '얼마 남지 않은 시간에라도 환자가 원하는 걸 다 해드리십시오.' 욕구의 충족은 살아 있는 자에게 허락된 삶의 유일한 기쁨이며 즐거움이라고 보기 때문이다.

죽음에 직면한 절박한 상황에서 인간은 살아 있는 동안 허락된 최대의 쾌락/쾌감을 느끼고 싶어한다. 아베 코보(安部公房)는 소설 《모래의 여자》에서 말한다. "적의 공격을 기다리는 군인들은 한시를 아까워하며 자위에 심취한다." 욕구는 충족되고 싶어한다. 욕구는 살아 있는 자의 권리다. 죽으면 욕구할 수 없다. 또한 성취되지 않은 욕구는 불행하다. 죽은 자의 한 맺힌 소망을 풀어주는 게 살아남은 자의 도리다. 억제되고 연기된 욕구는 사후에라도 충족되어야 한다. 그래서 처녀귀신과 총각귀신의 혼인을 성사시키기도 한다.

그런데 욕구의 충족은 뜻대로 되지 않기 일쑤이다. 삶에는 부단히 장애물이 나타나게 마련이다. 살아도 살아도 끝이 없는 게 인생이라는 수사는 삶의 고단함을 함축한다. 돌부리에 걸려 제대로 살아보지 못하는 경우가 허다하다. 삶의 본래적인 목적을 누리며 살기보다는 목적 달성을 위한 수단에 매몰되어 자신이 원했던 삶을 살지 못하고 죽는 경우가 태반이다. "일만 하다가 나는 가오. 일만 하다가 갈라고 허니 못 가겠소. 못 가겠소. 참말 원통해 내 못 가겠소." 일/노동은 살아 있는 자의 기본적인 표시이고 덕목이다. 일하지 않으면 먹고살 수 없다. 자기 삶에 대한 본래적인 희망들, 가령 웃고 즐겁게 살고 싶은 욕구는 계속해서 연기된 채 결국 일에 뼈를 묻게 되는 경우는 흔하다. 일은 사회적 관계에서 주어지기 때문에 자기 마음대로 선택하고 조종하기 어렵다. '일만 하다 가서 억울하다.'는 항변에는 노동의 고통뿐만 아니라 노동의 목적을 현세에서 구현하지 못한 데 대한 애통함이 배어 있다.

〈상엿소리〉는 철저하게 현세구복적인 태도를 담고 있다. 감각할 수 있는 세계만이 존재한다는 원초적인 믿음을 토대로 생의 물리적인 끝은 무화/종말로 파악된다. 따라서 죽음은 적이고, 삶만이 아름답다. 죽음이라는 적 앞에 삶은 허약하고 허무해지기 십상이며, 삶의 허무에 맞서는 인간의 태도는 살아 있는 동안 최대한 욕구를 충족시키자는 쪽으로 향하게 된다. 소박하고 욕심 많은 어슷비슷한 인생살이의 향방을 상엿소리가 단적으로 드러내고 있다. 텍스트는 부분적으로 불교적인 색채를 띠고 있지만 그것은 어디까지나 불교가 민간신앙으로 자리 잡아온 데 따른 수사이다. 상엿소리의 현세구복적인 태도는 '있는 것은 오직 눈에 보이는 현상세계뿐'이라는 우리 조상들의 현세 중심적인 세계관을 고스란히 드러낸다. 그 밖의 세계는 공(空)하고 허(虛)하다. 산다는 건 철저하게 이 세상의 일일 뿐 저세상에서는 아무런 보장이 없다. 초월은 미지(未知)의 영역이기 때문이다.

'개똥밭에 굴러도 이승이 좋다.'는 속담은 상엿소리에 그대로 통용된다. 삶은 욕구의 충족을 떠나서 생각할 수 없고, 욕구 충족은 오직 신체가 물질적으로 활동하는 한에서 가능하기 때문이다. 설사 영혼이 살아남아 천상에 오른다 해도 욕구 충족의 문제와는 별개다. 천상의 세계는 누구도 보장할 수 없는 초월의 영역이기 때문이다. 상엿소리 중에 "사시부동(四時不動) 극락세계로 가니 부디부디 잘 있으시오."라는 대목은 망자가 극락으로 가야만 남겨진 사람들의 마음이 편안하다는 일종의 '누이 좋고 매부 좋고' 하는 식의 시나리오이다. 이윤택의 희곡 〈오구〉에서 죽는 노모의 말을 대변하는 무당의 대사도 같은 맥락이다. "내 살아생전 뼈 빠지게 고생하여 이렇게 극락 갈라꼬 좋은 세상 기다렸나아아, 극락이 좋다 해도 (아들을 가리키며) 저 새끼 부모 공양에 미칠까 하이고." 천상세계의 최고로 설정된 극락보다도 이 세상이 낫다. 개똥밭이든 소똥밭이든 우선 살고 볼 일이다.

이러한 현세 중심적 사유는 내용상의 차이는 있지만 동양과 서양에서 모두 발견된다. 동양에서는 특히 장릉(張陵)의 도교에 나타나는 불로장생(不老長生)과 신선사상이 음식 섭취와 신체 단련을 기초로 한 양생법(養生法)을 중시하고 옥황상제를 설정하여 '살아 있을 때의 이력'이 곧 죽은 후의 여정을 결정하도록 하였다. 또한 성격은 다르지만 개신교에서도 비슷한 현세적 사유가 나타난다. 루터의 종교개혁은 표면적으로는 가톨릭의 형식주의에 대한 반발이지만 실제 내용에서는 가톨릭의 순수한 초월주의에 반대하여 차안(此岸)에 근거한 기독교 교리를 제시한 데 있다. 루터를 위시한 종교개혁파는 구원의 문제를 순전히 사후의 세계로 미루는 데 반대한다. 구원의 징표는 살아 있을 때 확인할 수 있다. 이를테면 성서의 가르침에 따라 사랑과 근면과 검소와 절제를 생활화하면 구원을 받을 가능성이 커진다. 그래서 천국에 갈 수 있을지 없을지를 죽기 전에 미리 알 수 있다. 성서의 윤리적인 덕목에 충실할 경우 자본을 축적할 수 있고 그 행위가 결과적으로 이윤 추구를 정당화하여 서구에서 자본주의를 발전시켰다는 분석이 곧 베버(M. Weber)가 저술한 《프로테스탄트 윤리와 자본주의 정신》이다. 이편에서의 정당한 자본 축적 행위는 저편에서 구원의 징표로 간주된다는 설명이다.

모든 문제는 '삶 안'의 문제로 수렴된다. 삶은 삶의 밖과 아무런 연관성을 갖지 않는다. 동서양의 형이상학이나 고등 종교의 교리들은 인간을 죽음에 대한 불안과 공포에서 해방시키기 위해 다양한 설명 방식을 제시해왔다. 노장의 자연주의(自然主義)나 불교의 무아사상(無我思想), 그리고 기독교의 초월적 구원사상(救援思想)은 죽음 앞의 인간을 위로한다. 하지만 관념의 차원을 뚫고 나오는 현실적인 유물론 앞에서 위안이 되지 못하는 경우가 다반사다. 이러한 주의나 사상 바깥에서 작동하는 자연인의 심리기제에는 죽음 앞에서의 원초적인 감정이 가감 없이 노출된다. 죽으면 다시는 돌아오지 않는다. 한 번의 죽음은 영원한 죽음이다. 삶 밖의 문제는 인간이 관여할 수 있는 영역이 아니며, 초월적인 절대자든 우주적인 이법이든 그것은 인간의 능력을 넘어서는 절대 타자의 관할이다. 인간의 입장에서는 죽음이라는 절대적인 파국을 막기 위해 애쓰는 도리밖에 없다. 가능한 한 늙지 않고 오래 살기 위해 예로부터 불로장생이 화두로 등장하였으며, 지금도 의료계와 과학계는 노화 방지와 생명 연장을 위하여 혁신적인 기술 개발에 몰두하고 있다.

죽음 앞에서의 인간의 불안은 상엿소리에서 나타나는 현실적인 유물론에만 국한되지 않는다. 죽음에 대한 불안은 지극히 근원적이고 보편적이다. 죽음은 자기의 비(非)존재, 나아가 절대적 타자와 만나는 현상이다. 비존재는 존재의 무화(無化)와 더불어 무지(無知)의 세계로 진입, 해체되는 상태다. 이러한 사정을 바탕으로 하이데거(M. Heidegger)는 현존재(Dasein)로서의 인간을 "죽음 앞에 던져진 존재"로 파악한다. 인간이 "죽음 앞에서 갖는 불안"은 심리적인 공포가 아니라 실존적인 불안이라는 점에서 보편적이고 자연스럽다. 그 불안은 "가장 고유한, 무연관적인, 건너뛸 수 없는 존재 가능성 '앞에서'의 불안이다. 삶이 끝났다, 다 살았다, 라는 데 대한 공포와 죽음 앞에서의 불안을 혼동해서는 안 된다. 이 불안은 개인의 자의적이고 우연적인 나약한 기분이 아니라 현존재가 처한 근본적인 상태이며, 현존재가 던져져 있는 존재로서 그의 종말을 향해 실존하고 있다는 사실이 열어 밝혀진 것이다." 그러니까 불안은 종말을 향한 존재의 의식으로서 심리적인 병리 현상이 아니라 인간이 죽음에 던져져 있는 데서 야기되는 정상적인 실존적 사태다.

인간은 실존의 불안을 운명으로 수용하며 살아야 한다. 죽음 뒤의 세계는 인간에게 철저히 괄호 안에 닫혀 있다. 우리는 죽음에 저항하고 거부하고자 한다. 문제는 '사느냐 죽느냐'가 아니라 '어떻게 살고 죽느냐'는 일이다. 삶은 대단하지도 않고 만만하지도 않다. 죽음 역시 마찬가지다. 우리는 가시적인 경험세계를 등지고 떠나는 이에게 분홍빛 미래를 어음으로 기약할 수도 있고, 그렇지 않을 경우 그 미래를 괄호에 묶고 삶의 현재에서 현찰을 챙길 수도 있다. 상엿소리는 삶의 현찰을 확실히 챙기라는 쪽이다. 그리고 삶도 죽음도 머리로 현명하게 대응하기보다는 몸이 느끼는 그대로 원색적이고 본능적이고자 한다. 살아 있는 현재를 마음껏 호흡하고 즐기라는 한국판 '카르페 디엠'(Carpe Diem: '현재를 즐기자'는 뜻의 라틴어)은 충분히 상스럽고 충분히 사실적이다. 다양한 방식의 정신적인 위무 이전에 상엿소리는 뻔뻔하고 당당하게 인간의 원초적인 욕망을 향해 손짓한다. 죽음 앞에서는 죽도록 슬퍼하라. 죽음 뒤에는 생명이 없으므로. 삶은 오직 삶 속에서만 아름답지 않은가.

chapter 2

왜 죽는 게 싫은가? · 죽음은 나에게 어떻게 다가오나? · 삶에는 왜 끝이 있어야 하나?
죽어서도 살 수 있나? · 죽음은 어떻게 자기다운 삶을 살게 하나? · 어떻게 죽음을 넘어설 수 있나? ·
죽음은 왜 끝이 아닌가? · 왜 죽는 게 싫은가? · 죽음은 나에게 어떻게 다가오나? · 삶에는 왜 끝이 있어
야 하나? · 어떻게 죽어서도 살수 있나? · 죽음은 어떻게 자기다운 삶을 살게 하나? · 어떻
게 죽음을 넘어설 수 있나? · 죽음은 왜 끝이 아닌가? · 왜 죽는 게 싫은가? · 죽음은 나에게 어떻게 다가오나? · 삶에는 왜 끝이 있
나? · 어떻게 죽어서도 살수 있나? · 죽음은 어떻게 자기다운 삶을 살게 하나?

삶만이 아름답 다 · 내 삶은 나의 죽음을 취급하지 않는다 · 죽 음의 어둠 속에서 빛을 보다 ·
살아 있는 것은 죽기 때문에 아름답다 · 죽음 앞에서 자기 일을 찾다 · 삶을 걷어차야 진짜 삶이 보인다 · 진
리를 향한 믿음은 죽음을 무릅쓴 다 · 시계가 멈춘다고 시 간이 멈추지는 않
는다 · 삶만이 아름 답다 · 내 삶은 나의 죽음을 취급하지 않는다 · 죽음의 어둠 속에서 빛을 보다 · 살아 있는 것 은 죽
기 때문에 아름 답다 · 죽음 앞에서 자기 일을 찾다 · 삶을 걷어차야 진짜 삶이 보인다 ·
향한 믿음은 죽음을 무릅 쓴다 · 시계가 멈춘다고 시간이 멈추지는 않는다 · 삶만이 아름답다

공공의 적과 홀로 싸우다

이반 일리치의 죽음

《이반 일리치의 죽음》은 톨스토이(L. N. Tolstoi)가 노년기에 접어들어 원시 기독교 윤리에 심취하였을 때 집필한 작품이다. 이반의 삶으로 대변되는 세속적 가치에 대한 비판과 이반이 죽음에 진입하는 과정에서 겪는 종교적 체험이 큰 줄기를 이룬다. 톨스토이는 죽음에 관하여 보편적이고 심도 있게 묘사한다. 텍스트에서는 이반의 장례식 풍경이 먼저 제시된 뒤, 다시 그가 죽음을 맞게 되는 과정으로 돌아간다.

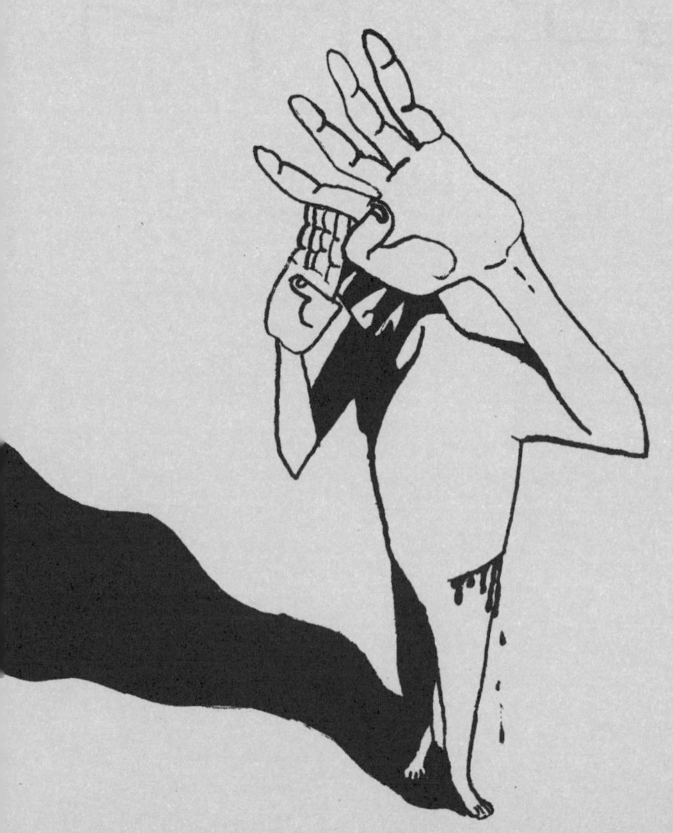

1.

그러나 죽은 이들이 다 그렇듯이 그의 얼굴은 훨씬 보기 좋았다. 게다가 살아 있을 때보다 더 의미심장해 보였다. 얼굴에서는 할 일을 했다는, 아니 할 일을 제대로 했다는 걸 읽을 수 있었다. 그뿐만이 아니었다. 얼굴 표정은 산 자에 대한 원망, 경고 같은 것도 담고 있었다. 그러한 경고를 표트르 이바노비치는 적절치 않다고 여겼다. 아니 적어도 자기 자신에게는 해당되지 않는다고 생각했다.

(중략)

"그이는 요 며칠간 엄청나게 힘들어했어요."

"엄청나게 힘들었다구요?"

표트르 이바노비치가 물었다.

"네, 끔찍했어요! 마지막 몇 분간이 아니라 몇 시간 내내 소리를 질렀어요. 사흘간 잠시도 쉬지 않고 연달아 소리를 질러댔답니다. 견딜 수가 없었어요. 어떻게 그걸 견뎌냈는지 저 자신도 모르겠어요. 방문이 세 개 지나서도 들렸으니까요. 아, 어떻게 그걸 다 제가 견뎌냈는지!"

"바깥양반은 의식이 있었나요?"

표트르 이바노비치가 물었다.

"네."

미망인은 속삭이는 목소리로 말했다.

"마지막 순간까지 있었어요. 그이는 죽기 십오 분 전에 우리에게 작별을 고했어요. 볼로쟈를 데리고 나가라고까지 한걸요."

처음에는 그저 매사가 즐겁기만 한 어린애, 학생, 다음에는 어른이 되어 동료로서 가까이 알고 지내던 한 인간이 고통을 받았다는 데 생각이 미치자 자신과 눈앞의 여성의 위선이 불쾌하게 느껴졌음에도 불구하고 표트르 이바노비치는 갑자기 섬뜩해졌다. 그의 눈앞에 고인의 이마, 입술을 누르는 듯한 코가 다시 나타나자 그는 겁이 덜컥 났다.

'꼬박 사흘간 엄청난 고통에 시달리다가 죽었다. 언제든지 내게도 닥칠 수 있어.'라고 생각하며 그는 일순간 몸서리를 쳤다. 그러나 곧 어떻게 된 영문인지 모르게, 그건 이반 일리치에게 일어난 일이지 자

기에게 일어난 게 아니며 또 일어날 리도 없다는 지극히 평범한 생각
이 그의 편을 들었다.

2.

　이반 일리치는 자신이 죽어가고 있다는 걸 깨달았다. 그래서 한없
이 절망했다.

　그는 자신이 죽어가고 있다는 걸 마음속 깊이 알고 있었다. 그러
나 이를 사실로 받아들이지도 이해하지도 못했고 또 이해할 수도
없었다.

　그가 키제베터의 논리학에서 배운 '케사르는 사람이다. 사람은 죽
는다. 따라서 케사르도 죽는다.'는 유명한 삼단논법은 케사르에게나
적용되지 자신에게도 적용된다고는 꿈에도 생각지 않았다. 그가 볼
때 인간 케사르는 인간이었으므로 법칙의 적용은 정당했다. 그러나
자기 자신은 케사르가 아니므로 인간이 아니며 항상 다른 사람들과
는 전혀 다른 특별한 존재라고 여겼다. 그는 엄마, 아빠, 미챠, 볼로
쟈, 장난감, 마부, 유모, 카텐카, 유년 시절, 소년 시절, 청년 시절의
기쁨과 슬픔, 환희와의 관계에서 항상 바냐였던 것이다. 바냐가 그토
록 좋아하던 끈을 꼬아 만든 가죽 공 냄새는 케사르를 위한 것이었다
는 말인가? 정녕 케사르가 그렇게 어머니의 손에 키스를 하고 어머
니의 비단옷 자락은 케사르를 위해 사락사락 소리를 냈다는 말인가?
법학교에서 만두 때문에 난리를 일으킨 게 과연 케사르란 말인가?
사랑에 빠질 수 있었던 인간이 과연 케사르란 말인가? 재판을 그렇

게 진행시킬 수 있었던 사람이 과연 케사르냐고?

"만일 내가 케사르처럼 죽어야 한다면 그걸 알았을 거야. 내면의 목소리가 얘기를 해주었을 테니까. 하지만 그와 비슷한 건 내 안에 없었어." 그건 너무 끔찍한 일이다.

그는 그렇게 느끼고 있었다.

'만일 내가 케사르처럼 죽어야 한다면 그걸 알았을 거야. 내면의 목소리가 얘기를 해주었을 테니까. 하지만 그와 비슷한 건 내 안에 없었어. 나와 내 친구들, 우리 모두, 우리는 케사르와는 다르다고 알고 있었어. 근데 이게 뭐야!' 하고 그는 혼잣말을 했다. '말도 안 돼. 있을 수 없는 일이야. 근데 벌어진 걸 어떡해. 이게 뭐야? 도대체 이걸 어떻게 받아들여야 하느냐고?'

그는 도무지 이해할 수 없었다. 그래서 이 부질없고, 잘못된, 병적인 생각을 떨쳐버리고 그 자리에 바르고 건전한 생각을 채워 넣고자 무진 애를 썼다. 그러나 그 생각은 단순히 생각뿐으로서만 아니라 마치 현실인 것처럼 다시 찾아와서 그의 앞에 모습을 드러냈다.

(중략)

이반 일리치를 가장 힘들게 한 건 바로 거짓이었다. 거짓말, 어찌 된 연유인지는 몰라도 모든 이들이 받아들인 거짓말, 그는 죽어가는 게 아니라 조금 아플 뿐이라는 거짓말, 마음을 차분하게 먹고 치료를 받으면 좋은 결과를 얻게 될 거라는 거짓말, 이것이 그를 가장 괴롭혔다. 그는 무슨 짓을 해도 소용이 없고 고통만 더 심해지며 결국은 죽음이라는 종착역에 도달하게 될 것임을 알고 있었다. 그는 예의 거짓말 때문에 괴로워했고, 사람들이 자기네들은 물론 그가 알고 있다는 걸 인정하지 않고 그의 끔찍한 상태를 고려하여 그를 속이려 들고, 그마저 그 거짓말에 동참할 것을 강요하는 것 또한 그를 괴롭혔다. 거짓말, 거짓말, 그가 사망하기 전날 밤에도 쏟아진 이 거짓말, 끔찍하고 엄숙한 죽음의 의식을 한낱 방문, 커튼, 저녁식사에 올려질 철갑상어 등의 수준으로 끌어내리고 만 거짓말은 이반 일리치에게 엄청난 고통을 안겨주었다. 그런데 기이하게도 그들이 그에게 광대 짓을 할 때마다 그는 '거짓말 그만해. 내가 죽을 거라는 건 당신들도 나도 알잖아. 그러니 제발 적어도 거짓말만은 더 하지 말아줘.'라고 수없이 소리를 지를 뻔했다. 그러나 그는 그걸 실천에 옮길 용기를 내지 못했다. 그는 두렵고 끔찍한 자신의 죽음의 의식이 주변 사람들 모두에 의해 그 자신 평생 지켜온 '법도'의 관점에서 볼 때 뜻하지 않게 일어난 불편한 일, (마치 악취를 풍기며 응접실에 들어오는 사람을 다뤄야 할 때처럼) 다분히 거북한 일의 수준으로 격하되는 것을 똑똑히 보았다. 그는 아무도 자신의 처지를 이해하려 들지 않고 자기를 동정하지 않는다는 것을 깨달았다. 오직 게라심 한 사람만이 그의 처지를 이해하고 그를 불쌍히 여겼다. 그래서 이반 일리치는 그가 곁에 있을 때만 마음이 편했다. 그는 이따금 게라심이 여러 밤 계속해서 잠자러 갈 생각도 하지 않고 그의 곁에서 다리를 붙든 채 "걱정 붙들어 매세요, 이반 일리치 나리. 소인 충분히 잘 겁니다."라고 말할 때 마음이 편안했다. 또는 그가 별안간 말을 낮추며 "안 아프면 일해야지, 왜 안 해?"라고 한마디 할 때도 기분이 좋았다. 오로지 게라심 한 사람만이 거짓말을 하지 않았다. 또 모든 것을 종합해서 볼 때 그만이 문제를 이해하여 이를 숨길 필요가 없다고 보고 있었다. 그래서 그는 쇠약하고 힘없는 주인을 그냥 불쌍히 여겼다. 한번은 이반 일리치가 자기더러 가라고 할 때 직선적으로 말한 적도 있었다.

"우리 모두 언젠가는 죽습니다. 그러니 수고 좀 못할 이유도 없지요?"

이런 그의 말에는 자기가 하는 일이 죽어가는 사람을 위한 것이기 때문에 번거롭지 않고, 언젠가 자기 차례가 되면 누군가 자기를 위해서도 그렇게 해주기를 바란다는 소망이 담겨 있었다.

(중략)

그로부터 사흘간 고함은 멈추지 않았다. 고함은 너무도 끔찍하여 문 두 개를 사이에 두고 들어도 몸서리가 쳐질 지경이었다. 그는 아내에게 대꾸하는 순간 자신이 끝장났고, 돌아가는 건 불가능하며 파국, 진짜 파국이 왔음을 깨달았다. 그러나 의혹은 여전히 가시지 않고 남아 있었다.

"어! 어! 어!" 하고 그는 다양한 높이로 소리를 질렀다. 그는 "싫어!"라고 외치기 시작했고 "어!"에서 다시 "싫어!"라고 계속 반복하여 소리를 질렀다.

시간의 개념이 사라진 사흘간 그는 눈에 보이지 않는 극복할 수 없는 힘이 처넣은 예의 검은 자루 속에서 몸부림을 쳤다. 그는 목숨을 건질 수 없음을 알면서도 형리의 손에서 발버둥치는 사형수처럼 필사적으로 저항했다. 그는 매 순간 아무리 기를 써도 자신이 두려워하던 것에 조금씩 다가간다는 걸 느끼고 있었다. 그는 자신이 검은 구멍에 빨려 들어가며 힘들어한다는 걸 느끼고 있었다. 그러나 자기 혼자 힘으로는 그 구멍에 기어들어 갈 수 없기 때문에 더 힘들어한다는 것 또한 느끼고 있었다. 구멍에 기어들어 가는 걸 방해하는 건 자신의 지난 삶이 괜찮았다는 인식이었다. 삶의 정당화는 그를 붙들고 놔주지 않아 그는 앞으로 나갈 수 없었다. 이 점이 그를 제일 힘들게 했다.

갑자기 어떤 힘이 그의 가슴, 옆구리를 세차게 밀어붙였고 숨이 턱턱 막혀왔다. 그는 나락에 떨어졌다. 나락 끝에서 뭔가 빛을 발하고 있었다. 그에게는 묘한 일이 일어나고 있었다. 그건 기차 여행을 할 때 기차가 앞으로 가고 있다고 생각하는데 실제로는 뒤로 가고 있고, 그걸 모르고 있다가 갑자기 정확한 진행 방향을 알게 되는 것과 비슷했다.

"맞아, 전부 그게 아니었어."라고 그는 자신에게 말했다. "하지만 괜찮아. 잘하면, 잘하면 '그걸' 할 수 있어. 근데 '그게' 뭐지?" 그는 자신에게 묻다가 갑자기 입을 다물었다.

그건 사흘이 되던 날 밤, 그가 사망하기 한 시간 전에 일어난 일이었다. 김나지움에 다니는 아들이 아버지에게 조심조심 다가왔다. 죽어가는 이는 연신 처절하게 울부짖으며 두 손을 내젓고 있었다. 그의 손이 아들의 머리를 툭 쳤다. 아들은 그 손을 잡아 자기 입술에 갖다 대고 그만 울음을 터뜨리고 말았다.

바로 이 순간 이반 일리치는 나락에 떨어져 빛을 보았고, 빛을 보는 순간 자신이 살아온 삶이 그래선 안 되는 삶이었지만 아직 개선의 여지가 있다고 믿었다. 그는 '그게' 무엇인지 자문하다 입을 다물고 귀를 곤추세웠다. 여기서 그는 누군가가 자신의 손에 입을 맞추고 있다는 느낌이 들었다. 눈을 뜨자 아들이 시야에 들어왔다. 아들이 가여워졌다. 아내가 다가왔다. 그는 아내를 쳐다보았다. 아내는 벌어진 입을 다물지 못했고, 눈물은 그녀의 코와 뺨을 타고 하염없이 흘러내렸다. 그녀는 절망적인 얼굴로 그를 바라보았다. 그런 그녀가 안쓰러워졌다.

'맞아. 저들에게 내가 몹쓸 짓을 하고 있는 거야.'라고 그는 생각했다. '저들에겐 미안하지만 내가 죽는 게 저들에게도 나을 거야.' 그는 그렇게 말하고 싶었지만 말할 힘이 없었다. '가만있자. 말이 무슨 소용이야. 행동하면 되지.'라고 그는 생각했다. 그는 눈으로 아내에게 아들을 가리키며 말했다.

"데리고 나가. …… 안쓰러워. …… 당신도……."

이어서 그는 '미안해.'라고 말하려다 그만 "가게 돼."라고 하고 말았다. 그는 그 말을 정정할 힘이 없었지만 알아듣는 사람은 알아들을 거라고 생각하면서 한 손을 저었다.

그러자 갑자기 자신을 괴롭히며 나오지 않던 모든 것이 두 방향, 열 방향, 모든 방향에서 한꺼번에 쏟아져 나오는 게 분명히 보였다. 저들이 불쌍해, 저들이 힘들어하지 않도록 해주어야 해. 저들을 해방시켜주고 나도 이 고통으로부터 해방돼야 해. '얼마나 좋아, 얼마나 간단해.'라고 그는 생각했다. '근데 통증은?' 하고 자신에게 물었다. '어디로 간 거야? 어이, 통증, 너 어디에 있는 거야?'

그는 귀를 곤추세웠다.

"아, 저기 있구먼. 뭐, 어때. 통증은 그대로 있으라고 하지, 뭐."

"근데 죽음은? 죽음은 어디에 있는 거지?"

그는 예의 죽음에 대한 두려움을 찾아보았으나 발견하지 못했다. 어디에 있는 거지? 죽음이라니? 그게 뭔데? 그 어떤 두려움도 없었다. 죽음도 없었기 때문이다.

죽음이 있던 자리에 빛이 있었다.

"바로 이거야!" 그는 갑자기 큰 소리로 말했다. "이렇게 좋을 수가!"

한순간 이 모든 일이 일어났고 그 순간이 지니는 의미는 이후 결코 바뀌지 않았다. 주위 사람들이 지켜보는 가운데 그의 임종의 고통은 두 시간 더 지속되었다. 그의 가슴속에서 뭔가 부글거렸다. 쇠약해진 육신은 경련을 일으켰다. 그러다 부글거리는 소리, 쌕쌕거리는 소리는 점차 잦아들었다.

"끝났습니다!"

누군가 그를 내려다보며 말했다.

그는 그 말을 듣고 그 말을 마음속으로 되풀이했다. "죽음은 끝났어."라고 그는 자신 있게 말했다. "더 이상 존재하지 않아."

그는 숨을 한 차례 들이마셨다. 절반쯤 마시다 숨을 멈추고 긴장을 푼 후 숨을 거두었다.

톨스토이, 고일 옮김, 《이반 일리치의 죽음》, 작가정신, 2005,
15, 19~21, 69~71, 79~81, 109~112쪽

이반은 어떻게
죽음의 문을 통과하나?

        톨스토이의 소설 《이반 일리치의 죽음》은 한 개인이 어떻게 죽음을 맞이하는지 그 과정을 밀도 있게 묘사하고 있다. 죽음의 일방향성 또는 비가역성을 생각하면, 누구나 죽음을 경험하지만 누구도 '죽음의 경험'을 말할 수는 없다. 간혹 삶과 죽음을 넘나들며 의사(擬似)죽음을 체험한 사람들이 자신의 경험담을 늘어놓기도 하지만 그게 환영을 보거나 환각 상태에서 이루어지지 않았다고 입증하기가 어려운 만큼 실제로 죽음 체험에 대한 기록은 신빙성을 얻기 힘들다. 그런데도 톨스토이는 이 작품에서 특유의 통찰력으로 '죽음의 경험을 말한다'. 인간은 어떻게 죽음의 문을 통과하는가? 톨스토이는 자신의 종교적 체험에 문학적 상상력을 가미하여 죽음이라는 사건의 진상을 파헤치는 데 한 걸음 다가서고 있다.

  텍스트는 크게 전반부와 후반부로 나뉜다. 전반부는 주인공 이반 일리치의 죽음을 둘러싸고 주위 사람들과 이반 자신의 반응에 초점이 맞추어져 있고, 후반부는 그가 죽는 순간에 어떤 생각 속에서 죽음으로 빠져드는지를 자세히 묘사한다. 그래서 이 텍스트는 '죽음에 대한 반응'과 '죽음의 체험'이라는 두 개의 주제로 나누어 다룰 필요가 있다. 전자의 경우 특히 이반이 자신의 죽음에 대해 의사에게서 듣고 난 직후에 보이는 그의 심리 상태와 그 이후의 심경의 변화를 살피는 일이 관건이고, 후자의 경우는 서서히 죽음을 향해 나아가 결국 죽음의 문턱을 넘어서는 이반의 독특한 정신적 체험을 추적하는 일이 관건이다. 단계적으로 진행되는 이 두 경우를 통하여 한 인간이 구체적으로 어떻게 죽음을 맞이하는지 그 실상을 엿볼 수 있다.

전자에서 두드러진 특징은 우선 '죽음의 낯섦'이다. 살아 있는 자에게 가장 낯설게 다가오는 것은 '자기의 죽음'이다. '계속해서 있어 온 자기'에게만 익숙해져 있는 자에게 어느 날 '갑자기 없어짐'이라는 사태가 침투한다는 건 납득하기 어렵다. 이 불합리한 사태를《이반 일리치의 죽음》은 케사르의 죽음과 자기의 죽음의 비교를 통해 제시한다. 그리하여 급기야 '케사르는 죽어도 나는 죽을 수 없다.'고 이반은 저항한다. '자신의 죽음'이라는 사건을 실제로 처음 접하는 순간에 모든 인간에게서 나타나는 즉각적인 반응이기 때문이다. '다른 사람은 죽어도 나는 죽지 않는다.'는 발상은 사실의 측면에서 볼 때 지극히 부조리하지만 죽음의 당사자에게는 전혀 부조리하지 않다. '죽음의 타자성'이라고 부를 만한 이러한 발상은 '죽음'에 대한 인간의 원초적인 저항과 관련되어 있다.

이반을 힘들게 하는 것은 자기가 죽게 된다는 사실뿐만이 아니었다. 그의 죽음에 대하여 주위 사람들이 보이는 반응도 그를 괴롭혔다. 사람들은 죽어가는 이반에게 곧 낮게 될 거라고 위로한다. 자기 죽음의 진정성을 약화시키는 '주위 사람들의 거짓말'에 그는 분노한다. 이들은 왜 이렇게 거짓말을 했을까? 유독 게라심만이 진실을 외면하지 않는다. 마지막 길을 떠나는 이에게 거짓말을 해서라도 위안과 위로를 주려는 태도가 잘못인가? 죽어가는 자에게 건네는 살 수 있다는 희망의 말을 이반은 왜 가증스럽게 여기는가? 이 문제는 그 다음에 나오는 '삶의 정당화' 문제와 관련되어 있다. 무엇이 죽는 것에 저항하게 하는가? 죽는 자에게 죽지 못하게 마지막까지 덜미를 잡는 것의 정체는 무엇인가? 죽는 자는 자연스럽게 죽음을 맞이할 수 있어야 한다. 그런데 그 자연스러움에 거역하게 만드는 정신의 활동이 지금 문제다. 누구를 위한 '거짓말'인가? 무엇을 위한 '삶의 정당화'인가?

　이제 죽음의 체험과 극복이 화두로 등장한다. 격심한 고통 속에 죽어가는 이반은 죽음을 '긍정적으로' 맞이할 수 있는 계기를 필사적으로 찾아낸다. "잘하면 '그걸' 할 수 있어. 근데 '그게' 뭐지?"라는 알쏭달쏭한 대목에 주목하자. 그것! 대단히 신비스럽게 묘사된 '그것'의 정체를 밝히는 일이 일단 관건이다. '그것'은 그 앞뒤에 출현하고 있는 '빛'과 밀접하게 관련되어 있다. 죽음의 나락 끝에서 발하는 빛은 '검은 구멍'으로 묘사된 죽음과 극명한 대조를 이루면서 무한 세계에 대한 예감을 강하게 풍긴다. 빛과 검은 구멍의 대비, 검은 구멍에서 빛으로의 이행 과정은 이반이 자기의 죽음을 어떻게 긍정적으로 수용하는지를 밝히는 데 필수적이다. 이반은 숨이 멈추는 순간 이렇게 뇌까린다. "죽음은 끝났어. 더 이상 존재하지 않아." 자신의 최후를 이렇게 마감할 수만 있다면 축복 받은 삶이 아니겠는가?

죽음은
나에게 어떻게
다가오나?

나연 | 이반 일리치가 불쌍해. 자기가 죽어간다는 걸 아는 건 정말 불행한 일일 거야.

시후 | 왜, 오히려 느닷없이 죽는 것보단 나을 것 같은데. 이를테면 아침에 차 타고 출근하는데 다리가 무너진다든가, 쇼핑 중에 백화점이 무너진다든가, 이런 것보다 낫잖아? 가족이랑 빠이빠이 할 시간도 넉넉히 갖고.

하람 | 하지만 그렇게 느닷없이 죽는 사람들은 적어도 이반처럼 죽음에 대한 공포 때문에 절망하지 않아도 되잖아.

준서 | 사람이 죽는다는 건 누구나 다 알고 있어. 그런데 그게 막상 나

에게 닥치면 왜 그렇게 부인하려 드는 걸까? 어느 누구도 피하지 못하는 건데, 왜 그렇게 절망하는 걸까?

나연 | 엄청 낯설거든. 살면서 만날 수 있는 것 중에 가장 낯선 게 죽음일 테니까. 뭐랄까, 한밤중에 웬 낯선 사람이 잰걸음으로 쫓아오는 것 같지 않겠어? 걸음아 날 살려라, 뛰는데 그 낯선 사람이 나보다 훨씬 빨리 달려오는 거야. 도와줄 이는 하나도 없고.

시후 | 그 사람 단거리 출신인가보네. 하여간 사람들이란 참 그래. 남이 죽는 걸 보는 건 상당히 일상적인 일이거든. '아이쿠, 안됐다.' 하면서도 일어날 법한 일이라고 생각해. 그런데 자신의 죽음은 그렇지가 않다고 생각해. '드디어 나에게도 올 것이 왔구나.' 하는 사람은 거의 없어. 왜 하필 나한테만 이런 일이 일어나는 거냐고, 내가 뭘 잘못했기에 이러는 거냐고 따지지.

하람 | 다들 머리로는 자기가 죽을 걸 알아. 그리고 상상도 해. 그렇지만 막상 죽음이 현실로 닥치면 속수무책이야. 내가 죽는다는 게 도무지 믿기지 않아.

나연 | 이반처럼 말이지. 텍스트에 나오는 케사르 삼단논법 부분을 봐. 웃기기도 하고, 어찌나 안됐던지. "자기 자신은 케사르가 아니므로 인간이 아니며 항상 다른 사람들과는 전혀 다른 특별한 존재"라

고 생각한대.

시후 | 케사르는 사람이지만 케사르는 이반이 아님, 따라서 이반은 사람이 아니고 그래서 안 죽는다? 완전히 억지 춘향이네. 내가 다른 책을 봤나? 이거 혹시 〈바보 이반〉 아냐?

준서 | '모든 사람은 죽는다.'는 보편적인 사실을 아는 것과 '나는 죽는다.'는 개별적인 사태를 받아들이는 건 완전히 다른 문제야. 이해와 수용 사이에 엄청난 거리가 있어. 죽음이라는 문제 앞에서 사람들은 '인간 보편'보다 '특별한 존재 나'에 더 집착해.

하람 | 나는 그게 당연해 보여. 죽는 건 누구나 싫어하니까. 이제까지 살아왔던 것처럼 앞으로도 계속 살고 싶으니까. 일종의 삶의 관성이랄까?

준서 | 모두 살아만 봤지 죽어본 적이 없으니까. 이반이 삼단논법을 부정하면서 이렇게 얘기해. "케사르는 죽을 운명이었다. 따라서 그의 죽음은 타당한 것이다. 그러나 나 바냐, 즉 감성과 이성을 지닌 이반 일리치에게 죽음은 다른 문제이다. 내가 죽어야 한다는 건 있을 수 없다."

하람 | 그렇지. 자기 장례식에 자기가 참석할 수는 없는 법이니까. 사

람들은 누구나 자신이 세상의 중심이라고 생각해. 오로지 내가 보는 세상만 있는 거야. 내가 죽은 다음에도 세계는 여전히 존재할까? 나 혼자만 죽는 걸까? 나의 죽음이 세상의 끝은 아닐까? 이런 의문들이 왜 생겨나겠어. 우리에겐 이반 일리치가 그저 평범한 타인이지만, 이반 스스로에게 자신은 케사르와는 비교할 수도 없는 특별한 무엇이거든.

나연 | 이반이 미치도록 괴로워하는 이유가 바로 '나는 특별하다.'는 의식 때문이야. 마음은 죽음의 반대 방향으로 자꾸만 고개를 돌리고 안 보려고 발버둥치는데, 고통이 자꾸만 죽음을 이반 옆에 붙들어놓잖아. 몸이랑 마음이랑 방향이 반대야. 마음은 자꾸만 멀어지려고 하는데 몸은 그걸 허락하지 않아. 죽음이 눈앞에 있다는 현실. 고통은 그 현실을 바라보도록 강요해. 눈물 나, 정말.

준서 | 맞아. 육체적 고통 때문에 이반은 죽음과 직면하게 돼. 이반이 끝끝내 외면하고 싶었던 걸 통증이 똑바로 보라고, 이제는 받아들이라고 자꾸 보채. 고통은 살고자 하는 욕망, 낯선 죽음에 대한 거부감, 그리고 오만함을 없애는 데 기여하지.

하람 | 그래. 이반은 그렇다고 치자. 다른 사람들은 어때? 다른 사람들이 이반한테 하는 거짓말은 이반에게 삶에 대한 희망을 주기는커녕 이반을 괴롭히기만 해.

나연 | 그래서 더 불쌍하다는 거야. 죽는 것도 서러운데, 아주 죽어라 죽어라 하고 있잖아.

시후 | 죽어라 죽어라가 아니고, 안 죽는다 안 죽는다 그러던데?

나연 | 너 진짜!

준서 | 안 죽는다는 말이 결과적으로 죽어라 하는 효과를 낸 거지. 사람들은 죽어가는 이반이 그저 조금 아플 뿐이라고 해. 사실은 이반이 죽어가는 걸 알고 있으면서 죽지 않을 거라고 거짓말하는 거지. 그건 위선이야. 사람들의 그런 위선이 이반을 더 외롭게 만들어.

나연 | 그치만 죽어가는 사람한테 '당신 곧 죽습니다.'라고 하는 것도 예의는 아니잖아?

시후 | 그놈의 예의. 그 예의랑 교양 때문에 이반이 이렇게 괴로워하고 있는데 이반이 불쌍하다면서 그게 네가 할 말이냐? 예의랑 교양은 산 사람을 위한 거지, 죽어가는 사람을 위한 게 아니야. 적어도 이반 주변 사람들의 예의는 그래. 이반은 자기가 죽어가는 게 "'법도'의 관점에서 볼 때 뜻하지 않게 일어난 불편한 일, 다분히 거북한 일"로 취급된다고 해. 살아 있는 사람의 입장에선 죽어가는 사람이 불편하고 거북하니까, 신경을 덜 쓰고 수고를 최소화하자. 이런 게 아니겠어. 단

순히 죽는 걸 알면서 안 죽는다고 해서 거짓이 아니야. 자기 좀 편하
자고 그렇게 속이니까 거짓이고 위선이지.

하람 │ 이반은 그 거짓말이 자기의 투병을 "한낱 방문, 커튼, 저녁식사
에 올려질 철갑상어 등의 수준으로 끌어내"렸다고 해. 우리 식으로
하면 기껏해야 저녁 밥상에 오를 갈비 정도의 관심을 받았다는 건데,
이반이 느낀 절망감은 대단했을 거야. 물론 이반의 절망감이 약간 과
장되긴 했어. 사람이 아프면 주변 사람들의 무관심에 유독 민감해지
잖아. 쉽게 서운해 하고.

나연 │ 그런데 다른 사람들은 왜 이반이 죽어가는 걸 가볍게 여길까?
자기들 때문에 이반이 더 아파한다는 건 알고 있을까? 대체 왜 이반
의 죽음을 인정하지 않는 거지?

준서 │ 그래야 살아 있는 사람들끼리 편하니까. 죽는 사람은 죽는 사
람이고, 산 사람은 산 사람이라는 거지.

시후 │ 사람은 모두 죽고 우리는 사람이니까 우리도 사실은 죽는 사람
이지. 산 사람은 산 사람이 아니고, 산 사람도 죽는 사람.

나연 │ 너, 자꾸 그런 식으로 시비 걸면, 가족이랑 빠이빠이도 못한 채
저세상으로 갈 수 있어.

하람 | 사랑싸움은 그 정도로 해두고……. 난 이게 모든 살아 있는 것들의 문제라고 봐. 죽어가는 사람에게서 거리를 두고, 죽지 않을 거라고 자기 암시를 하는 것. 타인에게서든 자기에게서든 죽음을 멀리하고 생활 반경에서 몰아내려는 것. 그건 어쩌면 살아 있는 것으로서 지극히 당연한 일이야. 우리는 매일 살아가고 있고, 살고 있다는 사실이 익숙해지다 못해 당연하잖아. 오늘 살았으니까, 갑자기 죽음이 들이닥치지 않는 한 내일도 사는 거야. 그러니까 갑작스런 죽음보다는 당연한 내일을 준비해야지. 그러니까 죽음아, 너는 접근 금지. 원천적으로 금지하는 것 아닐까?

준서 | 살아 있는 것의 본능이라는 얘기네. 생의 방향으로의 추진력이지. 죽음에 대한 생각은 그 생각만으로도 생의 추진력을 저하시키니까 나쁜 거야. 삶을 방해하니까. 이반도 죽음에 대해 이해하려고 하다가 이내 그런 생각을 "부질없고, 잘못된, 병적인" 생각이라고 하잖아. 그래서 떨쳐버리려고 노력하고. 사람들은 병자를 보살피는 게 수고스럽기도 했지만 무엇보다 그들의 삶에 죽음의 기운이 스며드는 게 싫었어.

시후 | 난 이반 주변 사람들이 여전히 맘에 안 들어. 자기들도 언젠가 이반처럼 어둡고 외로운 길을 갈 거라고 꿈에도 생각하질 않으니. 산 사람은 계속 산 사람이 아니라 언젠가는 죽는 사람이야. 근데 이걸 모르니까 이반한테 소홀히 대하는 거라고. 인간은 죽지만 나는 죽지

않는다, 인간 중에서 나만 죽지 않는다. 참 거만한 족속들이야.

나연 | 이반 장례식 장면이 생각난다. 표트르 이바노비치였던가, 이반의 절친한 친구가 이반의 시신을 보고 내뱉는 말이 있어. 그래, 이 부분. 죽음은 "이반 일리치에게 일어난 일이지 자기에게 일어난 게 아니며 또 일어날 리도 없다."

하람 | '이반, 당신은 죽지 않아요.'라는 사람들의 거짓말 뒤엔 '나도 죽지 않아요.'란 착각이 깔려 있어. 그러고 보니 이반과 그 주변 사람들이 서로 닮았네. 이반도 계속 자신의 죽음을 현실로 받아들이지 못하잖아.

나연 | 난 둘 사이에 공통점 못지않게 차이점이 크다고 생각해. 이반만 죽음이 얼마나 낯선 건지 경험하잖아. 이반만 죽음을 가까이서 접하잖아. 주변 사람들처럼 죽음을 간접적으로 경험하는 것과는 차원이 달라.

시후 | 지당하신 말씀. 그네들은 생존 본능에만 충실해. 살아남으려고 일부러 죽음에 대해 모르쇠로 일관하지.

하람 | 예외는 있어. 바로 하인 게라심. 배우지는 못했지만 배운 사람보다 더 현명해. 아니, 오히려 배우지 않아서 그런지도 몰라. 이반을

정성껏 돌보면서 하는 말을 봐. "우리 모두 언젠가는 죽습니다. 그러니 수고 좀 못할 이유도 없지요?"

준서 | 대단하지. 죽음을 받아들이는 건 참 어려운 일일 텐데. 한밤에 으슥한 골목에서 마주친 낯선 사람이 아무도 모르는 데로 날 데려가려고 호시탐탐 기회를 노리고 있어. 누가 그런 죽음을 순순히 인정할 수 있을까? 게라심처럼 소박한 마음으로 인간의 운명을 받아들이거나, 아니면 이반처럼 고통이 죽음을 알려주지 않는다면 말이야.

시후 | 나도 공감. 하물며 한갓 잡초도 해치려는 손이 다가가면 움찔하고 피하지 않냐. 그래서 내가 나연이를 보면 멀리 돌아가잖아.

나연 | 그럼. 못난 야수는 아름다운 꽃 앞에서 풀이 죽어 피하는 법.

하람 | 정말 못 말리는 커플이야.

내 삶은 나의 죽음을
취급하지 않는다

죽음은 흔하다. 우리는 하루에도 몇 번씩 사망이나 별세, 부음이란 단어와 마주친다. 서울시 도로의 곳곳에는 오늘 하루 길 위에서 사망한 사람이 몇이나 되는지 알려주는 '오늘의 교통사고' 전광판이 있고, TV는 문화계 거물들의 별세 소식을 심심찮게 전하고 있으며, 지방의 일간지들은 지역 유력 인사의 부음을 알리기 위해 꼬박꼬박 지면을 할애한다. 이처럼 죽음의 소식은 흔하다. 중동 지역에서는 폭탄 테러로 매일 수십 명씩 죽어나가고 아프리카에서는 기근 때문에 몇 초에 한 명씩 사람이 죽는다. 하지만 죽음의 소식은 슬프지 않다. 두렵지도 않다. 도로의 전광판, TV 아나운서의 목소리, 신문의 딱딱한 문체 어디에도 슬픔과 두려움은 없다. 그것들은 죽음을 하나의 통계로, 하나의 정치적 사건으로, 하나의 소문으로 다룰 뿐이다. 거기에는 죽음의 배경이 생략되어 있다. 죽은 자의 생이 베일에 가려져 있다. 이렇게 '생(生)'의 맥락과 단절된 '사(死)'는 단순한 생물학적 사실에 머문다. 오직 하나의 정점으로 '표시'만 되는 죽음은 죽음의 본래 무게를 상실한 가짜 죽음이다. 살아 있는 나에게는 삶과 실질적인 긴장관계를 유지하는 죽음만이 유의미하다.

죽음에 실질적으로 접근하기 위해서는 결국 죽음의 내막으로 들어가야 한다. 누구에게는 단순한 뉴스거리일 뿐인 죽음이 나에게는 바로 코앞에서 벌어진 극적인 사건이어야 한다. 다행히도 이런 기회는 누구에게나 찾아온다. 살면서 누구나 자신에게 절실한 의미를 지니는 죽음들을 목격하게 된다. 가깝게 지내던 사람들의 죽음을 몇 차례는 경험한다. 이반 일리치의 죽음도 그렇다. 표트르 이바노비치는 친구인 이반 일리치의 죽음을 겪는다. 둘은 법학교 동창이다. 따라서 주검이 된 친구를 찾은 표트르의 감정은 남달랐다. "처음에는 그저 매사가 즐겁기만 한 어린애, 학생, 다음에는 어른이 되어 동료로서 가까이 알고 지내던 한 인간이 고통을 받았다는 데 생각이 미치자 …… 표트르 이바노비치는 갑자기 섬뜩해졌다." "'꼬박 사흘간 엄청난 고통에 시달리다가 죽었다. 언제든지 내게도 닥칠 수 있어.'라고 생각하며 그는 일순간 몸서리를 쳤다." 표트르는 죽음의 현장을 목격했다. 죽은 자를 직접 보았으며 죽은 자가 겪었던 고통도 전해 들었다. 그에게 죽은 자의 고통이 전달될 수 있었던 건 그와 죽은 자가 한때나마 삶의 일부를 서로 공유했기 때문이다. 내 삶의 일부를 공유했던 자의 죽음은 분명 남다른 구석이 있다. 그렇게 서로 공유했다는 이유로 우리는 죽음의 현장에 같이 불려간다.

　죽음의 내막에 진입하여 죽음의 기류에 휩싸이는 건 분명 나의 죽음을 생각하게 하는 중요한 계기가 된다. 하지만 타인의 죽음을 접한다고 해서 곧바로 '죽음의 깊이'에 대한 통찰로 이어지는 것은 아니다. 타인의 죽음에 접하면 그것에서 벗어나 삶 쪽으로 달음질치려는 심리가 강하게 작동한다. 이러한 정황은 죽음을 대하면서 표출되는

'슬픔'에서 가장 먼저 드러난다.

누군가의 죽음 앞에서 슬퍼하는 건 일면 그 죽음에 자신의 감정 전체가 동참하는 것처럼 보인다. 이제는 죽은 자를 다시 볼 수 없다는 사실, 죽은 자는 삶의 경계를 넘어섰다는 사실이 슬픔을 유발한다. 이 슬픔은 의심할 여지없이 진실한 감정이다. 하지만 죽음 앞에서의 슬픔은 결코 삶의 영역과 죽음의 영역을 동시적으로 꿰뚫어보는 데서 비롯하는 징후가 아니다.

슬퍼한다는 건 슬픔의 당사자 자신은 '살아 있다'는 사실을 단적으로 드러내는 징표이다. 살아 있기 때문에 슬픈 것이다. 우리는 '죽음'이 아니라 '살아 있지 않음'을 슬퍼할 따름이다. '살아 있지 않음'은 '죽음'을 뒤집어서 표현한 같은 말로 보일 수 있으나 이 둘에 함축된 의미는 크게 다르다. 죽음은 죽는 사람과 산 사람 모두에게 해당되지만 살아 있지 않음은 오직 산 사람에게만 해당된다. 살아 있지 않음을 슬퍼하는 건 전적으로 산 사람의 몫이기 때문이다.

다큐멘터리 영화 〈영매: 산 자와 죽은 자의 화해〉를 보면 인상적인 굿 장면이 나온다. 한 어머니가 불의의 사고로 숨진 젊은 아들의 넋을 달래기 위해 무당을 찾고, 무당은 진오기굿으로 망자의 관이 놓였던 자리를 정화시키고 원혼을 달랜다. 굿판이 어느 정도 무르익자 이내 아들의 혼이 무당의 몸에 들어와 자기의 말을 쏟아낸다. "너희는 살았으니까 좋지, 나는 …… 원통해, 너무 원통하고 분해……." 아들은 일찍 죽은 것이 억울하고 생전에 못다 한 일이 많다며 하염없이 흐느낀다. 어머니를 비롯한 가족 역시 끝없이 눈물을 흘린다. 과연

이 진오기굿의 주인공은 누구일까? 당연히 아들일까? 이 굿판을 통해 우리는 영혼의 실체를 겸허히 받아들이고 죽음의 영역에 접근해야 하는 것일까? 아니다. 굿판의 진짜 주인공은 어머니이고 가족이다. 굿판을 지배하는 건 아들의 혼이 아니라 가족의 슬픔이다. 어머니의 통곡은 아들의 혼을 압도하고도 남는다. 어머니는 굿판을 벌임으로써 한바탕 온전히 슬퍼할 수가 있다. 무당의 역할은 혼을 불러내는 것에 그치지 않는다. 무당은 산 사람이 제대로 슬퍼할 기회를 제공해준다. 진오기굿에서 무당은 '슬픔의 의례'를 주관하는 자이기도 하다.

타인의 죽음 앞에서 산 사람은 슬픔이라는 감정에만 묶이지 않고 생각의 방향을 곧바로 자신에게 돌린다. 다시 텍스트의 표트르 이바노비치를 보자. 표트르는 이반의 시신을 보고 죽음은 '언제든지 내게도 닥칠 수 있는 일'로 여긴다. 하지만 이 생각은 오래가지 못한다. 그는 곧바로 생각을 고쳐먹는다. "그러나 곧 어떻게 된 영문인지 모르게, 그건 이반 일리치에게 일어난 일이지 자기에게 일어난 게 아니며 또 일어날 리도 없다는 지극히 평범한 생각이 그의 편을 들었다." 표트르는 동료의 죽음을 자신의 죽음과 연결시킨다. 그런데 그 연결이 부자연스럽다. 이반에게 일어난 죽음이 자기에게는 일어나지 않는다는 것이다. '그의 죽음'이 '나의 죽음'으로 이어지지 않을뿐더러 오히려 '나의 죽지 않음'으로 나아간다. 그의 죽음을 애도하면서도 동시에 나의 죽지 않음을 떠올린다. 그는 죽었지만 나는 죽지 않았다. 고로 나는 죽지 않는다! 표트르는 타인의 죽음이 나의 죽음으로 전이되지 않는다고 여김으로써 죽음이라는 보편적인 진실을 외면한다. 그는 죽었기 때문에 그에게는 죽음이라는 게 있지만 나는 살아 있기 때문에 나에게는 죽음이라는 게 없다는 식이다.

죽음에 대한 저항은 타인의 죽음을 지켜보는 자에 비하여 죽음을 직접 겪는 당사자에게 더욱 심각하게 나타난다. 텍스트에서 죽음의 당사자인 이반 일리치도 예외는 아니다. 의사에게서 자신이 곧 죽게 될 거라는 충격적인 소식을 접하고 나서 그는 깊은 당혹감에 빠진다. "그가 키제베터의 논리학에서 배운 '케사르는 사람이다. 사람은 죽는다. 따라서 케사르도 죽는다.'는 유명한 삼단논법은 케사르에게나 적용되지 자신에게도 적용된다고는 꿈에도 생각지 않았다. 그가 볼 때 인간 케사르는 인간이었으므로 법칙의 적용은 정당했다. 그러나 자기 자신은 케사르가 아니므로 인간이 아니며 항상 다른 사람들과는 전혀 다른 특별한 존재라고 여겼다." 이반의 논리는 명백히 궤변이다. 그렇지만 그에게 실존적으로는 진실이다.

부조리한 삼단논법에 기대어 이반은 기억 속의 개인적인 에피소드들을 들춰내 자기와 케사르의 차이를 밝힌다. 그러한 에피소드를 가진 사람은 오로지 자신뿐이라는 것이다. '케사르는 이반을 살지 않았다.'는 것이다. 케사르에게는 이반과는 다른 케사르만의 에피소드가 있다는 사실을 그는 고의적으로 간과한다. 자기 역시 케사르를 살지 않았다는 사실 또한 묵살한다. 사실 키제베터의 삼단논법은 '누구나 다 삶을 산다.'는 것을 전제한다. 하지만 이반에게는 이 전제가 불만이다. '누구나 다 사는 삶'이란 구체적이고 개별적인 삶이 빠져버린 공허한 일반명사에 지나지 않는다는 것이다. 그는 이렇게 추상적이고 일반적인 명사로 자립해버린 삶에 자신의 구체적인 삶을 종속시킬 수 없다고 본다. 지금 이반의 관심은 한낱 단어로 전락한 삶이 아니라 살아 숨 쉬는 개인으로서의 '이반의 삶'이다. 이반의 삶은 단어(word)가 아니라 실재(reality)이며, 따라서 논리의 재료가 아니다.

이반은 삶을 자기에게 가둬놓고 있다. '자기에 갇힌 삶'에게 죽음이라는 현상이 어떻게 나타나는지가 지금 초점이다. '누구나 다 죽는 죽음'은 경험적으로 예전부터 있어왔다. 그 죽음은 삼단논법 속에 여전히 살아 있다. 그러나 이반의 죽음이 존재한 적은 없었다. 이반은 죽은 적이 없기 때문이다. 산 적밖에 없는 이반은 일반명사로서의 삶과는 얼마든지 긴장관계를 유지할 수 있다. 하지만 죽은 적이 없는 이반이 일반명사로서의 죽음과 관계 맺기는 어렵다. 타인의 죽음이 종종 힌트를 준다지만 그 힌트는 엄밀히 말해 '죽기 직전까지의 삶'일 뿐이다. 죽는 당사자만이 겪는 죽음으로 향하는 내막은 도무지 알 길이 없다. 그러므로 내가 그것에 직접 도달하기 전까지 '나의 죽음'은 상상과 추측은 가능해도 해명이 불가능한 영역으로 남는다.

죽음은 전인미답의 장소이다. 무수한 사람이 그 영역으로 진입했지만 아무도 복귀하지 못했다. 그것은 삶이 최후에 단 한 번 마주치는 절대 타자의 세계다. 자신의 죽음을 예상하고 감지하긴 했으나 그 내면의 소리를 아직 듣지 못한 이반은 이 절대적인 낯섦 앞에서 자기를 방어하려 한다. "만일 내가 케사르처럼 죽어야 한다면 그걸 알았을 거야. 내면의 목소리가 얘기를 해주었을 테니까. 하지만 그와 비슷한 건 내 안에 없었어." 나의 삶은 나의 죽음을 취급하지 않는다. 나의 삶은 여기 있지만, 나의 죽음은 여기 있지 않다. 아직 오지 않은 죽음은 나의 생각이 앞당겨 끌어온 것일 뿐 실제로 나의 삶에는 없는 것이다. 죽기 전까지 죽음은 내 것이 아니다. 삶 '밖'에 있는 것을 삶 '속'으로 끌어들이는 건 어리석으며 또한 삶은 삶으로서만 지속될 뿐이다. 살아 있는 나에게 죽음이 차지할 수 있는 공간은 없다.

나의 죽음을 용납하지 않으려는 경향은 죽음의 문제를 윤리적으로 접근하는 데서도 나타난다. 이반은 소설의 한 대목에서 자신의 처지를 한탄하며 엉엉 울다가 돌연 혼잣말을 한다. "그래, 쳐라 쳐! 근데 이유가 뭐야? 내가 무슨 잘못을 했느냐고? 도대체 왜 이러는 거야?" 사실 죽음의 이유는 단순했다. 이반에게 죽음이 찾아온 것은 옆구리를 다쳤기 때문이다. 옆구리에 입은 내상이 그의 몸 상태를 전체적으로 망쳤기 때문이다. 뜻하지 않은 사고사든 노화로 인한 자연사든 죽음의 직접적인 원인은 언제나 신체에 있다. 그런데도 사람들은 보통 죽음의 원인을 신체적인 것에서 찾는 데 머물지 않는다. 그들은 사망을 지시한 보이지 않는 심판자를 상정한다. 누군가 벼락 맞아 죽으면 그가 남모를 중대한 죄를 지었을 것이라 생각하고, 치명적인 질병에 걸린 사람을 보면 그의 삶 전체를 도덕적으로 의심하기도 한다.

이반 일리치도 결국은 보이지 않는 심판자에게 무릎을 꿇는다. 그는 죽음이 임박해오자 '자신이 살아온 삶이 그래선 안 되는 삶'이었다고 단정 짓는다. 이처럼 죽음은 우연한 사고나 생명의 자연스런 섭리로 받아들이기에는 너무나 극적이고 낯선 것이다. 따라서 사고나 섭리 뒤에는 보이지 않는 도덕적 원리가 작용하며, 죽는 자는 그 죽음에 어느 정도 도덕적 책임을 져야 한다고 생각한다. 무언가 잘못하지 않고서는 그런 일이 일어날 수 없다고 믿는 것이다. 살아 있다면 그냥 살아 있는 것이지만, 죽는다면 무언가를 잘못하여 벌을 받은 것이다. 생명은 죄가 없지만, 죽음은 생명의 죄를 보게 한다.

한 인간의 죽음은 곧잘 주변 사람들까지 달갑지 않은 윤리적 책임감에 시달리게 한다. 소설의 다른 대목에서 이반이 죽음과 씨름하며 가족에게 막무가내로 투정을 부리자, 이반의 딸은 곧바로 불편한 심기를 드러낸다. "우리가 뭘 잘못했다고 저래요?" "마치 이게 우리가 저지른 짓이라도 되는 것처럼 그래요!" 카뮈가 쓴 《이방인》의 주인공 뫼르소도 이반의 딸과 똑같은 반응을 보인다. 어머니의 장례를 치르기 위해 휴가를 얻어내면서 뫼르소는 회사 사장에게 이렇게 말한다. "그건 제 탓이 아닙니다." 죽음이 윤리적인 의문이나 답변으로는 결코 설명할 수 없는 사태라는 걸 알면서도 공동체적 존재로서의 인간은 죽음에 윤리를 엮어 생각하려는 경향이 있다.

사실 죽음에 대한 인간의 가장 보편적이고 원초적인 반응은 공포라고 할 수 있다. 죽음은 정확하게 삶의 반대편에 있다는 점에서 살고자 하는 욕구에 반하는 최대의 적이다. 삶에서 죽음으로의 이동은 단순히 경계선을 넘어선다는 공간적인 차별화가 아니라 있음에서 없음으로 전환하는 극단적인 질적 변화를 의미하기에 생명을 가진 자가 가장 만나고 싶지 않은 상대다. 그렇지만 죽음은 '이미 항상' 인간의 옆에 도사리고 있다. 기회만 되면 언제 어디서라도 있음에서 없음으로 소속이 바뀔 수 있는 충분한 조건이 형성되어 있다. 죽음은 분명히 있고, 그것도 형상이 불분명한 시커먼 그림자로 다가온다. 이 시커먼 그림자는 때때로 너무도 극명하게 자신의 존재를 드러내서 살아 있는 사람들이 한가로이 죽음을 슬퍼하거나 죽음을 거부하지 못하도록 만든다. 그럴 때면 사람들은 죽음의 외피를 직접 느낀다.

이반의 아내 프라스코비야는 이반에게 닥쳐온 죽음을 몸소 느꼈다. "네, 끔찍했어요! 마지막 몇 분간이 아니라 몇 시간 내내 소리를 질렀어요. 사흘간 잠시도 쉬지 않고 연달아 소리를 질러댔답니다. 견딜 수가 없었어요. 어떻게 그걸 견뎌냈는지 저 자신도 모르겠어요. 방문이 세 개 지나서도 들렸으니까요. 아, 어떻게 그걸 다 제가 견뎌냈는지!" 한술 더 떠 릴케의 소설 《말테의 수기》는 죽어가는 자가 내는 목소리를 분명히 저승사자로 지목한다. 소설 속에는 말테의 할아버지 크리스토프 데트레프의 죽음이 등장한다. "하나의 목소리, 7주 전까지만 해도 아무도 들어보지 못한 목소리였다. 시종관의 목소리가 아니었기 때문이다. 그 목소리의 주인은 크리스토프 데트레프가 아니고, 그의 죽음이었다. 크리스토프 데트레프의 죽음은 울스가르드에서 벌써 여러 날 동안 살고 있었으며, 모든 사람들과 이야기하고 명령을 내렸다. …… 친구들을, 여자들을, 그리고 고인들을 만나게 해달라고 요구했으며, 스스로 죽기를 요구하였다. 요구하고 또 요구했으며 소리를 질러댔다."

그러나 죽음의 공포가 삶의 의지와 관성에 제동을 걸지는 못한다. 산 사람은 근본적으로 죽음이 아니라 '죽음에 대한 감정과 생각' 속에서 맴돌기 때문에 이 감정과 생각에 일시적으로 억눌려 괴로워하긴 하지만 그것이 시간 속에서 차츰 희미해지면 서서히 죽음 밖으로 나와 일상의 삶을 회복하게 된다. 만일 산 사람이 죽는 사람처럼 죽음을 느끼고 생각한다면 제대로 삶을 영위할 수 없을 것이다. 그 공포와 고통을 감당하기에 역부족일 것이기 때문이다. 그러나 다행히 산 사람은 죽은 사람만큼 죽음을 느끼고 생각하지 못한다. 그래서 가족이 죽어갈 때 슬퍼하고 죄책감을 느껴도 그것이 산 사람의 삶을 중단시키지는 않는다.

숱한 죽음을 보고 들으면서 자신의 삶을 되돌아보게 되지만 자신과 관련되는 정도와 강도에 따라 길게 또는 짧게 그 죽음에 생각이 머물 뿐 어느새 죽음의 그림자에서 빠져나온다. 살아 있는 자에게 죽음은 '죽은 사람에 대한 죽음'이 아니라 '산 사람에 대한 죽음'이다. 자기도 언젠가는 죽을 거라고 막연히 예상하지만 이 미래가 막연하기 때문에 현재를 살 수 있다. 그래서 죽은 사람은 죽었더라도 산 사람은 계속 살고자 한다.

삶의 관성은 엄청난 위력을 지닌다. 죽어가는 사람 앞에서 그에게 끊임없이 희망의 메시지를 주려는 태도도 엄밀히 따지면 자기 삶의 보존을 위한 산 사람들의 방편이라 볼 수 있다. 텍스트에서 이반 일리치는 주변 사람들이 자기에게 건네는 희망 섞인 말들에 대해 '거짓말!'이라고 노골적으로 분개한다. "거짓말, 거짓말, 그가 사망하기 전날 밤에도 쏟아진 이 거짓말, 끔찍하고 엄숙한 죽음의 의식을 한낱 방문, 커튼, 저녁식사에 올려질 철갑상어 등의 수준으로 끌어내리고 만 거짓말은 이반 일리치에게 엄청난 고통을 안겨주었다." 죽음을 목전에 둔 이반에게는 자신의 절망적인 상황에 희망을 안겨주려는 그들이 위선적으로 보였겠지만 산 사람 입장에서는 어쩔 수 없는 일이었다. 이반은 그들이 부질없는 위로의 말로 사태를 오도하고 있다고 비난할 수 있지만, 주변 사람들은 이반이 죽더라도 자기들은 살아야겠다는 '삶의 보편적인 의지'를 우회적으로 표시한 것이었다. 이반을 향한 위로는 실은 산 사람이 죽어가는 자의 죽음에 빠져들지 않고 자기들이라도 삶의 방향으로 선회하기 위한 자기 방어의 심리기제가 드러난 결과이다. 그래서 그들의 거짓말은 이반이 죽은 뒤에도 계속된다. 거짓말이 산 사람을 계속 살게 하기 때문이다.

삶은 죽음 앞에서 뻔뻔스러울 정도로 당당하다. 한국의 장례식장에서 벌어지는 질펀한 술판과 화투판은 죽음의 어두운 분위기를 희석시키는 방편으로써 암묵적으로 장려된다. 한 노모의 장례식 풍경을 담은 임권택의 영화는 제목부터가 〈축제〉다. 이 영화의 마지막 장면이 인상적이다. 상주를 비롯한 노모의 자손들이 모두 모여 단체사진을 찍는데 표정들이 영 딱딱하다. 이때 마을 사람들이 몇 마디 거든다. "웃어라 웃어!" "무슨 초상났냐?" 이 말은 글자 그대로 해석할 수 있다. 죽은 사람만 초상났지 산 사람은 초상나지 않았다. 죽음 앞에서 삶은 희화화되고 죽음은 삶을 더욱 살게 만든다. 죽지 않았으니, 살아라! 웃어라! 장례식장은 죽은 자에 비추어 살아 있는 자들끼리 서로 살아 있음을 확인하는 자리이기도 하다. 산 자들끼리 앞으로 어떻게 살 것인지를 공모하는 자리이기도 하다. 산 자에게는 삶만이 문제이기 때문이다.

 죽음아, 날 살려라

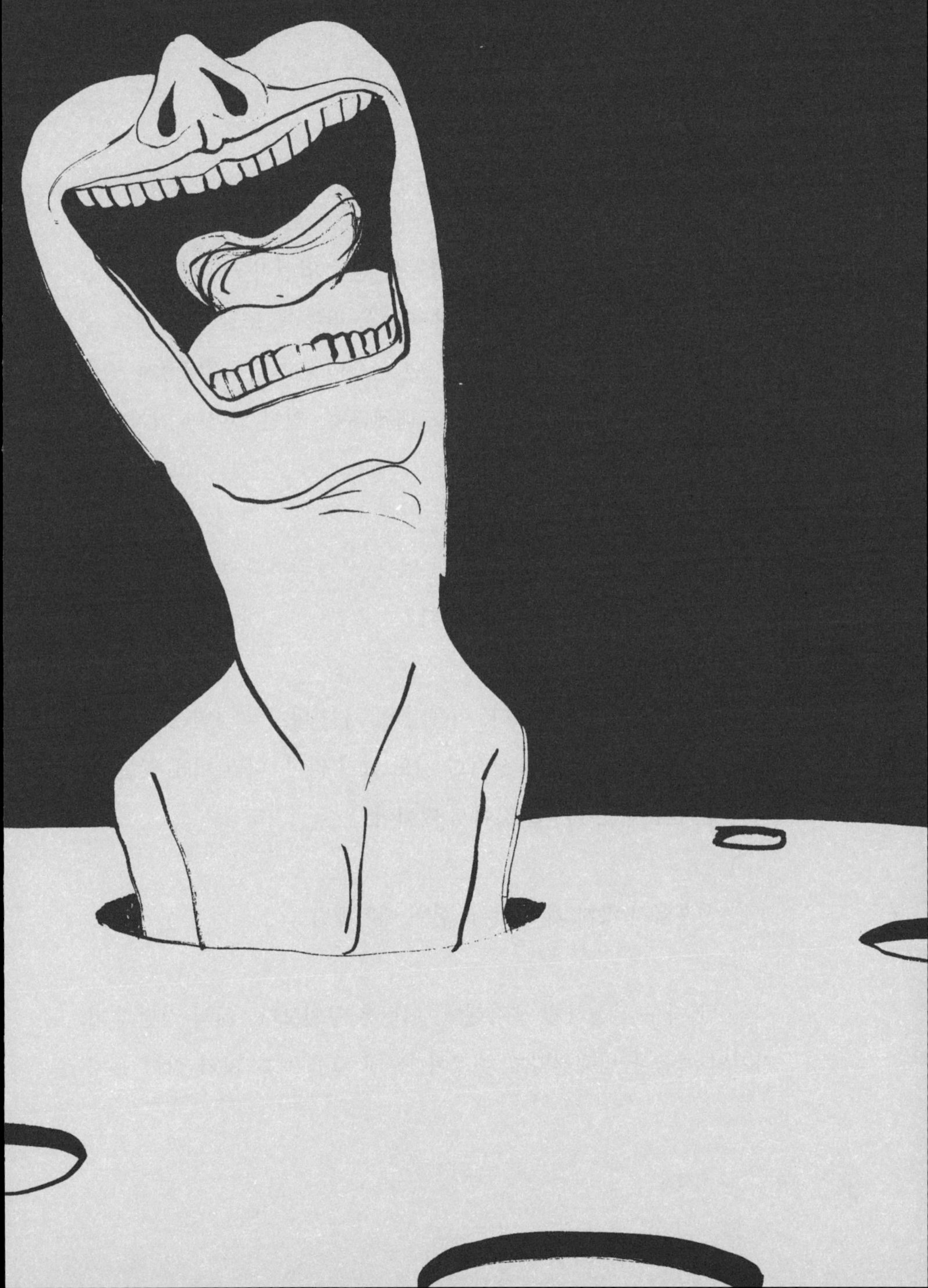

어떻게 삶에서
손을 뗄 수 있나?

시후 | 이반이 죽기 직전에 하는 경험은 정말 압권이구면. "죽음이 있던 자리"에서 빛을 보고 기뻐하며 죽음을 맞는다. 조금 전만 해도 죽는 게 두려워 "싫어!", "싫어!" 하던 사람이 마지막엔 "이렇게 좋을 수가!"라며 죽음을 대환영한다. 도대체 무슨 일이 일어난 거지? 도무지 모르겠구면.

나연 | 너 또 책 안 읽고 왔구나. 안 읽은 거 들킬까봐 방금 쓱 훑어보고 선수 치는 거지? 시후 많이 컸다!

시후 | 아니다. 열심히 읽었다. 이해가 안 가서 마지막 장면은 여러 번 읽었다구. 내가 나름대로 생각한 것도 없지 않아. 다만 이게 맞는 생각인지 아직 확신이 서질 않아서 말이야.

하람 | 시후답지 않게 왜 이러셔. 한번 얘기해봐.

시후 | 난 아주 단순하게 생각했어. 이반은 무엇보다 '삶의 정당화'가 자기의 죽음을 방해한다고 했잖아. 근데 빛을 보고 자기 삶이 옳지

않았다고 인정하고, 그렇게 자기 삶을 더 이상 정당화하지 않으니까
미련 없이 쉽게 죽을 수 있었지. 물론 쉽게 죽는 건 기쁘게 죽는 것하
곤 좀 다르지만.

하람 │ 거기까진 동감해. 흔히 잘못 살았다고 생각하는 사람들이 죽으
면서 괴로워할 거라 생각하잖아. 후회하고 자책하느라고. 하지만 꼭
그런 건 아니야. 이반의 경우는 그 반대지. 이반처럼 잘 살았다고 믿
는 사람이 오히려 죽으면서 힘들어해. 잘 살았다고 생각하니까 이 세
상을 떠나고 싶지 않아. 지난 삶이 괜찮았으니 그 삶에 애착을 느끼
고 자꾸 집착하게 돼. 말하자면 삶이 그를 잡아당기니까 그는 죽음
속으로 들어갈 수 없어. 죽을 때가 됐는데 죽지 못하는 것만큼 고통
스러운 게 있을까.

시후 │ 그런데 어떻게 생각을 고쳐먹게 된 거야? 최후의 고통으로 몸
부림치다가 갑자기 옆구리에 '어떤 힘'을 탁 맞았다. 여기서부터 시
작인가? 그러다가 빛을 목격하고. 맞아, 역시 문제는 이놈의 빛이야.
도대체 빛은 무슨 뜻이야? 그리고 어떻게 빛을 봐서 잘못을 인정하
게 되지?

하람 │ 빛이란 게 참 말로 설명하긴 힘들어. 이건 개념이 아니라 상징
이고 이미지니까. 머리로 이해하기보다 마음으로 느껴야 할 것 같아.
굳이 설명을 하자면 이런 의미겠지. 가장 밝은 것. 밝음 그 자체. 완

전하고 절대적인 것. 기독교에서 말하는 신과 같은…….

준서 | 꼭 신이라 하지 않아도 절대에 대한 다른 개념으로 바꿔 부를 수도 있을 거야. 예컨대 하늘이나 진리 또는 대자연으로.

나연 | 그냥 자연이 아니라 '대'자연이어야 하는 거지?

하람 | 그렇지. 아 다르고 어 다르다고. 아무튼 이반은 빛을 본 후 자기 삶을 새롭게 바라봐. 빛을 보기 전에는 삶 속에서 삶밖에 보지 못했어. 하지만 빛을 대면하면서 새로운 관점을 얻지. 그 장면에 나오는 '기차'의 비유가 이 변화를 잘 보여줘. 이반은 기차가 '앞'으로 달려가듯이 삶도 삶의 방향으로만 간다고 생각했어. 그런데 빛을 본 다음엔 삶이라는 기차가 빛을 향해서 '뒤'로 달려왔다는 걸 깨달아. 삶은 언제나 죽음 쪽으로 움직였고, 그런 의미에서 언제나 죽음과 함께했다는 거야.

시후 | 삶 속에 죽음이 있다. 삶은 죽음을 향한다. 이건 너무 뻔한데. 이게 내가 던진 질문이랑 무슨 상관이 있지? 이런 깨달음이 이반의 회심과 관계가 있어?

하람 | 이반이 회심하는 과정의 하나겠지. 삶이 아니라 죽음의 편에서 빛이 보이는 거니까 이반은 죽음을 향하는 삶이 결국 빛에 이른다는

걸 깨달은 거야. 그래서 자기 삶을 새롭게 판단하게 되는 거고. 예전에는 오직 '삶'을 기준으로 삶을 판단할 수밖에 없었어. 삶이라는 유한하고 불완전한 기준으로. 하지만 이반은 이제 빛을 기준으로 삶을 판단해. 빛이란 절대적인 잣대를 삶에 갖다대면 아무리 자존심이 센 이반도 이렇게 말할 수밖에. "맞아, 전부 그게 아니었어." 맞아, 내 삶은 전부 잘못됐어.

나연 | 이반 참 과격하네. 기차 얘기도 재밌지만 바로 다음에 이어지는 말도 흥미로워. "하지만 괜찮아. 잘하면, 잘하면 '그걸' 할 수 있어." 자기 삶이 모조리 헛것이었다고 깨달은 사람이 절망하기는커녕 오히려 새로운 의욕을 보여. 근데 이반이 하려는 '그것'의 정체는 뭐야? 이반 자신도 잘 모르는 것 같아.

준서 | 앞에서 "전부 그게 아니었어."라고 할 때의 '그것'과 같지 않겠어? 여기서 '그것'은 잘 살아온 삶을 뜻하지. '전부 그게 아니었다.'는 말은 '내 삶은 전부 잘못됐어.'란 뜻이었으니까.

나연 | 준서야, 나도 대명사가 뭔지는 알아. 바로 '잘 산다'는 게 무슨 뜻인지 내가 물은 거잖아. 조금 아래를 보면 '개선의 여지'라는 표현도 나오거든. 근데 이반이 자기 삶을 개선하려고 뭘 했지? 죽어가는 마당에 어떻게 잘 살아보겠다는 거야? 단순히 '반성하고 죽겠다.'는 뜻인가?

하람 | 글쎄, 가족에 대한 태도 변화를 개선으로 볼 수 있지 않을까? 예전엔 가족을 차갑게 대했지만 지금은 그들에게 따뜻한 마음을 가지고 있잖아. 이반은 아들에겐 호의적이었지만 그래도 무관심했고 아내는 정말 싫어했어. 그런데 이제는 모두를 가엾게 여겨. 예전엔 죽어가는 자신을 돌봐주지 않는다고 그들에게 화를 냈지만 이젠 죽어가는 자신 때문에 고통 받는 그들에게 연민을 느껴. 그래서…….

준서 | 그래서 죽으려 하지. 죽음으로 불쌍한 가족의 고통을 덜어주려고. 이반이 가족을 향한 연민 때문에 죽음을 결심했다는 건 여러 군데서 드러나. 그가 주위의 가족을 보고 속으로 하는 말을 봐. "맞아. 저들에게 내가 몹쓸 짓을 하고 있는 거야." "저들에겐 미안하지만 내가 죽는 게 저들에게도 나을 거야." 나중에 가족을 방에서 내보내며 하는 말도 마찬가지로 이해할 수 있어. 이반은 가족에게 '미안해.'라고 하려다 결국 "가게 둬."라 하고 말지. 물론 이 말실수는 이반의 고집스러움을 보여줘. 연민과 미안함을 느끼면서도 끝내 그것을 표현하지 못하니까. 하지만 "가게 둬.", 그러니까 '죽게 둬.'라는 말로도 이반은 미안한 감정을 암시적으로 전하고 있어.

시후 | 그러니까 이반은 죽음이란 '선행'을 하기로 결심해서 죄책감을 덜고 평온하게 죽을 수 있었다?

하람 | 그런데 말이야, 단지 가족의 고통을 덜어줬다고 이반이 행복하

게 죽었을까? 난 이반의 선행은 다분히 부차적인 문제라고 봐. 아무리 생각해도 결정적인 계기는 역시 빛을 본 일이야. 빛을 보지 않았다면 절대로 쉽게 죽지 못했을 거야.

나연 │ 네 의견은 이반의 죽음을 반밖에 설명하지 못하는 거 아니니? 이반이 빛을 보고 기꺼이 죽으려 했던 건 꽤 나중 일이잖아? 앞에서 얘기했던 대로 이반은 빛을 처음 봤을 때 자기 삶을 개선하려고 결심했었잖아. 자기의 죽음을 빛과 직접적으로 관련지어 생각하진 않았어.

하람 │ 그래, 이반이 빛을 보자마자 개선하기로 결심한 건 맞아. 하지만 그 개선의 의미는 생각보다 복잡해. 이반의 개선은 타인뿐만 아니라 자신에게 좋은 일을 한다는 뜻도 담고 있어. 죽음은 불쌍한 가족의 고통을 더는 일뿐만 아니라 괴로워하는 자기의 고통을 더는 일이기도 했어. 나연이가 든 예에서도 이런 두 가지 의도가 드러나. "저들을 해방시켜주고 나도 이 고통으로부터 해방돼야 해." 죽음이 자신을 개선하는 방편이 될 수 있는 건 그것이 고통이 존재하는 세상으로부터 고통 없는 빛 속으로 나를 데려다주기 때문이야. 이렇게 이반은 빛을 봤을 때부터 그 속의 평화와 기쁨에 끌렸어.

시후 │ 그래도 빛에서 느끼는 기쁨이나 빛 속으로 들어가려는 의지는 조금 뒤에야 분명하게 그려지는 게 사실이야. 어쨌든 가족을 내보내고 숨을 거두기 직전에 이반은 죽음을 전혀 두려워하지 않아. 빛을

향해 간다고 아주 신났지 뭐. 에휴, 난 아직도 모르겠어. 하람이가 땀
나도록 설명해줬지만. 빛을 보면 정말 기쁘게 죽을 수 있는 건가?

하람 | 이반은 삶의 저편에서 새카만 어둠이 아니라 환한 빛을 봤어.
그런 이반한테 죽음은 오히려 반가워. 밝은 빛과 만나고 또 그것과
하나가 되는 사건이기 때문에. 세상에서는 찾을 수 없는 완벽한 질서
속에 참여하는 일이니까 절대적으로 기쁘겠지.

시후 | 우아아, 이건 내가 애초에 이해할 수 없는 미스터리로군.

나연 | 만만치 않네. 이반은 어떻게 빛을 보게 됐을까?

준서 | 삶과 죽음의 아슬아슬한 경계에서 볼 수 있었던 게 아닐까? 시
후가 그랬지? 이반 옆구리를 강타한 '어떤 힘'이 있었고 그 충격의
순간에 이반이 죽음에 한 발 다가갔다고. 난 그 표현이 적절해 보여.
생사의 경계에서 죽음 쪽으로 한 발을 걸치니까 죽음 쪽에 있던 빛이
보였던 거지.

시후 | 그럼, 죽는 사람은 모두 죽기 전에 빛을 볼까? 죽었다 살아난
사람이 없으니 증언을 들을 수도 없고.

준서 | 그런 사람이 없긴 하지만 짐작은 할 수 있어. 살아 있는 사람처

럼 죽어가는 사람도 겉모습에 자신의 내면을 드러내니까.

나연 | 맞아! 우리 외할아버지! 돌아가실 때 조마조마하며 훔쳐봤는데 너무 온화한 얼굴이어서 되레 당황했어. 맞아, 외할아버지는 분명 빛을 보셨을 거야. 아……, 외할아버지가 그러셨구나.

시후 | 너 그걸 알아야 돼. 살겠다고 살겠다고 발악하다 죽는 사람도 있어. 모든 사람이 너의 외할아버님 같으면 좋겠지만, 현실은 그렇지가 않다구. 모든 사람이 빛을 보며 죽는 건 불가능해. 쯧쯧, 하여간 그놈의 눈물은 때와 장소를 안 가리는군. 옜다, 손수건.

준서 | 이반은 빛에 다가가려고 나름대로 많이 노력했어. 죽을 거란 사실을 알고 나서부터 지난 삶을 반성하고 가식과 기만을 뉘우치기 시작했지. 자기가 잘나가는 판사이기 이전에 초라한 한 인간에 불과하다는 것도 깨닫게 됐고. 그렇게 자기를 낮춤으로써 빛이 들어올 여지를 마련한 게 아닐까?

하람 | 빛이 들어올 여지라. 그보다 빛을 볼 수 있는 통로 정도가 아닐까? 빛이 이반 안으로 들어온 게 아니라 이반이 자기 밖에서 빛을 본 거야. 이반이 스스로 빛을 찾은 게 아니라 빛이 이반을 찾아왔어. 우리는 언제나 자기 안에 있는 것만 알고 자기 밖에 있는 건 알 수 없어. 이반도 빛의 정체가 무엇인지, 빛이 어떤 원리로 움직이는지, 어

떻게 자기를 찾아왔는지 알지 못해. 난 이 빛이 꽤 신비로운데, 시후
는 영 찝찝한가 보네.

 애들아, 이반 말대로 죽음은 끝났다. 오늘 죽음 얘기하는 거 이
쯤에서 끝내자고. 오늘 밖에 별이 좋지 않니?

W2

죽음의 어둠 속에서
빛을 보다

삶이 빛이라면 죽음은 어둠
으로 생각된다. 죽음을 두려워하는 이유도 죽음을 곧 암흑과 동일시
하는 데서 비롯한다. 하지만 죽음을 왜 반드시 어둠과 연결시켜야 하
나? 오히려 그 반대일 수는 없을까? 톨스토이는 《이반 일리치의 죽
음》텍스트 후반부에서 바로 이 문제를 제기하고 있다. 이 부분은 주
인공이 사망하기 한 시간 전에 겪은 독특한 체험을 다소 환상적으로
그리고 있다. 짧은 시간에 그의 뇌리를 스치고 지나가는 특이한 심리
기제를 서술하면서 작가는 인간이 어떻게 삶의 끈을 놓고 죽음의 문
으로 들어서는지 그 과정을 밀도 있게 추적하고 있다. 어떤 체험이
인간으로 하여금 죽음 직전에 "이렇게 좋을 수가!" 하며 큰 소리로

말하게 했을까?

그는 죽음의 나락으로 떨어져 그 끝에서 빛을 본다. 빛! 나락으로 떨어지는 일은 끝을 알 수 없는 어둠 속으로 빠져드는 일인 줄 알았다. 하지만 뜻밖에도 그는 죽음의 끝에서 밝은 빛을 보았다. 그 빛은 지금까지의 삶의 방향을 거꾸로 보게 만든다. "그건 기차 여행을 할 때 기차가 앞으로 가고 있다고 생각하는데 실제로는 뒤로 가고 있고, 그걸 모르고 있다가 갑자기 정확한 진행 방향을 알게 되는 것과 비슷했다." 이게 무슨 말인가? 그는 이제야 비로소 삶의 방향을 제대로 파악하게 된 것이다. 삶이 삶 쪽으로 움직이는 걸로 그는 착각을 하고 있었다. 삶이 죽음을 향해 달려오고 있었다는 사실을 전혀 모르고 있었다. 삶은 삶을 가속적이고 지속적으로 빛나게 하는 방향으로 나아간다고 믿었던 것이다. 재산과 명예와 자손이 더욱 풍성해지는 방향으로 삶이 진행한다고 믿었던 것이다. 그러나 그것은 사태의 본질을 잘못 파악하는 일이었다.

삶의 진행 방향에 대한 오해는 그가 죽음을 받아들이지 못하게 만드는 결정적인 장애물이었다. "그는 자신이 검은 구멍에 빨려 들어가며 힘들어한다는 걸 느끼고 있었다." 그 다음이 더 중요하다. "구멍에 기어들어 가는 걸 방해하는 건 자신의 지난 삶이 괜찮았다는 인식이었다." 지난 삶이 자기를 죽이는 방향이 아니라 살리는 방향으로 무난하게 진행되어왔다는 인식이 삶에 대해 강한 애착을 유발했고, 이는 결과적으로 죽음의 어두운 구멍 속으로 빨려 들어가는 것에 적극적으로 저항하게 만들었다. 삶 쪽에서 잡아당기기 때문에 자기 힘으로는 도저히 죽음의 구멍으로 빠져 들어갈 수가 없는 것이다. "삶의 정당화는 그를 붙들고 놔주지 않아 그는 앞으로 나갈 수 없었다. 이 점이 그를 제일 힘들게 했다." 삶의 정당화! 내 삶은 괜찮은 삶이었다. 따라서 그 삶을 지속하고 싶고 또 그것은 지속되어야 마땅하다. 자기 삶에 대한 이러한 정당화는 주인공이 삶을 단념하지 못하게 하는 강력한 걸림돌이 된다.

신체적 고통에서 사경을 헤매다가 만난 죽음의 나락에서 빛을 보면서 이반은 지난 삶을 전면적으로 재검토하기 시작한다. "맞아, 전부 그게 아니었어." 지난 삶이 전부 제대로 된 삶이 아니었다는 말이다. 이제 그는 자기 삶을 송두리째 부정한다. 엄청난 반전이다. 이 부분은 《이반 일리치의 죽음》 텍스트에서 가장 흥미로워 보인다. 일반적으로는 자신의 지난 삶의 흔적을 정당화 또는 합리화함으로써 죽음 앞에 떳떳하게 나설 수 있고 이제 죽어도 별로 억울할 게 없다고 스스로 위로하려 한다. 그러니까 이 정도면 나도 삶에서 할 만큼 했다고 자기 삶에 대해 자부심을 느끼면서 편안하게 저세상으로 가려고 하는 것이 통례다. 그래서 죽음을 앞둔 이는 그가 생전에 한 일을 인정하고 경우에 따라서는 미화하고 치켜세우기까지 한다. 그런데 이반의 경우에는 그 반대다. 그는 자기 삶 전체를 "그래선 안 되는 삶"이었다고 냉정하게 평가하고 있지 않은가.

삶의 진행 방향에 대해 새롭게 인식하면서 이반은 급기야 자기 삶을 다르게 평가하게 된다. "빛을 보는 순간 자신이 살아온 삶이 그래선 안 되는 삶"이었다는 깨달음에 이른다. 빛을 보기 전에는 '괜찮은 삶'이었던 것이 빛을 본 후에는 '잘못된 삶'으로 변한다. 이 변화는 의미심장하다. 괜찮은 삶이 삶의 방향으로 나아가도록 종용했다면, 지금 출현한 잘못된 삶은 죽음의 방향으로 나아가는 빌미를 제공하기 때문이다.

'잘했다'는 인식이 지속되는 한 삶 쪽에서 끌어당기는 힘에 자기를 맡겨 죽음의 구멍으로 빠져들기가 어렵다. 하지만 '잘못했다'는 인식은 삶 자체에 고개를 돌릴 수 있는 근거, 지난 삶을 부정할 계기를 마련한다. 실제로는 거꾸로 가고 있는 기차의 방향에 이제야 비로소 동참할 수 있게 되는 것이다. 죽음을 향해 달리는 기차는 실은 빛을 향해 가고 있으며, 그런 한에서 빛을 따름으로써 기꺼이 죽음을 맞이할 수 있게 된다.

삶의 관성과 반대되는 힘에 자기를 맡길 수 있는 근거는 무엇인가? 이 물음에 대한 해법은 텍스트 후반부에서 반복적으로 출현하는 '빛'에서 찾아야 한다. 빛은 무엇인가? 빛은 텍스트에 따르면 '밖에서' 온다. 빛은 내가 만든 것이 아니다. 나의 밖에서 나에게 다가오는 것이다. 그래서 빛은 내가 발견하는 것이다. 그 빛이 내 삶을 올바른 방향으로 인도한다고 할 때 그것은 틀림없이 내 삶보다 상위의 어떤 것이다.

죽음의 순간에 만난 빛은 죽는 자가 이끌려 들어가는 길을 제시하는 한에서 능동적인 반면 나는 수동적일 수밖에 없다. 나는 죽고 싶지 않아도 죽어야 한다. 나의 욕구의 자의성은 죽음의 필연성 앞에서 무력해진다. 무력화시키는 자는 무력해지는 자보다 우위에 있는 것이 분명하다.

빛은 지금 나의 죽음을 이끌고 있다. 이 이끎에 나는 나의 의지와 상관없이 끌려가야 한다. 빛은 심판하는 자이고 나는 심판받는 자이다. 불평등한 관계이지만 복종은 불가피하다. 나는 그 빛이 이끄는 곳에 한 번도 가본 적이 없지만 그곳은 적어도 내가 상상조차 할 수 없는 낯선 세계라는 사실은 확실하다. 그것은 나에게 절대 타자이다. 그것의 정체는 나에게 완전히 베일에 싸여 있다. 그는 나를 보지만 나는 그를 보지 못한다.

죽음이란 이제 내가 절대 타자의 세계로 진입하는 현상이다. 왜 그 세계로 기꺼이 진입할 수 있는가? 이반이 보았던 빛의 의미를 여기서 새길 수 있다. 그 세계는 빛의 세계다. 왜 빛의 세계인가? 진리의 세계이기 때문이다. 왜 진리의 세계인가? 그 세계는 내가 속했던 세계 밖에서 이 세계를 거두어가는 힘을 지니고 있기 때문이다. 그 세계는 내가 속했던 세계보다 상위의 진리 세계다. 그 세계의 절대적인 운행 법칙에 나의 상대적인 세계가 속해 있다. 죽음은 하위 세계에 속해 있던 내가 상위 세계로 편입되는 데 따른 필연적인 결과이다. 삶에만 익숙해 있는 자에게는 삶 밖의 상위 세계가 낯설지만 죽음에 직면한 자는 상위 세계를 몸으로 느끼지 않을 수 없다. 이반은 지금 삶에서 죽음으로 경계를 이동하는 순간 자기 밖에서 자기 삶을 종식시키고 있는 거대한 힘의 흐름을 감지하고 있다.

그 상위 세계의 징표를 빛이라고 표현한 것은 단순한 비유가 아니라 그 절대 타자의 세계가 실제로 어둠을 밝히기 때문이다. 그 세계는 삶의 현실 세계에서는 어둠으로 다가오지만 실제에서는 삶의 어둠을 밝히는 세계다. 이반이 자기 삶을 '괜찮은 삶'이었다고 회고하다가 빛을 만나면서 정반대로 '전체가 잘못된 삶'이라고 후회하는 장면도 바로 이 사실과 관련된다. 어둠에 갇혀 있던 인간이 이제야 비로소, 즉 죽음에 직면해서야 밝은 빛을 보게 된 것이다. 기독교적으로는 구원의 빛인 셈이다.

인간 삶에서의 영화(榮華)는 인간의 눈에는 빛나 보여도 그 밖의 세계에서는 어둠으로 비친다. 이반은 자기 삶을 정당화하지 않는 한에서만 생명의 빛의 세계로 진입할 수 있다는 사실을 깨닫는다. 죽음 앞에서 넘실대는 빛에 삶의 어둠이 대조를 이루면서 삶의 끈을 놓아도 좋을 근거를 확보한다.

그렇다면 죽음의 문에 들어서기 직전까지 남은 짧은 시간 동안에 무얼 할 것인가? 이 문제는 《이반 일리치의 죽음》 텍스트에서 가장 당혹스러운 대목과 관련된다. "하지만 괜찮아. 잘하면, 잘하면 '그걸' 할 수 있어." "그래선 안 되는 삶이었지만 아직 개선의 여지가 있다고 믿었다." 작가는 자기 독백적인 불확실한 언어들로 임종을 코앞에 둔 이반의 심정을 그리고 있는데 이 대목은 모호하기 그지없다. '무얼' 잘할 수 있다는 건지, '개선의 여지'는 무얼 염두에 두고 하는 말인지 명쾌하게 해명하기 어렵다. 다만 이반 스스로 '그것'이라 부르면서 그 정체를 모호하게 그리고 있는데, 여기서 '그것'에 대한 해석은 두 방향으로 가능하다. 하나는 아직 숨이 붙어 있는 최후의 순간에 지금까지의 잘못을 뉘우치고 정당하게 죽음을 맞는 길이고, 다른 하나는 잘못된 삶이었지만 죽음을 통해 구원 받을 수 있는 길이다. 그러니까 전자는 이반의 '삶 쪽에서 아들의 손을 잡음'이라는 사건이 이반으로 하여금 잘못된 삶을 반성하게 하여 죽음에 대한 공포에서 해방되는 것이라면, 후자는 그러한 사건과는 관계없이 '삶 저편에서 비쳐오는 빛'을 보고 자신의 죽음을 전적으로 수용하는 것이다. 이러한 차이는 '삶 안쪽에서의 변화'와 '삶 바깥쪽에서의 손길' 어디에 주안점을 두느냐에서 비롯하는데, 어느 경우든 '죽음의 긍정적인 수용'이라는 목표에는 차이가 없다. 그런데 여기서 이반이 죽음의 나락 끝에서 빛을 보는 장면은 가족에게 미안한 마음을 느끼는 장면보다 앞선다는 사실에 주목할 필요가 있다. '나락 끝에서 발하는 빛'을 접하고 난 후에 아들이 그의 손을 잡고 울음을 터뜨리는 순간 "빛을 보았다."고 적극적으로 말한다. 따라서 삶 저편에서 오는 '빛과의 접촉'을 통해 죽음을 긍정적으로 수용할 수 있는 조건이 무르익은 상태에서 '가족과의 만남'으로 자신의 잘못을 뉘우침으로써 자신의 죽음을 더욱 적극적으로 수용할 수 있게 된 것이다. 결국 앞서 말한 '그것'이란 '죽음을 두려워하지 않고 맞이하는 것'이며, 이를 위해 '삶 저편의 구원'과 '삶 이편의 뉘우침'이 단계적으로 다리 역할을 하고 있는 셈이다.

이반은 이제 자기를 가련하게 여기고 가족에게도 미안한 마음을 가지면서 빛의 세계로 진입한다. 이 순간에 이반은 주위에서 지켜보는 사람들에게는 고통스런 모습으로 비쳤으나 정작 본인 자신은 당당하게 죽음에 입문하는 수도승 같은 체험을 한다. 통증은 사라지고 죽음에 대한 두려움에서도 벗어나며 급기야는 죽음 자체가 사라져버리는 극적인 체험 속에서 임종한다. 죽음이 있던 자리에 이제 확실하게 빛이 들어섰다. 그는 최후의 순간 "이렇게 좋을 수가!"라고 속으로 외쳤다. 그는 죽음에 진입하는 데 성공했다. '그것', 즉 '죽음을 두려워하지 않는 자기 만나기'를 해낸 것이다. 죽음의 어둠의 자리에 새로운 삶의 빛이 비추게 했다. 이제는 더 이상 삶에서 바라보며 상상하던 죽음이 아니다. 인간이 생각하던 죽음의 어두운 빛에서 벗어나 인간 밖의 어떤 것이 뿜어내는 밝은 빛에 동승하게 되었다. 거기에는 고통도 죽음도 없다. 인간에게는 철저히 베일에 싸여 있던 암흑의 문이 빛을 발하며 열리자 이반은 그 안으로 들어갔다. 죽었다. 그럼으로써 살았다.

삶의 부정을 통하여 죽음을 긍정적으로 수용하는 최후의 이반의 모습은 서구의 기독교적 세계관에 입각한 문학작품 안에서 드물지 않게 발견할 수 있다. 한 시민 계층의 몰락 과정을 그린 토마스 만의 《부덴브로크 가의 사람들》에서 토마스 부덴브로크가 스스로 얼마 살지 못할 것이라고 예감할 때 작가는 죽음에 대한 그의 생각을 이렇게 묘사한다. "죽음이란 무엇이었던가? 그에 대한 대답은 빈약한 말로도 요란스런 말로도 나타나지 않았다. 그는 그것을 마음속으로 느끼고 가슴 깊이 소유했다. 죽음이란 축복이었다. 다만 은총의 순간에만 그 깊이를 잴 수 있을 정도로 깊디깊은 축복이었다. 죽음은 말할 수 없이 고통스러운 미로를 헤매다가 제 길을 찾아 귀향하는 것이었다. 그것은 중대한 결함을 교정해주는 것이며 역겹기 짝이 없는 굴레와 한계에서 벗어나는 것이었다. 안타까운 불행한 사건을 원상 복구하는 것이었다."

이반과 마찬가지로 토마스도 자기의 지난 삶을 통째로 부정하여 "모든 인간이 실수로 잘못 태어난 것은 아니었을까?"라고 삶에 대해 전반적인 회의를 드러낸다. 태어남 자체에 대한 회의는, 하지만 돌아감, 즉 죽음을 정당화하는 근거로 작용한다. 본래 있었던 것으로의 복귀! 삶의 혼돈 속에서 헤매다가 죽음으로써 비로소 원래의 길로 돌아오게 된 탕자로서의 인간. 이반과 토마스는 이제 삶의 어둠을 뒤로하고 축복과 은총의 빛 안으로 들어선다.

톨스토이는 인간 저편의 세계를 기독교적인 인격신이 주관하는 세계로 그린 것처럼 보인다. 하지만 반드시 그렇지만은 않다. 인간이 편입된 우주의 이법(理法)일 수도 있다. 피조물인 인간 넘어 그들의 운명을 주관하는, 그들이 불가피하게 따라야 하는 절대적인 자연 또는 우주의 힘을 생각할 수 있다. 그 힘은 나의 밖에서 작동하기 때문에 거역할 수 없을 뿐만 아니라 나는 그 힘의 자기운동 속에 무력하게 편입될 뿐이다. 내가 살고 죽는 것에 아랑곳하지 않고 그 힘은 스스로 운동한다. 마치 인간이 죽어도 중력은 작용하듯이 그 힘은 우주적인 이법으로 이미 항상 작동하고 있다.

이제 나는 죽음으로써 그 타자의 삶 속으로 편입된다. 내가 죽어도, 아니 내가 죽음으로써 그 타자는 삶을 영위한다. 나의 죽음은 그 타자의 삶을 위한 희생양이 된다. 나는 죽지만 나의 죽음을 계기이자 매개로 그는 산다. 그의 커다란 삶의 운행에 나의 작은 삶과 죽음이

동참한다. 나의 삶과 죽음이라는 작은 진리는 그 타자의 커다란 진리에 참여한다.

철학자 박동환은 〈모든 한계 지워진 것들의 세 가지 해법에 대하여〉라는 글에서 이렇게 말한다. "마디들은 세상에 몸을 드러낸 개체 존재로 하여 무한을 향한 행렬에 참여하도록 아래에서 움직이며 떠받치는 징검다리에 다름이 아니다. 그럼에도 개체 존재는 자신을 떠받치는 마지막 마디들을 의식할 수 없으며 그 마디들 가운데서 움직이며 함께 가는 운명의 마지막 법칙을 모른다. 한 개체 존재는 무한으로 내려가는 마디들 아래의 마지막 마디들, 아니면 무한으로 올라가는 법칙들 위의 마지막 법칙을 따라 흘러가는 세상에 몸을 섞으며 움직이는 매체로서 구실을 할 뿐이다."

여기서 '마디'라는 용어가 다소 낯설겠지만 일단은 세계를 구성하는 최소의 단위이며 최고의 법칙으로 이해하자. 이 맥락에서 중요한 것은 한계를 지닌 개체로서의 인간은 마디를 짓고 마디를 풀면서 무한의 운행에 동참한다는 사실이다. 마디의 아래와 위로 열려 있는 최종 법칙에 대해 인간은 전혀 알 수 없지만 적어도 인간이 그 법칙을 위배할 수 없는 것은 분명하다. 오히려 인간은 그 법칙에 종속되어 그리로 함몰한다. 아니, 함몰되어야 한다. 유한자의 무한으로의 함몰은 당위이고 필연이지만 또한 소망이기도 하다. 인간의 삶의 문제를 우주적 관점에서 바라볼 때 거스를 수 없는 우주적 이법에 자기를 맡기는 것은 자연스러울뿐더러 권유할 만한 것이기 때문이다.

박동환의 말을 더 들어보자. "나의 몸을 이루는 마디들이 모두 무한의 마디들로 움직이며 동시에 지금 나의 마디들로 일을 하는 것이어서 무한을 향해 나의 경계를 엄밀하게 긋는 것이 거의 불가능하다. 이렇게 수를 헤아릴 수 없는 한 묶음의 마디들은 지금 나를 만들며 여기서 얼마 동안 함께 일하고 있을 뿐, 실은 끝없는 시간을 통하는 무한의 마디들인 것이다. 무한과 맺는 마디나눔의 접점에서 한 개체 존재의 경계는 경계 너머로부터 오는 것을 만나면서 쉼 없이 부서지고 고쳐진다. 마디나눔의 접점에서 한 개체의 존재는 나타남 ― 그 개성의 실현 ― 사라짐이라는 일생의 진행 과정이 결정된다.”

이제 이반 일리치가 죽음의 문턱에서 보았던 ‘빛’과 ‘기차의 방향’에 대해 좀 더 선명하게 말할 수 있다. 그는 나락으로 떨어지자마자 ‘무한의 움직임’을 감지했던 것이다. 현세에서의 삶을 구성하는 마디들이 무한의 법칙에 따라 움직여왔다는, 그래서 유한자의 삶의 방향은 알 수 없는 무한의 법칙에 의존한다는 사실을 깨닫는다. 죽음으로써 무한의 영역으로 진입하는 순간 이반은 무한의 활동에 자연스럽게 적응하여 삶과 죽음 사이의 경계가 흐려지는 경험을 한다. 그는 이제야 비로소 무한 본연의 궤도에 탑승한 것이다. 삶도 없고 죽음도 없으며 시작도 끝도 없는 우주의 절대 세계가 이제 ‘빛’으로 다가온 것이다.

‘빛’에 대한 긍정은 삶에서 죽음으로 넘어가는 데 따른 고통을 감수하게 할뿐더러 죽음에 기꺼이 다가가게 하는 형이상학적 근거가 되기도 한다. ‘빛’에 대한 긍정은 동양의 도가적 사유와도 연결될 수 있다. 《장자》의 〈지락(至樂)〉 편에 이런 일화가 전한다. 죽은 아내 앞에서 항아리를 두드리며 노래를 부르는 장자에게 혜자가 그 연유를 묻자 장자가 답한다. "아내의 임종 때는 나도 놀라고 슬펐다. 그런데 그 근본을 돌아보면 본래 생이란 없는 것이다. 생만 없는 것이 아니라 형체도 없고 기(氣)도 없다. 다만 큰 혼돈 속에서 자연스런 형세에 의하여 음양이기(陰陽二氣)가 되고 다시 변하여 형체가 되었다. 그리고 형체를 이루어 비로소 생이 된 것이다. 지금 생이 사로 돌아갔다. 비유하자면 춘하추동 사시가 왔다가 가고 오듯이 무한히 순환하는 것과 다르지 않다. 아내는 지금 바로 천지(天地)라는 큰 집에 안식하고 있다. 그런데 만약 소리를 지르고 통곡한다면 천절(天節)을 얼마나 통달치 못한 소행인가를 깨닫고 그친 것이다." 이반이 죽음의 문턱에서 본 '빛'도 바로 삶의 세계를 주도하고 복귀시키는 절대적인 힘을 깨달은 것과 관련되는 한에서 장자의 태도와 일맥상통한다.

이반은 죽음에 직면해서야 깨달음에 이른다. 그가 보았던 '빛'은 '깨달음'과 바로 통한다. 독일어의 'Erleuchtung'은 '밝게 비추다'는 뜻인 'erleuchten'의 명사형이다. 우리말로 조명(照明)으로 옮길 수 있지만 추상적으로는 계몽이나 각성(覺醒)을 의미한다. 죽음이라는 어둠에 직면한 바로 그 순간 이반에게 비친 한 줄기 빛은 인간이 죽음 앞에서 당당할 수 있는 가능성을 시사한다. 죽음을 곧 밝음으로 깨달을 수 있는 길을 열고 있기 때문이다. 이는 죽음의 공포에서 벗어나 심리적인 위안을 얻기 위해 고안된 발상이 아니다. 순전히 '사실'을 '사실대로' 밝히는 데서 도달되는 존재적이고 필연적인 귀결이다.

인간은 죽음에 대해 성숙한 태도를 취할 수 있다. 자기 삶의 욕구에 붙들어 매려 하는 세계 바깥에서 작동하는 또 다른 세계의 흐름을 인정하고 인식할 경우 죽음은 결코 어둠과 공포의 대상이 아니라 빛과 소망의 현상일 수 있다.

왜 죽는 게 싫은가? · 죽음은 나에게 어떻게 다가오나? · 삶에는 왜 끝이 있어야 하나? · 어떻게 죽어서도 살 수 있나? · 죽음은 어떻게 자기다운 삶을 살게 하나? · 어떻게 죽음을 넘어설 수 있나? · 죽음은 왜 끝이 아닌가? · 왜 죽는 게 싫은가? · 죽음은 나에게 어떻게 다가오나? · 삶에는 왜 끝이 있어야 하나? · 어떻게 죽어서도 살수 있나? · 죽음은 어떻게 자기다운 삶을 살게 하나? · 어떻게 죽음을 넘어설 수 있나? · 죽음은 왜 끝이 아닌가? · 왜 죽는 게 싫은가? · 죽음은 나에게 어떻게 다가오나? · 삶에는 왜 끝이 있어나? · 어떻게 죽어서도 살 수 있나? · 죽음은 어떻게 자기다운 삶을 살게 하나?

삶만이 아름답 다 · 내 삶은 나의 죽음을 취급하지 않는다 · 죽 음의 어둠 속에서 빛을 보다 ·
살아 있는 것은 죽기 때문에 아름답다 · 죽음 앞에서 자기 일을 찾다 · 삶을 걷어차야 진짜 삶이 보인다 · 진
리를 향한 믿음은 죽음을 무릅쓴 다 · 시계가 멈춘다고 시 간이 멈추지는 않
는다 · 삶만이 아름 답다 · 내 삶은 나의 죽음을 취급하지 않는다 · 죽음의 어둠 속에서 빛을 보다 · 살아 있는 것 은 죽
기 때문에 아름 답다 · 죽음 앞에서 자기 일을 찾다 · 삶을 걷어차야 진짜 삶이 보인다
향한 믿음은 죽음을 무릅 쓴다 · 시계가 멈춘다고 시간이 멈추지는 않는다 · 삶만이 아름답다

죽음 없는 삶은 너나 가져라

티토노스

테니슨(A. Tennyson)은 19세기 영국의 빅토리아 시대를 대표하는 시인이며, 〈티토노스〉는 그가 20대 초반에 발표한 《서정시집》에 수록되어 있다. 이 시는 고대 그리스 신화를 각색한 것으로, 주인공인 티토노스는 본디 트로이의 왕자였으나 새벽의 여신 오로라와 사랑에 빠져 여신의 궁전에서 살게 된다. 티토노스의 독백으로 이루어진 이 시는 오로라를 향한 원망과 그리움, 그리고 불사(不死)의 운명에 대한 지독한 한탄으로 가득하다.

T1

숲이 썩는다. 썩어 넘어간다.

습기가 울어 물기를 땅에 뿌린다.

사람이 와서 밭을 일구다가 그 밑에 묻힌다.

고니도 여러 여름 뒤엔 죽는다.

나만 홀로 잔인한 불사(不死)의 운명으로 타들어간다.

여기 세상의 적막한 한 끝에서

그대 팔 속에 안겨 천천히 시들어간다.

영원히 침묵하는 동녘의 공간.

첩첩한 안개, 빛나는 아침의 궁전에

흰 머리의 허깨비로 방황하면서.

아아! 한때는 사나이였던 이 잿빛 허깨비!

그대의 선택을 받아 아름다움으로 빛나던 사나이.

그래서 그의 부푼 가슴은 신이 된 양하였다!

「불사의 운명을 달라」고 그대에게 요청했더니

그대는 웃음짓고 내 청 들어주었다.

남에게 선물 주며 세심하지 않는 부자처럼.

그러나 강력한 시간들이 분개하여

자기들 뜻대로 행하였으니,

나는 짓눌려 망가지고 황폐되었다.

나를 죽일 수는 없어도 불구로 남겨놓아

영원한 청춘 앞에 살게 하였다.

영원한 청춘 앞에 영원한 노쇠.

옛날의 내 모습은 재가 되었다.

그대의 사랑이, 그대의 아름다움이

보상이 될 수 있을까?

내 말 듣고 눈물 고인 떨리는 그대 눈에

지금 막 그대의 길잡이 은빛 별이 빛나지만.

나를 놓아 달라. 선물을 가져가라.

사람은 타고난 사람의 족속과 달라지려고,

또는 모든 자에게 합당하게 내려진

운명의 관문을 벗어나려고

조금이라도 욕망할 필요 있는가!

미풍이 불어 구름을 가른다.

나 태어난 어두운 세계가 흘긋 보인다.

다시금 그 태고의 신비한 광채가

그대의 해맑은 이마, 해맑은 어깨에서

새 힘으로 약동하는 가슴에서

소리없이 흘러내린다.

어둠 속에 그대 뺨 붉기 시작하고

내 눈 가까이 그대 눈이 차츰 맑아진다.

아직은 그대의 눈빛에 별들이 눈멀기 전,

그대의 멍에를 그리워하는 거센 말들이 일어나

흩어진 갈기에서 어둠을 떨어버리고

어슴푸레한 새벽빛을 불꽃으로 터뜨리기 전이다.

아아! 그대는 언제나 이렇게

말없이 아름다워져서는

대답도 하지 않고 떠나버린다.

그대의 눈물만 내 뺨에 촉촉하다.

어찌하여 그대는 눈물로 나를 두렵게 하는가?

저 암흑의 땅 위에서 옛적에 배운

〈신들도 일단 준 선물은 취소 못한다〉는 말씀이

진실이 될까봐 전율하는가?

아아! 그 오랜 옛적엔

전혀 다른 눈으로 보곤 하였지,

—— 그렇게 보던 자가 지금의 내가 틀림없다면 ——

그대의 몸 둘레에 나타나는 투명한 윤곽을,

검은 곱슬머리가 태양처럼 눈부신 고리들로 변하는 모습을.

그대의 신비로운 변화에 따라 변화하여

그대가 가는 곳, 그대가 나서는 문간마다

차츰 주홍빛으로 물들이던 그 열기로

내 피가 달아오름을 느끼면서,

나는 누워서, 입, 이마, 눈꺼풀, 온몸이,

4월 피어나는 봉오리보다 향기로운 키스로

이슬처럼 촉촉이 따뜻해지고,

키스하는 입술이 뜻 모를 소리로

열렬히 정답게 속삭이는 소리 들었다.

그것은 일리온이 안개처럼 솟아올라 높은 집들이 될 때,

아폴로가 부르던 기묘한 노랫소리 같았다.

그러나 그대의 동방에 나를 영원히 붙들어두지 말라.

어찌 나의 인간성이 그대의 신성과 더 오래 어울리랴?

그대의 장미빛 그림자는 차갑게 내 몸 적시고,

그대의 광채도 차갑다.

죽을 능력 있는 행복한 인간들의

집 주변의 침침한 들판과,

더욱 행복한 죽은 자들의 무성한 무덤에서

훈기가 떠올라 올 때,

그대의 번들거리는 문지방에,

나의 주름살투성이의 발이 닿으면

오직 차가움만 느낄 뿐이다.

놓아 달라, 땅에 도로 보내 달라.

모든 것을 볼 수 있는 그대,

내 무덤도 볼 수 있으리라.

그대는 아침마다 새롭게 아름다워지고,

나는 땅속에 흙 되어 이 공허한 궁전을 잊으리라.

은빛 바퀴 타고 오는 그대를 잊으리라.

테니슨, 이상섭 옮김, 〈티토노스〉, 《눈물이, 부질없는 눈물이》, 민음사, 1995, 50~61쪽

뱀파이어와의 인터뷰

《뱀파이어와의 인터뷰》는 미국의 소설가 라이스(A. Rice)가 2000년대 초까지 계속 집필한 '뱀파이어 연대기'의 첫 번째 작품이다. 제목 그대로 라디오 방송작가가 뱀파이어와 인터뷰하고 뱀파이어가 털어놓은 기나긴 삶의 여정이 그대로 소설을 구성한다. 주인공은 이백 살이 넘은 뱀파이어 루이스이다. 그는 동료인 레스타, 클라우디아와 지내며 겪은 일들을 차례로 회상하고, 그 속에 뱀파이어 특유의 세계관을 가감 없이 드러낸다.

T2

1. 뱀파이어 루이스가 여동생 이야기를 들려주다

이런 느낌은 인간이었을 때는 전혀 몰랐던 거였지. 그리고 이 거리감이 뱀파이어 특유의 성질의 일부라는 것도 깨닫게 되었어. 어느 날 내가 퐁두락의 저택에 앉아 몇 시간이나 동생의 삶을 생각해보니, 그것이 얼마나 짧고 깊이도 알 수 없는 어둠 속에서 빙빙 돌다 만 것인가를 깨닫게 되고, 그의 죽음을 슬퍼하며 다른 사람들에게 미친 동물처럼 반항했던 것이 얼마나 부질없고 몰지각한 일이었나를 알게 되었지. 인간이었을 때 느낀 혼란이란 안개 속에서 미친 듯이 춤추는 사람들 같은 느낌이었어. 그런데 이젠 내게 새로 생긴 뱀파이어성을 갖추게 되자 더욱 심오한 슬픔을 알게 되었네. 이 문제를 곰곰이 생각하거나 한 건 아니야. 내게 무언가 깊이 생각한다는 것은 가장 부질없는 일이었으니까. 오히려 나는 내 주위의 인간들을 지켜보면서 그들의 인생이 얼마나 소중한가를 알게 되었고, 인생을 손가락 사이로 빠져나가듯 헛되게 만드는 쓸데없는 정열과 죄악들을 경멸하게 되었지. 뱀파이어가 된 이후에야 나는 진정으로 내 여동생을 이해하게 되었네. 나는 그녀가 그토록 원했던 도시 생활을 할 수 있도록 농장을 떠나서 자신의 시간을 갖고 자신의 외모를 꾸미게 허락했지. 죽은 남동생이나 방황하는 나를 걱정해주거나 어머니를 돌볼 것이 아니라 결혼을 해서 가정을 꾸미라고 권유도 했다네. 어머니나 동생이 필요한 것은 무엇이든 해주었네. 아무리 시시한 부탁이라도 즉각 관심을 갖고 처리해주었지. 내 동생은 밤에 나를 만나면 내가 무언가 변했다며 웃었어. 나는 때로 그녀를 아파트에서 데리고 나와 좁은 나무 길을 지나 달빛 아래 나무가 줄지어 선 제방을 따라 걷곤 했네. 오렌지꽃 냄새와 그 부드럽게 감싸는 꽃의 온기를 느끼며 몇 시간이나 그녀는 자신의 가장 비밀스런 생각과 꿈들을 얘기했고, 감히 아무에게도 말할 수 없었던 환상들을 희미한 불이 켜진 거실에서 우리 단둘만 있을 때 소곤거리기도 했지. 이렇게 다정다감하고 생기 있는 그녀를 보고 있노라면, 이 아련하고 귀중한 존재가 곧 늙어 죽게 되고, 우리 뱀파이어들은 부당할 만큼 영생을 약속받는 반면 그녀는 이 귀중한 순간을 곧 잃고 마는구나 하는 생각이 들었네.

2. 루이스가 선배 뱀파이어들을 찾아 유럽을 떠돌던 이야기를 들려주다

그 당시에 구세계의 뱀파이어를 찾아 나선다는 것이 얼마나 씁쓸한 느낌이었던지. 마치 공기가 신선함을 다 잃었을 때 그래도 들이마실 수밖에 없는 그런 씁쓸한 맛이었네. 우리 같은 밤의 동물이 무슨 비밀이며 진리를 알려줄 수 있을까 하고 생각하면 그럴 수밖에 없었지. 우리가 정말 그들을 만난다 해도 그들에게는 어떤 한계가 있지 않을까? 저주받은 자가 저주받은 자에게 도대체 무슨 말을 해줄 수 있단 말인가?

피레에프스(그리스의 항구도시)에 정박했을 때에는 아예 해변에 내리지도 않았지. 하지만 내 마음은 아테네의 아크로폴리스를 헤매고 있었네. 파르테논 신전의 뚫린 지붕으로 달이 뜨는 것을 보고, 그 웅장한 기둥에 내 키를 재어보고, 마라톤 평원에서 죽어간 그리스인들의 거리를 걸으며 오래된 올리브 나무를 스쳐가는 바람 소리를 즐길 수 있다면. 이것들이야말로 영원히 죽지 않는 인간들의 기념비가 아닌가. 우리처럼 살아 있어도 죽은 자와 다름없는 존재들의 비석과는 다른 거지. 여기야말로 바로 수천 년의 시간의 흐름을 견뎌온 비밀이 있는 곳이었고, 나는 이제 그곳을 겨우 이해해볼 수 있는 시점에 와 있는데, 그렇지만 그 때문에 우리의 탐색을 중단할 수는 없었네. 절대 그럴 수는 없었네.

(중략)

그것을 나보다 잘 알고 있는 자가 누가 있었겠나. 나야말로 나 자신의 육체의 죽음을 직접 주관했고, 내가 인간이라고 부르는 모든 자들이 시들어 죽는 것을 보지 않았던가. 나는 영원히 끊어지지 않는 고리로 이 세계에 꽁꽁 묶여 있지만, 나는 영원한 이방인이자 방관자에 불과하지 않았던가.

3. 루이스가 뱀파이어 지도자 아르망과 나눈 대화를 들려주다

'루이스, 자네는 알고 싶은 게 있어도 묻지 못하고, 클라우디아가 자네로부터 떨어져 나가는 것을 보면서도 그것을 막을 힘도 없지 않나. 이제 그것을 재촉하고 싶어하면서도 아무 일도 못하고 있군.'

'나는 내 감정도 제대로 모릅니다. 어쩌면 당신이 나보다 내 감정을 더 잘 이해하고 있을지도 모르죠.'

'자네는 자네가 얼마나 신비로운 존재인지 전혀 모르는군.'

'하지만 최소한 당신은 자신을 완벽하게 파악하고 있지 않습니까. 난 그렇게 말할 자신이 없습니다. 난 그녀를 사랑해요. 그런데도 그녀와 가까워질 수 없어요. 지금 당신과 이렇게 같이 있지만, 난 그녀에 대해서도 어느 다른 누구에 대해서도 아는 게 전혀 없다고밖에 할 수 없군요.'

'그녀는 자네에게 하나의 시대라네. 자네 인생 중의 한 시대란 말이지. 만약 자네가 그녀와 헤어지게 된다면 자네는 그 시대를 함께 나누었던 하나밖에 없는 존재와 헤어지는 셈이 되는 거야. 자네는 그

걸 두려워하는 거라네. 고립된다는 것, 영생의 끝없음, 영생의 짐을 견디기 힘들어서 그런 거지.'

'그래요. 그 말도 맞아요. 하지만 그것은 이유의 일부일 뿐입니다. 시대, 그건 내게 별 의미가 없어요. 시대가 의미 있게 된 것은 그녀 때문이죠. 다른 뱀파이어들은 이런 일을 겪으면서도 그것을 이겨내고 수백 년을 살아가겠죠?'

'그들도 이겨내지 못하는 경우가 많다네. 그들이 모두 그렇게 이기고 살아남는다면 세상은 뱀파이어로 가득 차 숨도 못 쉴 걸세. 여기서, 아니 다른 곳에 가도 어떻게 내가 가장 나이 많은 뱀파이어가 되었는지 생각해보게.'

난 생각해보았지. 그리고 과감하게 말했어.

'폭력 때문에 서로 죽게 되나요?'

'아냐, 그런 일은 거의 없지. 그럴 필요가 없으니까. 얼마나 많은 뱀파이어에게 영생을 감당할 힘이 있다고 생각하나? 우선 뱀파이어들은 영생에 대해 암담한 생각을 가지고 있다네. 영생을 얻게 되더라도 그들은 자신들의 생활 형태는 그대로 정착되어 변하지 않기를 바라거든. 마차는 항상 그 똑같은 모양으로 편안하게 만들어져야 하고, 한창 유행하던 그런 스타일의 옷을 입길 원하고, 자신들이 이해할 수 있고 가치 있게 생각했던 그 스타일대로 먹고 꾸미고 언어를 사용하고 싶어하지만, 뱀파이어 자신만 빼고 세상의 현실은 모든 것이 변하게 마련이니까 결국 뱀파이어만 소외된 채 모든 것은 변하고 타락하고 사라지고 그러는 거지. 그러니 얼마 안 있어 융통성 있는 마음을 가진 자들을 빼면, 아니 가장 융통성 있는 뱀파이어라 할지라도 영생은 절망스러운 것이 된다네. 전혀 이해할 수도 없고 가치관에도 맞지 않는 사람들, 형태들, 형상들로 가득 찬 정신병원에서 무기형 선고를 받아 사는 것이나 다름없지 않겠나. 그 뱀파이어는 어느 날 저녁 일어나 자신이 수십 년 동안 두려워한 것이 무엇이었나 깨닫게 되고, 무슨 일이 일어나도 더 이상 생명을 유지하고 싶지 않다는 생각을 하게 되지. 영생은 멋있는 것이라고 느끼게 만들었던 예전의 형태나 스타일, 패션 등 모든 것이 지구 표면에서 사라지고 말았다는 것을 깨닫게 되고, 이제 살인 행위 외에는 어떤 것도 자신을 절망에서 구해 줄 수 있는 것이 남아 있지 않다는 것을 알게 되는 거야. 그래서 그 뱀파이어는 죽으러 나간다네.'

앤 라이스, 김혜림 옮김, 《뱀파이어와의 인터뷰》, 여울, 1994,
57~58, 234~235, 391~392쪽

티토노스와 뱀파이어가 영생을 거부하는 이유는?

〈티토노스〉는 신화를 시(詩)로 만든 작품이고, 《뱀파이어와의 인터뷰》(이하 《뱀파이어》로 줄임)는 전설적인 이야기를 패러디한 소설이다. 신화나 전설은 인간의 상상력에 기초하여 구전되거나 기록된 이른바 옛날이야기다.

옛날이야기가 그려내는 세계는 논리와 이성으로 쉽사리 포착되지 않는 오래된 상상력의 세계다. 이 세계는 사실적으로는 불합리하지만, 의미의 차원에서는 인간 세계의 진실이 포착된 경우가 많다. 죽음이라는 인간의 벗어날 수 없는 주제에 관해서도 그렇다. 여기에서 꼽은 〈티토노스〉와 《뱀파이어》는 유한한 생명체로서 인간이 꿈꿔온 해묵은 열망을 담고 있다.

그 열망은 '불멸'의 삶이다. 두 텍스트가 담고 있는 서양 혼령의 이야기는 동양의 오랜 불로장생의 꿈과도 통한다. 두 텍스트가 내놓는 불멸의 주인공은 신의 사랑을 받은 '티토노스'와 흡혈귀 '뱀파이어'이다. 필멸(必滅)하는 존재로서의 인간과 대비되는 이러한 캐릭터는 인간에게 부여될 수 있는 다른 가능성을 제시함으로써 '인간이 죽지 않을 경우' 어떤 일이 발생하는지를 추측할 수 있게 한다. 인간이 실제로는 죽지 않을 수 없지만, '만일 죽지 않는다면'이라는 비사실적인 가정을 통하여 '필멸의 인간'에 대한 상대적인 이해를 꾀할 수 있다. 실제와는 반대의 경우를 가정하여 어떤 일이 발생할지 추측하는 방식은 비단 신화와 전설의 경우에서뿐만 아니라 학문의 연구 방법에서도 자주 차용되는 우회적 증명 또는 간접 증명의 한 방식이다.

두 텍스트 속에서는 생명 연장과 영생에 대한 인류의 꿈이 실현되어 있다. '조금이라도 더 살 수 있다면/죽지 않을 수 있다면'이라는 상상은 직접 '그래, 끝없이 한번 살아보자, 어떻게 될지.'라는 가정으로 바뀌어 있다. 한쪽은 노쇠의 운명을 면치는 못하지만 영생의 선물을 받은 경우이고, 한쪽은 그야말로 불로장생의 꿈을 받은 경우이다. 첫 번째 경우는 신의 연인이 된 '티토노스'이고, 두 번째 경우는 '뱀파이어'이다. 티토노스는 오로라 여신이 젊음을 약속하는 걸 깜박 잊어버리는 바람에 끊임없이 늙어가야 하는 처지에 있고,《뱀파이어》의 주인공 루이스는 뱀파이어가 될 당시의 나이에 영원히 머물러 있다. 전자는 늙어가면서 죽지 않지만, 후자는 늙지 않으면서 죽지 않는다.

'죽지 않는 존재'에 대한 이야기에서 초점은 응당 '죽지 않는'에 있다. 불멸(不滅)! 불사(不死)! 영생(永生)! 이들은 죽음을 두려워하는 인간이 열망하는 최고의 어휘들이다. 죽음은 삶의 반대이고 적으로서 '죽음에서 벗어나는 일'은 살아 있는 자에게 가장 절실한 과제로 보이기 때문이다.

그런데 두 텍스트는 우리를 향해 묻는다. 당신은 '불사(不死)의 선물'을 받고 싶은가? 이에 대해 우리가 '그렇다!'라고 답할 경우 두 텍스트는 어떤 일이 발생하는지를 보여준다. 그러면서 '영생을 꿈꾸어도 좋은가?' 또는 '죽음 없는 삶을 소망할 필요가 있는가?' 하고 반문한다.

큰 줄거리에서 볼 때, 영생의 삶을 얻은 〈티토노스〉는 끊임없이 늙어가자 오로라와 예전과 같이 사랑을 속삭일 수 없게 되고, 늙지 않는 뱀파이어들은 동시대인과 같이 호흡할 수 없게 된다. 그러면서 둘 다 서서히 죽음을 동경하게 된다. 이 과정은 구체적으로 어떻게 진행되는가? 늙어빠진 티토노스가 어떤 사랑의 아픔을 토로하나, 뱀파이어 루이스가 여동생의 삶을 어떻게 재인식하게 되는가? 뱀파이어들의 경우 뱀파이어가 된 클라우디아가 토로하는 불만과 구유럽 뱀파이어계의 우두머리 아르망이 루이스에 집착하는 이유 역시 들여다볼

필요가 있다. 이제 텍스트가 내놓는 불멸과 필멸의 이중주로 들어가

보자.

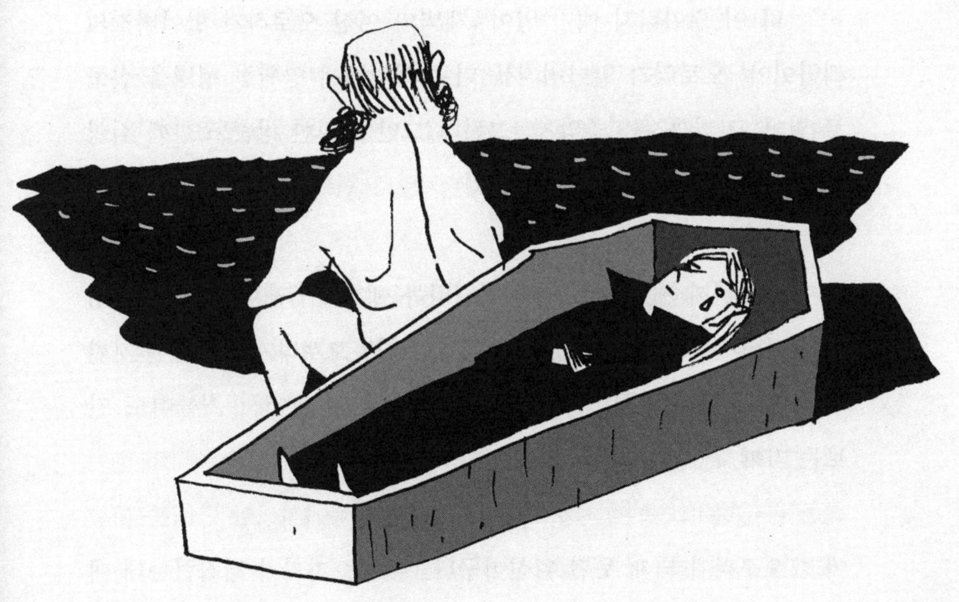

^s 삶에는 왜 끝이 있어야 하나?

나연 | 나 이 할아버지 얘기 알아. 새벽의 여신 오로라가 할아버지의 애인이야. 오로라가 할아버지를 너무 사랑해서 영원한 생명을 선물로 줬어. 거기까지는 좋았지. 그런데 그만 영원한 청춘도 함께 줘야 한다는 걸 깜빡하고 말았어.

시후 | 그러니까 지금은 애인이 아니라는 얘기로구먼. 세상에 쭈글탱이 할아버지를 좋아할 여신이 어디 있겠어? 오로라가 사랑한 건 "한 때는 사나이였던" 청년 티토노스였어. 지금은 늙어서 거들떠도 안 보는 거야.

하람 | 오로라가 되게 못된 여신이구나. 실수는 자기가 저질렀는데 대가는 티토노스가 몽땅 치르고 있잖아. 이 할아버지 지금 '아침의 궁

전'에 갇혀 있는 거지? 늙은 할아버지를 사랑할 마음은 없고, 그렇다고 다시 인간 세상으로 돌려보내자니 죽지 않는 것이 문제가 될 테고. 어찌할 방도가 없으니까 그냥 나 몰라라 하고 있는 거잖아.

나연 | 티토노스 정말 불쌍해. 그렇게 갇혀 있으면서 오로라를 아직도 선망의 시선으로 바라보고 있어. "그대는 언제나 이렇게 말없이 아름다워져서는 대답도 하지 않고 떠나버린다."

준서 | 그런데 티토노스의 불행이 백 퍼센트 오로라 잘못은 아냐. 티토노스가 먼저 부탁한 거야. "불사의 운명을 달라"고. 왜 부탁했느냐 하면 "그대의 선택을 받아 아름다움으로 빛나던 사나이. 그래서 그의 부푼 가슴은 신이 된 양하였다!" 여신의 사랑을 받으니까 제법 우쭐해져서 진짜로 신이 되어보려고 욕심을 부린 거지. 사실 티토노스 잘못이 더 커.

나연 | 듣고 보니 그러네. 하긴 오로라가 마냥 못되고 매정하기만 한 건 아니야. "그대의 눈물만 내 뺨에 촉촉하다."라는 표현이 있거든. 이건 오로라의 안타까운 심정을 표현한 것 같아. 그 앞에 등장하는 "내 말 듣고 눈물 고인 떨리는 그대 눈"이란 표현도 그렇고. 사실 난 오로라가 티토노스를 가둬놓은 것이 큰 죄라고 생각하지 않아. 오로라가 가만히 내버려뒀다면 티토노스 자신이 알아서 어딘가에 틀어박혀 있지 않았을까? 숨고 싶지 않았을까?

준서 | 아무튼 그렇게 틀어박혀 지내는 동안 티토노스가 교훈을 얻었다는 것이 중요해. "사람은 타고난 사람의 족속과 달라지려고, 또는 모든 자에게 합당하게 내려진 운명의 관문을 벗어나려고 조금이라도 욕망할 필요 있는가!" 영생이 부질없는 꿈이란 걸 깨달은 거야. 맨 마지막 연에선 "죽을 능력 있는 행복한 인간들"이란 말까지 해.

시후 | 그렇지. "죽을 능력 있는 행복한 인간들", 얼마나 멋있는 표현이야. 이 교훈이 바로 〈티토노스〉와 《뱀파이어》를 연결해주는 공통분모야. 티토노스의 멋진 외침을 들어봐. "나를 놓아 달라. 선물을 가져가라." 영생? 그거 덜컥 받을 만한 게 못 된다는 거야.

준서 | 선물이란 게 뭐겠어. 갑자기 받는 거잖아. 예정되어 있지 않은 거잖아. 언뜻 생각하기에 누군가 자기에게 영생을 준다고 하면 솔깃하겠지. 세상에 이보다 멋진 선물이 어디 있겠어? 하지만 결과는 누구도 예측할 수 없는 거야. 참담했지. 결국 세상엔 예정되어 있는 두 가지 길만 있는 거야. 오로라처럼 "아침마다 새롭게 아름다워"지거나 티토노스가 바라듯 "땅속에 흙 되어"버리거나. 순환하거나 끝이 있거나.

나연 | 준서하고 시후 둘 다 두 이야기의 결과만 너무 따지는 거 아니니? 무슨 인생 달관한 사람들처럼 '죽음이라는 정해진 이치를 거스르지 말지어다~.' 이렇게 거들먹거리는 것 같아. 우리 솔직해져보

자. 난 당장 드는 생각이, 영생을 얻게 되면 여기저기 여유롭게 실컷 여행 다닐 수 있어서 좋을 것 같은데. 나중에는 은하계 여행도 다닐 수 있을 것 아냐? 상상만 해도 벅차다.

시후 | 누가 영생을 준다고 하면 신신당부해라. 쭈글탱이 할망구가 되어선 안 된다고. 그러면 동네 구멍가게에 껌 사러 가기도 힘들다.

하람 | 그런데 지금 티토노스의 불행이 영생 때문인 거야? 문제는 사랑 아니야? 오로라의 사랑이 예전 같지 않아서 슬픈 거잖아. 만약 오로라가 선물을 제대로 마련해서 영원한 청춘까지 줬다면 둘은 행복했을지도 몰라. 영생이 그 자체로 지루하고 덧없고 의미 없는 건 아냐. 문제는 영생을 '어떻게' 보내느냐에 있어. 티토노스처럼 애인한테 버림받아 골방에 갇힌 영생이라면 그건 지옥이겠지.

나연 | 여기서는 '누구'랑 함께하느냐가 중요한 문제 같아. 티토노스에겐 오로라이고 《뱀파이어》의 주인공 루이스에겐 …… 클라우디아?

하람 | 맞아. 《뱀파이어》 텍스트 세 번째 대목을 봐. "난 그녀를 사랑해요. 그런데도 그녀와 가까워질 수 없어요." 루이스에게도 사랑이 문제야. 그가 그녀와 가까워질 수 없는 건 그녀가 꼬마이기 때문이야. 클라우디아는 다섯 살 때 뱀파이어가 됐어. 루이스가 클라우디아

의 목을 물어서 그대로 성장이 멈춰버렸지. 그래서 클라우디아는 루이스를 사랑하면서 동시에 증오해. 루이스를 곁에 두고 영원히 사랑하면서 뱀파이어로 사는 건 좋은데, 몸이 따라주질 못하는 거야. 꼬맹이의 몸으론 제대로 사랑을 할 수 없어. 팔짱 끼기도 어려워. 그러고 보니 두 이야기가 많이 비슷하다. 누구는 너무 늙어서 문제고 누구는 너무 어려서 문제고.

시후 | 몸과 몸의 밸런스만 맞으면 영생도 만사형통이란 얘기야? 그럼 그 밑에 아르망이 하는 얘기는 뭐야. "그녀는 자네에게 하나의 시대라네. …… 만약 자네가 그녀와 헤어지게 된다면 자네는 그 시대를 함께 나누었던 하나밖에 없는 존재와 헤어지는 셈이 되는 거야. 자네는 그걸 두려워하는 거라네."

나연 | 그럼 또 그 밑에 있는 루이스의 말은 어떡할 거니? "시대, 그건 내게 별 의미가 없어요. 시대가 의미 있게 된 것은 그녀 때문이죠." 너는 시대 따져가면서 사랑하니!

준서 | 아니야, 아니야. 아르망이 말하는 시대는 중요해. 잘 생각해봐. 과연 사랑이 지고하고 순수한 어떤 감정만으로 이루어져 있는 걸까? 우리가 사랑을 사랑하는 건 아니잖아. 다들 누군가를 무작정 사랑한다고 하지만 가만히 뜯어보면 '누군가의 어떤 것'을 사랑하는 거야. 가장 단적인 예가 외모야. 너희, 당나라의 양귀비가 뚱보였다는 사실

알아? 그 시대엔 그런 몸매가 미의 상징이었어. 하지만 지금 시후는 어떠니? 바짝 마른 팔등신 미녀를 선호해. 사랑도 시대의 가치를 반영하는 거야. 내가 누군가를 사랑할 수 있는 건 그 누군가가 그 시대가 요구하는 미의 기준을 충족시키고 있기 때문이지. "그녀는 자네에게 하나의 시대라네." 아르망이 아주 정확하게 본 거지.

시후 | 잘 대변해줘서 고마우이, 준서 군. 영생의 삶이 불행한 건 세상이 계속 바뀌기 때문이라구. 아르망 양반께서 여기 아주 자세하게 풀어놓으셨구먼. "영생을 얻게 되더라도 그들은 자신들의 생활 형태는 그대로 정착되어 변하지 않기를 바라거든. 마차는 항상 그 똑같은 모양으로 편안하게 만들어져야 하고, 한창 유행하던 그런 스타일의 옷을 입길 원하고" 어쩌고저쩌고. "뱀파이어 자신만 빼고 세상의 현실은 모든 것이 변하게 마련이니까 결국 뱀파이어만 소외된 채 모든 것은 변하고 타락하고 사라지고 그러는 거지." 마차 얘기가 나와서 말인데, 한번 생각해보라구. 오로라가 몇천 년 만에 티토노스를 골방에서 풀어준 거야. 그러더니 대뜸 자기랑 같이 새벽을 열러 가자고 하는 거야. 이제부터 다시 사이좋게 지내자며. 그런데 세상에, 마차는 8기통 세단으로 바뀌었고 그녀는 바닥을 질질 끄는 치마 대신 미니스커트를 입은 거야. 이 분위기를 어떻게 아무렇지 않게 사랑할 수 있겠어, 안 그래?

준서 | 시후가 말한 '분위기'와 어울리지 못하는 걸 두고 루이스는 '거

리감'이라고 표현해. 《뱀파이어》 텍스트 첫 대목에 나와. "이런 느낌은 인간이었을 때는 전혀 몰랐던 거였지. 그리고 이 거리감이 뱀파이어 특유의 성질의 일부라는 것도 깨닫게 되었어." 그래서 뱀파이어는 마침내 방관자가 되어버리는 거야. 루이스 스스로 "나는 영원한 이방인이자 방관자"라고 고백하고 있어.

하람 | 그래. 초점이 사랑에서 사랑을 근거 지우는 시대로까지 옮겨진 건 좋아. 그런데 결국은 계속 같은 얘길 하고 있잖아. 루이스의 불행이 영생 때문이야? 여전히 아니야. 시후와 준서 말대로라면 그저 동시대와 호흡하지 못해서 불행할 뿐이야. 아르망이 이런 말도 했어. "전혀 이해할 수도 없고 가치관에도 맞지 않는 사람들, 형태들, 형상들로 가득 찬 정신병원에서 무기형 선고를 받아 사는 것이나 다름없지 않겠나." 그런데 시대와 호흡하지 못하는 사람들은 많아. 정신병원에서 나오지 못한 이들도 그렇고, 은둔형 외톨이도 그렇고. 뱀파이어만 그런 건 아니지. 세상이 계속 바뀌기 때문에 뱀파이어가 불행하다구? 그럼 그때마다 세상에 적응하면 불행하지 않겠네? 과연 루이스가 그럴 수 있을까? 소외당하는 불행에서 벗어날 수 있을까?

나연 | 그럴 순 없겠지. 보통 사람들의 소외감엔 최소한 어느 정도 기복이 있잖아. 1년 365일 24시간 내내 소외감을 느끼는 사람은 극히 드물어. 어쩌면 그런 사람들은 자살의 길을 택하겠지. 티토노스와 루이스처럼 죽지 못하고 살 수밖에 없는 사람들에게 시대에 적응하느

냐 못하느냐는 부차적인 문제 같아. 하지만 두 사람에겐 어떤 절대적인 절망감이 밑바닥에 깔려 있어. 이건 도무지 해결할 길이 없는 거야. 그렇게 영원히 산다구? 으으, 끔찍하다.

시후 | 은하계 여행은 어쩌시려고?

나연 | 은하계 여행만 마치고 죽을래.

하람 | 티토노스는 나도 구제할 길이 없어. 루이스는 가능성이 있지. "이제 살인 행위 외에는 어떤 것도 자신을 절망에서 구해줄 수 있는 것이 남아 있지 않다는 것을 알게 되는 거야. 그래서 그 뱀파이어는 죽으러 나간다네." 죽는 길이 있긴 있어. 루이스도 그 길을 알고 싶어하고. 하지만 이 소설에서 그 길이 구체적으로 나오진 않아. 왜 그럴까? 죽고 싶다고 노래를 부르면서도 여전히 사는 것에 미련이 남아서일까? 일종의 생존 본능인가? 이 부분이 참 재미있어.

준서 | 나는 지금 나연이가 말한 '절대적인 절망감'에 매달리고 있어. 여기에 실마리가 있는 것 같아.

시후 | 실마리? 어떤 실마리? 영생 자체가 안고 있는 문제점? 그걸 찾고 있는 중이야?

준서 | 응. 《뱀파이어》 첫 대목에서 그걸 찾았어. 자기 여동생에 대해 얘기하는 부분을 봐. "이렇게 다정다감하고 생기 있는 그녀를 보고 있노라면, 이 아련하고 귀중한 존재가 곧 늙어 죽게 되고, 우리 뱀파이어들은 부당할 만큼 영생을 약속받는 반면 그녀는 이 귀중한 순간을 곧 잃고 마는구나 하는 생각이 들었네."

시후 | 에잉? 이건 동생도 자기처럼 영생을 얻으면 좋으련만, 뭐 이런 얘기 아니야?

준서 | 아니야. 여동생을 어떻게 묘사하고 있는지 잘 봐. "다정다감하고 생기 있는 그녀", "아련하고 귀중한 존재." 그런데 이런 존재가 "곧 늙어 죽게" 된대. 무슨 얘긴지 알겠어? 곧 늙어 죽기 때문에 다정다감하고 생기 있을 수 있고 아련하고 귀중한 존재일 수 있는 거야. 죽기 때문에.

하람 | 뭐야? 상대성 이론이야?

준서 | 맞아. 상대성 이론. 루이스가 그렇게 얘기해. "뱀파이어가 된 이후에야 나는 진정으로 내 여동생을 이해하게 되었네." 영원히 죽지 않게 된 이후에야 죽게 되는 보통 사람들을 이해하게 되었다는 거야. 그 다음을 봐. "나는 그녀가 그토록 원했던 도시 생활을 할 수 있도록 농장을 떠나서 자신의 시간을 갖고 자신의 외모를 꾸미게 허락

했지.”“오렌지꽃 냄새와 그 부드럽게 감싸는 꽃의 온기를 느끼며 몇 시간이나 그녀는 자신의 가장 비밀스런 생각과 꿈들을 얘기했고⋯⋯.”

나연 │ 너무 가슴을 콩닥콩닥 뛰게 하는 말들이다. 나 알 것 같아. 뭐랄까⋯⋯. 찰나의 미학이랄까? 외모를 가꾸고 가장 비밀스런 생각과 꿈들을 얘기하고, 그때 풍기는 오렌지꽃 냄새와 온기 ⋯⋯ 사는 것이 유한하기 때문에 이런 장면들이 의미 있다는 얘기 아니니? 한 번 가면 오지 않는 그 무엇, 그래서 더 소중한 무엇.

하람 │ 정확히 파악이 안 되는데.

나연 │ 계속 정체되어 있는 것이 아름다울 수가 있을까? 꽃을 생각해 봐. 꽃이 1년 365일 계속 피어 있다면 사람들이 아름답다고 할까? 꽃은 한때야. 그렇게 한때만 피기 때문에, 다른 때에는 꽃을 볼 수 없기 때문에 꽃이 아름다운 거 아니니? 꽃이 아름다울 수 있는 건 그것이 피기 때문이야. 계속 꽃으로 있는 것이 아니라 언젠가 피고 언젠가 지기 때문에. 소설에 오렌지꽃이 괜히 등장하는 게 아니야. 오렌지꽃과 루이스 여동생은 정확히 같은 처지야.

시후 │ 같은 처지? 생명체끼리는 서로 유한한 한때를 알아본다는 거야?

나연 │ 그냥 우리 자신만 놓고 생각해보자. 우리는 죽기 때문에 한껏 살아야 해. 안 그러니? 인생을 지금 갈망하지 않으면 안 돼. 내가 볼 땐 그렇게 갈망하도록 만드는 것이 바로 아름다움이야. 우리가 칭송하는 모든 미적 가치가 사실은 우리 스스로를 삶에 묶어두기 위한 일종의 호르몬 아닐까? 삶을 좀 더 적극적으로 감각하라고 등을 떠미는 거지. 왜 떠미냐구? 결국 죽게 되니까. 죽는다는 근본적인 불안이 살아 있는 나 자신과 이 세상을 애틋하게 바라보도록 만들고, 그 애틋한 심상이 마침내 아름다움에 대한 인식으로 진화한 거야. 난 그렇게 생각해. 결국 모든 것은 우리가 죽는다는 사실에서 출발하는 거야.

시후 │ 흐흠……. 나연 양의 유치한 감수성에 이토록 오묘한 구석이 있는 줄은 몰랐구먼. 그럼 "마라톤 평원에서 죽어간 그리스인들의 거리를 걸으며 오래된 올리브 나무를 스쳐가는 바람 소리를 즐길 수 있다면. 이것들이야말로 영원히 죽지 않는 인간들의 기념비가 아닌가. 우리처럼 살아 있어도 죽은 자와 다름없는 존재들의 비석과는 다른 거지." 이 얘기는 또 뭐야?

준서 │ 고대 그리스인들은 모두 죽고 없지만 그들이 그 시절을 살았다는 사실만큼은 결코 죽지 않아. 그들은 죽을 때까지 한껏 살았고 그래서 흔적을 남기게 됐으니까. 인간의 삶이 영원하지 않다는 사실이 역설적으로 영원성을 획득하게 한 동기가 된 거지. 반면에 뱀파이어의 영생은 무기력해. 뱀파이어들은 뭔가를 남기지 못하고 계속 가지

고만 있어. 영원토록 무기력한 몸뚱이를 가지고 있을 뿐이지. 그들에
겐 삶을 향한 의지가 없어. 삶을 치열하게 탐구하고 음미하지도 않
아. 그럴 수가 없어. 그들은 틀을 가지고 있지 않으니까. 죽음 때문에
삶은 하나의 틀이 되고 형식이 되는데, 그들에겐 죽음이 없어.

하람 | 그러니까 겉으론 분명 살고 있는 것처럼 보이는데 실제로는 사
는 게 아니라는 거지? 살면서도 사는 게 아니다. 살면서도 사는 것으
로부터 소외당한다. 그야말로 완전한 절망이네.

시후 | 결국 '영원한 삶'은 '삶'의 한 종류가 아니구먼. '영생'은 '삶'
과는 무관한 특이한 고유명사일 뿐. 그래, 우리는 모두 죽어야 하는
겨~. 우리는 "죽을 능력 있는 행복한 인간들"이라구. 에구구, 이거
티토노스 할아버지한테 죄송한데. 막판에 뱀파이어 얘기만 잔뜩 해
서 노인네 섭섭하겠어.

나연 | 그러게. 팔자도 참 기구하지. 할아버지에게 필요한 건 오직 죽
음뿐. 걱정 마세요. 할아버지에게도 "아름다움으로 빛나던 사나이"
시절이 있었다는 거, 잊지 않을게요.

살아 있는 것은 죽기 때문에 아름답다

아버지와 딸이 절벽의 윗자락에 서 있다. 절벽 아래에는 바위와 바다가 있고, 바다에는 섬들이 흩어져 있다. 일렁이는 파도는 깜박깜박 명멸하는 별무리처럼 햇빛을 받아 반짝인다. 여름이 충분히 무르익은 순간, 모든 것은 각자 있어야 할 자리에 있는 듯하다. 아버지가 묻는다. "아름답니? 왜 아름다운 것 같니?" 딸은 대답 대신에 이렇게 되묻는다. "이 가장자리에서 떨어지면 우리는 죽을까요?" "그래, 우린 죽을 거야." 터키의 소설가 파묵(O. Pamuk)의 〈전망〉이란 수필의 한 장면이다.

절벽 앞에 선 소녀의 순간적인 반응에는 삶에 대한 예민한 직감이 서려 있다. 인간을 포함한 세상의 모든 것은 늘 변하고 언젠가는 사라진다. 아름다움은 이렇게 사라질 수밖에 없는 운명에서 나온다. 그렇다면 죽음은 흔히 생각하는 것과 달리 삶의 한계가 아니라 오히려 삶의 징표이자 본질이다. 어둠이 없으면 밝은 빛이 있을 수 없는 것처럼 죽음 없이는 삶도 없다. 시초를 알 수 없는 옛날부터 인간은 죽지 않기를 꿈꾸어왔다. 신화 속의 인간을 닮은 신들, 또는 신이 된 인간들, 좀 더 가까운 예로 프랑켄슈타인과 드라큘라 백작은 모두 영생하는 존재다. 불멸하는 인물들은 여기에 텍스트로 제시한 테니슨의 시 〈티토노스〉와 라이스의 소설 《뱀파이어와의 인터뷰》에도 등장한

다. 여기서 그들의 '죽음이 없는 삶'은 거꾸로 '삶에 대한 죽음의 의
미'를 일깨운다.

　두 작품에는 모두 불멸의 인물이 등장하지만 그 인물들의 특성은
다르다. 〈티토노스〉에서는 티토노스가 쉬지 않고 늙어가는 반면, 《뱀
파이어》에서는 뱀파이어들이 늙지 않는다. 그리스 신화에 따르면 티
토노스를 사랑하던 새벽의 여신 오로라는 제우스에게 티토노스의 영
생을 부탁할 때 '영원한 젊음'을 함께 청하는 것을 깜박 잊었다. 그
바람에 영생을 얻은 티토노스는 죽지도 못하고 영원히 늙어가는 운
명에 처했다. 이에 반해 《뱀파이어》에 등장하는 뱀파이어들은 자신
들이 뱀파이어가 되었을 당시의 젊음을 그대로 유지하기 때문에 더
이상 늙지 않는다. 이들에게는 공통점이 있다. 죽지 못하는 그들은
삶다운 삶을 살지 못하고 '소외된 삶'을 산다. 여기서 '계속 늙어가
는 티토노스'와 '늙지 않는 뱀파이어'에게 닥치는 소외의 정체가 우
선 밝혀져야 한다.

　사랑하는 연인이 있다. 그런데 한 사람은 젊음이 그대로 유지되고
다른 사람은 계속해서 늙어간다면 어떻게 될까? 〈티토노스〉의 여신
오로라는 연인 티토노스가 인간이어서 언젠가는 죽는다는 점이 아
쉬워 그를 불사의 존재로 만들기는 했지만 그 결과는 참혹했다. 티
토노스는 늙어가는 자신을 바라보며 "옛날의 내 모습은 재가 되었
다. 그대의 사랑이, 그대의 아름다움이 보상이 될 수 있을까?"라고
한탄한다. 오로라가 여전히 아름다워도 티토노스에게는 동경의 대
상으로만 남게 되었다. 불사의 존재가 되기 이전에 오로라에게서 전

달되던 "열기"는 이제 '차가움'으로 변하였다. 피를 달아오르게 하던 열기는 사라지고 "장미빛 그림자"만이 "차갑게 내 몸 적시"며 "그대의 광채도 차갑"기만 하다. "그대의 번들거리는 문지방에, 나의 주름살투성이의 발이 닿으면 오직 차가움만 느낄 뿐이다." 티토노스의 몸은 젊은 시절의 몸이 아니다. 그의 감각 능력은 사랑을 사랑으로 감지할 수 있는 힘을 상실했다. 이러한 티토노스를 바라보는 여신 오로라는 안타깝기만 하다. 여신 스스로도 더 이상 티토노스를 사랑할 수 없게 된 것이다. 그래서 티토노스는 이렇게 읊조린다. "그대는 언제나 이렇게 말없이 아름다워져서는 대답도 하지 않고 떠나버린다. 그대의 눈물만 내 뺨에 촉촉하다." 티토노스는 오로라의 "영원한 청춘" 앞에서 자신의 "영원한 노쇠"를 한탄하지만 오로라는 자신의 영원한 청춘에 다가오지 못하는 티토노스의 영원한 노쇠를 안타까워한다. 티토노스의 불멸 프로젝트는 결과적으로 사랑의 종말로 끝을 맺는다. 그리하여 이들은 철저하게 '사랑'에서 소외되기에 이른다.

여기서 티토노스는 뉘우친다. "사람은 타고난 사람의 족속과 달라지려고, 또는 모든 자에게 합당하게 내려진 운명의 관문을 벗어나려고 조금이라도 욕망할 필요 있는가!" 오로라와 티토노스는 마음 깊이 후회한다. 그들의 사랑이 아름다웠던 것은 티토노스가 '죽을 운명에 처해 있는 존재'라는 사실 때문이었으며, 티토노스가 죽지 않는 존재가 되는 순간 그들의 사랑은 이미 끝나버린 것이나 다름없었다. 꽃은 왜 아름다운가? 저녁노을은 왜 아름다운가? 시들지 않는 꽃이 아름다울 수 있을까? 지지 않는 노을이 아름다울 수 있을까? 이 물음에 긍정적으로 답하기 어려운 이유는, 아름다움이 대상의 소멸성 또는 일시성을 전제로 해서만 성립하는 감정이기 때문이다. 사랑이란 감정은 사랑의 대상이 언젠가는 소멸하리라는 본능적인 직감과 떼어서 생각할 수 없다. 여기서 사랑은 순전히 '언젠가는 사라질 아름다움'을 현재에 고정시키고자 하는 욕구와 관련된다. 소멸의 의식은 사랑의 전제조건이다.

　오직 죽는 것만이 아름다울 수 있다. 물론 이는 죽는 모습이나 죽음이라는 사실이 아름답다는 게 아니라 '언젠가 죽을 운명에 처해 있는 살아 있는 것의 모습'이 아름답다는 뜻이다. 언젠가 죽는 것은 매 순간 변화하여 결국 죽음을 맞는다. 이렇게 사멸하는 것은 매 순간 변하며 언제나 새롭다. 바로 1초 전과 후가 다르다. 사멸하는 것은 매 순간 고유한데, 이는 또한 매 순간 과거의 모습을 잃는다는 걸 뜻한다. 한순간 전의 모습이 과거로 사라졌기에 지금 새로울 수 있다. 죽는 것은 언제나 새롭게 있으면서 언제나 사라지고 없다. 바로 이러한 쉼 없는 변화, 무상함, 덧없음, 삶 속의 죽음에서 우리는 아름다움을 느낀다. 우리가 사랑하는 이와 마주할 때 똑같은 모습으로 그를 다시 볼 수 없기에 매 순간이 소중하다. 지금의 그를 같은 모습으로 다시 볼 수 없다는 건 지금 이 순간에 본 그가 이미 과거 속으로 사라졌다는 말이다. 그리고 그렇게 계속 사라질 것이라는 말이다. 사랑하는 이를 보고 있으면서도 그가 그리운 까닭이 바로 여기에 있다. 모든 것이 끊임없이 사라지고 끊임없이 새로워지는 가운데 아름다움이 잉태된다. 그 아름다움은 슬픔이며 동시에 기쁨이다. 다시 말해서 죽음을 향하는 무상함은 아름다움의 본질적인 조건이다. 이를테면 백 년 전과 똑같이 아름다운 오로라는 실은 아름답지 않은 것이다.

영화 〈사랑한다면 이들처럼〉은 죽음과 아름다움의 긴밀한 상관관계를 극적으로 보여준다. 이 영화에는 죽음이 낳은 아름다움의 가장 극단적인 형태가 드러나 있다. 여주인공인 미용사 마틸드의 행복한 시절은 그녀가 결혼을 하면서 시작된다. 그녀의 남편은 어릴 적부터 미용사와 결혼하려는 꿈을 가졌을 만큼 순수하지만 그녀의 아버지뻘 될 정도로 나이가 많다. 그런데도 둘은 서로를 '지금 있는 그대로' 사랑한다. 남편은 일하는 마틸드를 온종일 바라보며 보내고, 밤이 되면 그들은 둘만 남은 미용실에서 같이 춤을 추거나 사랑을 나눈다. 그렇게 더없이 행복하던 일상의 어느 날, 마틸드는 남편과 마지막 사랑을 나눈 뒤 빗속으로 뛰쳐나가 다시는 돌아오지 않는다. 그녀는 자기 삶의 가장 아름다운 순간에 스스로 삶을 마감한 것이다.

왜 그랬을까? 왜 하필 그때에? 그녀가 남긴 유서에 그 이유가 적혀 있다. "당신의 사랑이 식기 전에 가려고 합니다. 그러면 우리의 사랑만을 남겨둘 수 있으니까요. …… 불행이 찾아오기 전에 떠나려는 겁니다." 마틸드는 가장 행복한 순간에 죽음으로써 그 행복을 보존하려 했다. 자기 삶의 가장 아름다운 순간에 죽음으로써 그 아름다움을 완성하려 했다. 아름다움에는 시간이란 변수가 작용한다는 사실을 그녀는 잘 알고 있었다. 그녀의 죽음으로 아름다움은 중단되고,

그 순간 아름다움은 가장 완전하고 순수해진다. 그녀가 남기고 간 아름다움은 시간이 지나면서 점차 퇴색할 수 있지만, 계속 살아가는 과정에서 생길 수 있는 냉정이나 변심과 같은 불행한 사태에 의해 변질될 염려는 없다. 마틸드의 죽음은 완벽한 아름다움을 보존하기 위해 그 아름다움을 단절한다는 역설을 함축한다. 지극히 아름다운 순간을 정지시킴으로써 '순간을 영원으로' 승화시키고자 한 마틸드의 뜻은 가상하지만, 그것은 현실적으로 아름다움의 부재와 상실감으로 이어지기도 한다. 결국은 맞이하게 될 죽음이라는 사건으로 인해 비로소 인간의 삶은 아름다워질 수 있다는 사실을 〈사랑하면 이들처럼〉은 우회적으로 보여준다. 그래서 삶이란 때때로 스스로를 희생시키면서까지 아름답고자 하는 것이다.

다음으로, 《뱀파이어》의 '불멸'은 〈티토노스〉와 반대로 '늙지 않는 것'이 문제로 등장한다. 뱀파이어들은 뱀파이어가 된 후부터 늙지 않기 때문에 자신이 속한 인간 세계에서 철저히 소외된 삶을 살아야 한다. 주인공 흡혈귀 루이스가 말하는 뱀파이어 특유의 "거리감"이나 경험 많은 흡혈귀 아르망이 말하는 "영생의 짐"은 모두 '늙지 않음'에 따르는 운명적인 소외를 가리킨다. 또한 다섯 살 때 뱀파이어가 된 클라우디아는 "혼자 아무것도 할 수 없는 이런 꼴일 때 내게 영생을 주다니!"라고 말하며 성숙한 여인으로 성장할 기회를 박탈당한 자신의 신세를 한탄한다. 이런 클라우디아를 뱀파이어 세계에 끌어들인 루이스에게도 비슷한 고민이 있다. 루이스에게 아르망은 이렇게 말한다. "그녀는 자네에게 하나의 시대라네. 자네 인생 중의 한 시대란 말이지. 만약 자네가 그녀와 헤어지게 된다면 자네는 그 시대를 함께 나누었던 하나밖에 없는 존재와 헤어지는 셈이 되는 거야. 자네는 그걸 두려워하는 거라네. 고립된다는 것, 영생의 끝없음, 영생의 짐을 견디기 힘들어서 그런 거지."

그런데 뱀파이어 세계의 지도자 아르망 자신도 이들과 처지가 크게 다르지 않다. 텍스트로 발췌되지 않은 곳에서 아르망은 자신이 루이스에게 접근하는 이유를 시대와 접촉하기 위해서라고 말한다. 이에 대해 루이스는 다음과 같이 저항한다. "난 어느 시대의 정신도 아니에요. 난 어떤 것과도 어울리지 못하고 항상 그랬어요! 난 어떤 시대, 어떤 장소, 어떤 존재에도 소속되지 못했어요. 그건 너무 괴롭지만 사실입니다." 뱀파이어들은 이렇게 공유된 시대와 공유된 공간을 갈구하지만 그건 한낱 소망에 지나지 않는다. 늙지 않는 뱀파이어에 대하여 세상은 항상 늙어간다. 이 늙음의 템포를 뱀파이어들은 따라갈 수 없다. 공간적으로 함께한다고 해서 그들의 생각과 감정을 공유할 수 있는 것은 아니다. 아르망의 말대로 "뱀파이어 자신만 빼고 세상의 현실은 모든 것이 변하게 마련이니까 결국 뱀파이어만 소외된 채 모든 것은 변하고 타락하고 사라지고" 그럴 뿐이다. 변하고 타락하고 사라지는 현실 앞에서 "가장 융통성 있는 뱀파이어"에게도 "영생은 절망스러운 것"이 되고 만다.

'변하지 않는 뱀파이어'는 '변하는 인간과 세상'과 소통하지 못하고 항상 이방인으로서의 삶을 감수해야 하는 운명에 처해 있다. 뱀파이어는 아르망의 말처럼 끔찍스런 소외를 영원히 견뎌야 한다. 뱀파이어들의 삶은 "전혀 이해할 수도 없고 가치관에도 맞지 않는 사람들, 형태들, 형상들로 가득 찬 정신병원에서 무기형 선고를 받아 사는 것"과 같다.

영생과 청춘! 이는 유한한 생명의 인간이 가지는 궁극적인 희망일 수 있다. 하지만 정작 이 둘을 모두 부여받은 인물은 괴롭다. 오죽 했으면 뱀파이어의 최후 선택이 곧 죽음이겠는가. "뱀파이어는 어느 날 저녁 일어나 자신이 수십 년 동안 두려워한 것이 무엇이었나 깨닫게 되고, 무슨 일이 일어나도 더 이상 생명을 유지하고 싶지 않다는 생각을 하게 되지." 영생은 이제 저주가 되어, 자기 스스로를 죽이는 길 이외에는 자기를 구제할 다른 길이 없다는 사실을 깨닫게 된다. "뱀파이어는 죽으러 나간다네." 유한한 것과 소통하기 위해서는 그것과 동행해야 한다. 서로 호흡을 맞추지 않으면 삶의 느낌을 공유할 수 없다. 뱀파이어가 아니더라도 오랜 시간 동안 자신의 공간을 떠나 있던 사람은 다시 그 공간으로 돌아온다고 해도 생활감각에서 호흡을 같이하지 못하여 오래도록 낯설고 서먹서먹한 느낌 속에서 살아야 한다.

그런데 《뱀파이어》의 불멸은 동시대인과 호흡을 같이 할 수 없는 데서 비롯하는 소외뿐만 아니라 불멸 자체에 수반되는 도덕적인 문제까지 안고 있다. 죽지 않는 자들이 도덕적일 수 있을까? 《뱀파이어》는 뱀파이어들이 살아 있는 인간의 피를 먹고 생명을 유지한다는 설정을 통하여 이 문제에 대해 우회적으로 답하고 있다. 살생을 해야 하는 그들은 적어도 인간의 눈에는 도덕적일 수 없다. 이러한 뱀파이어의 비도덕성에 저항하여 루이스는 인간이 아니라 동물의 피를 먹으려 한다. 그러나 그렇다고 해서 뱀파이어 세계의 전반적인 경향이 달라지는 건 아니다. 동물의 피를 먹으면 오히려 뱀파이어 세계에서 조롱을 당한다. 하지만 넓게 보면 뱀파이어가 인간의 피를 마신다는 사실만 두고 비도덕성을 말할 수는 없다. 초점을 '불멸'에 맞출 경우 뱀파이어의 경우가 아니더라도, 죽지 않는다면 굳이 선하게 살 필요가 없다. 사람이 악을 행하지 않는 이유 가운데 하나는 악행에 따른 처벌, 경우에 따라서는 죽음이라는 처벌을 피하기 위해서이다. 하지만 그 죽음에서 면제된 인간은 도덕을 저버리고 무책임하게 살아도 된다. '죽지 않음'은 곧 '도덕적이지 않아도 됨'이라는 사태로 직결될 수 있다.

결국 죽음이 없으면 선함도 없다. 《뱀파이어》 텍스트는 불멸하는 자가 아름답지 않을뿐더러 선하지도 않다는 것을 보여준다. 뱀파이어는 왜 선하지 않나? 그들은 변하지도 죽지도 않기에 세상 사람들에게 영원히 소외당한다. 그렇게 소외 받는 뱀파이어는 소외의 상처를 최소화하려고 세상과 타인에게 차갑게 대하게 마련이다. 또 살아 있는 것의 피가 필요하기에 사람을 죽여야 한다. 요컨대 뱀파이어들은 자기의 육체를 보존하기 위해 사악할 수밖에 없고, 자기의 감정을 보호하기 위해 냉정한 태도를 취한다. 그러나 이러한 뱀파이어성이 뱀파이어의 비도덕성을 완전히 해명하지는 못한다. 살인이나 냉정함은 피할 수도 있기 때문이다.

뱀파이어의 비도덕성의 원인은 그들의 정체성이 아니라 불멸이라는 그들의 존재 방식에서 찾아야 한다. 불멸하는 자는 본질적으로 선하게 살 수 없다. 왜냐하면 죽는 자만이 도덕적인 행동을 할 수 있기 때문이다. 물론 여기서 도덕적이란 표현은 좀 더 구체화시킬 필요가 있다.

여기서 말하는 도덕의 측면 가운데 하나는 책임감이다. 죽는 자에게만 도덕이 가능하다는 것은 오직 죽는 자만이 책임 있게 행동할 수 있다는 뜻이다. 이해를 위해 먼저 책임감의 조건을 따져볼 필요가 있다. 책임감은 개별성을 전제한다. '나는 나 자신이다, 나는 그 누구로도 대체할 수 없다.'라는 생각이 없다면 우리는 책임 있게 행동할 수 없다. 만약 내가 다른 사람으로 대체될 수 있고 '나와 너'의 구분이 없다면 '나의' 책임은 있을 수 없다. 그런데 이러한 개별성은 죽음에 대한 뚜렷한 자각 없이는 온전히 인식되기 어렵다. 나의 개별성은 죽음에 의해서 확증될 수 있다. 우리는 누구도 나를 대신해 죽을 수 없다는 것을 상기하고 자각할 때 나의 고유함을 확신한다. 죽음의 사태야말로 자기의 개별성을 가장 실감나게 체험하게 만든다. 해체론의 철학자 데리다(J. Derrida)는 서양의 종교와 윤리에서 죽음이 차지하는 위상을 밝힌 《죽음의 선물》에서 다음과 같이 말한다. "나는 나의 대체 불가능성의 장소인 죽음의 현장, 즉 나의 개별성의 장소인 그곳에서 책임 있는 행동을 해야 한다고 느낀다. 이런 의미에서 오직 죽는 자만이 책임감을 가질 수 있다."

카프카(F. Kafka)의 단편소설 중에 〈사냥꾼 그라쿠스〉라는 작품이 있다. 유능한 사냥꾼인 그라쿠스는 어느 날 사냥을 하던 도중에 발을 헛디뎌 절벽 아래로 떨어진다. 죽고 나서 그는 특이한 경험을 하는데, 그를 저승으로 데려가야 할 거룻배가 원래의 항로를 무시하고 이승을 떠도는 것이다. 그렇게 그라쿠스는 죽어서도 죽지를 못한다. 이에 대한 아도르노(Th. Adorno)의 해석이 재미있다. 그는 이 이야기가 "늙어서 살 만큼 살고 난 다음 죽을 가능성의 부재"를 은유하며 그러한 가능성이 사라진 현대 사회가 얼마나 피폐하고 잔혹한지를 반영한다고 주장한다. 〈티토노스〉와 《뱀파이어》는 아도르노가 읽어낸 잔혹함 못지않게 충분히 끔찍하다. 불멸의 운명 탓에 죽지 못하는 두 작품의 인물들은 영원히 외롭고 영원히 추악하다. 그리고 이들의 삶에서 확인하듯이 인간의 죽음은 소중하다. 끝이 있는 삶, 즉 "천수를 다하며 스스로 사는 삶"은 아도르노의 말대로 "경험의 척도"이다. 인간은 시간 속에서만 인간답다. 우리가 우리의 죽음에 자족해야 하는 이유이다.

불멸하는 존재, 티토노스와 뱀파이어로 돌아가자. 영원한 사랑을 위하여 불사의 선물을 얻은 티토노스는 계속되는 노쇠로 인해 더 이상 연인을 사랑할 수 없게 되고, 자의든 타의든 불멸의 생명을 얻게 된 뱀파이어들은 세상과 소통하지 못할 뿐만 아니라 비도덕적으로 행동함으로써 결국 인간 세상에서 소외된 삶을 살게 된다. 젊음을 상실한 티토노스는 아름다움을 상실하여 연인인 오로라에게 슬픔과 고통만 안겨주고, 늙지 않는 뱀파이어들은 고독 속에서 사람들에게 피해를 주는 삶을 마지못해 영위한다. 그리하여 뱀파이어 루이스는 자조적으로 말한다. "난 우리 같은 인생을 어떤 축복이나 선물 또는 능력으로 보지 않아요. 난 이게 저주라고 생각하죠." 티토노스도 이렇게 절규한다. "나를 놓아 달라. 선물을 가져가라." "땅에 도로 보내달라." 세상 속에서 사람들과 같이 호흡하며 도덕을 포기하지 않고 아름답게 살기 위해서는 죽음을 품고 있어야만 한다.

chapter 4
왜 죽는 게 싫은가? · 죽음은 나에게 어떻게 다가오나? · 삶에는 왜 끝이 있어야 하나?
죽어서도 살 수 있나? · 죽음은 어떻게 자기다운 삶을 살게 하나? · 어떻게 죽음을 넘어설 수 있나? ·
죽음은 왜 끝이 아닌가? · 왜 죽는 게 싫은가? · 죽음은 나에게 어떻게 다가오나? · 삶에는 왜 끝이 있어
야 하나? · 어떻게 죽어서도 살 수 있나? · 죽음은 어떻게 자기다운 삶을 살게 하나? · 어떻
게 죽음을 넘어설 수 있나? · 죽음은 왜 끝이 아닌가? · 왜 죽는 게 싫은가? · 죽음은 나에게 어떻게 다가오나? · 삶에는 왜 끝이 있
나? · 어떻게 죽어서도 살 수 있나? · 죽음은 어떻게 자기다운 삶을 살게 하나?

일하지 않는 자, 죽지도 말라

이키루

〈이키루〉는 일본의 명감독 구로사와 아키라(黑澤明)의 대표
작 가운데 하나로, 1950년대에 만들어진 흑백영화이다.
영화는 시청에서 과장으로 근무하는 와타나베의 모습
을 빌려 일본 사회에 팽배한 관료주의의 맹점을 짚
어낸다. 와타나베는 위암 말기 진단을 받고 나
서야 30년 동안의 공무원 생활을 되돌아본
다. 그는 잠시 방황하지만 시청에서 함께
근무했던 한 여직원과 친해지면서 자신
이 마지막으로 살고자 하는 삶의 모습에
조금씩 다가간다.

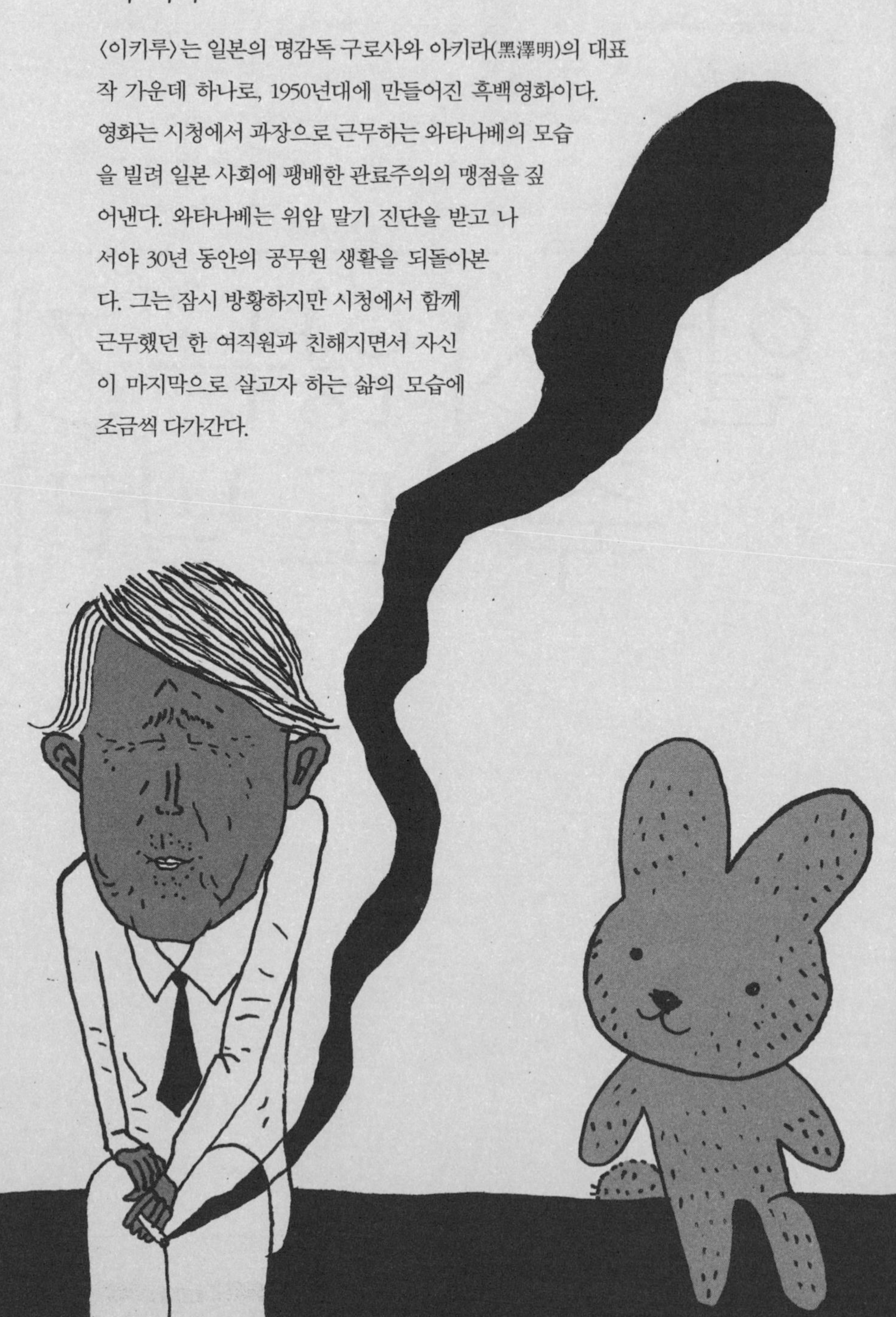

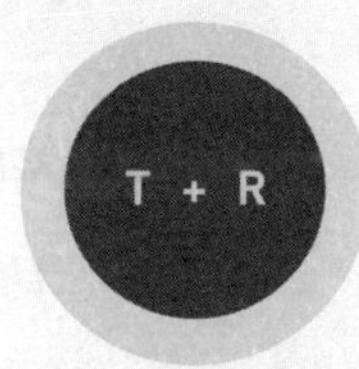

장면 1. 술집, 밤

손님이 거의 없는 한적하고 조그만 술집. 한 젊은 소설가가 술을 홀짝이며 글을 쓰고 있다. 소설가가 종이 몇 장을 내밀며 집으로 보내달라고 술집 사장에게 심부름을 시킨다. 또 약국에도 들러달라고 부탁한다. 사장이 약국 문 닫을 시간이 지났다고 말하고 소설가는 약이 없으면 잠을 못 잔다며 투덜댄다.

와타나베: 실례지만 …… 이 약을 드시죠.

구석 자리에 앉아 있던 와타나베가 소설가에게 다가와 약봉지를 내민다. 그리고는 다시 자기 자리로 돌아가 앉는다. 소설가와 사장이 서로 쳐다보며 의아한 표정을 짓는다. 사장은 소설가의 심부름을 위해 밖으로 나간다.

소설가: 감사합니다. 약값은 드릴게요.

와타나베: 됐습니다. 버리려고 했던 거예요.

소설가: 하지만…….

와타나베: 정말입니다.

소설가: 정말요? 그럼 제가 술값을 계산하죠. 한잔하실래요? 한 잔 더 하세요.

소설가가 자리에서 일어나 술이 들어 있는 진열장으로 향한다.

와타나베: 고맙습니다. 마시고 나면 토할 겁니다. 전 사실 위암이 거든요.

자신의 컵에 술을 따르던 소설가가 깜짝 놀란다. 와타나베가 술을 한 모금 마신다.

소설가: 위암이요? 충격이군요. 그럼, 술을 드시면 안 되잖습니까?

와타나베: 부끄럽습니다.

소설가가 와타나베 옆에 앉으며 말한다.

소설가: 암인 줄 알면서 이러시는 건 자살 행위입니다.

와타나베: 죽을 수 없었습니다. 아직 죽을 수 없어요. 죽어버리고 싶었지만, 죽을 수 없습니다. 아직 죽을 수 없어요. 이 나이까지 뭘 하고 살았나 모르겠습니다.

장면 2. 거리, 아침

와타나베가 우울한 표정으로 거리를 터벅터벅 걷는다. 그의 뒷모습이 구부정하다. 밤사이 그의 낡은 중절모가 새것으로 바뀌었다.

여직원: 과장님!

와타나베가 두리번거린다. 저만치서 시청 시민과에서 같이 근무하는 여직원이 웃으며 달려온다.

여직원: 모자가 바뀌어서 못 알아봤어요.

와타나베가 얼른 모자를 벗는다.

여직원: 과장님 댁에 가려던 참이에요. 출근하세요?

와타나베: 저기…….

여직원: 도장 가지고 오셨어요?

와타나베: 그건 집에 있는데.

여직원: 새 직장을 구했어요. 사직하려구요.

와타나베: 우리 집에 가지.

여직원: 네.

두 사람이 와타나베 집으로 향한다.

와타나베: 왜 그만두는데?

여직원: 지루해요. 매일 똑같은 일만 하고. 1년 반 근무하는 동안 그날이 그날이었어요. 5일간 휴가 갔던 거랑 과장님 모자 바뀐 것만 빼고요.

장면 3. 와타나베 방, 아침

여직원이 와타나베의 외투와 목도리를 손수 벗겨 옷걸이에 단정히 걸어준다. 와타나베는 머쓱한 얼굴로 자기 책상 앞에 앉는다. 여직원이 와타나베에게 사직서를 내밀고 벽에 걸린 표창장을 바라본다. 잠깐 바라보다가 와타나베 옆에 와서 앉는다.

여직원: 30년 …… 나보고 견디라면 죽어버릴 거야.

여직원이 문득 와타나베를 쳐다본다.

여직원: 죄송해요.

와타나베: 아니야. 요즘 말이야. …… 저 표창장을 보면 …… 자네 애기가 생각나. 다 맞는 말이야. 30년 동안 이 직장에서 내가 한 일이 없어. 아무것도 생각이 안 나. 매일 바빴다는 것만 기억날 뿐이야. 지루한 기억뿐이지…….

여직원: 과장님한테 이런 말을 듣다니 정말 의외네요.

장면 4. 식당, 저녁

와타나베와 여직원이 상을 보고 마주 앉았다. 여직원만 음식을 먹고 있다.

여직원: 아무것도 안 드시네. 피곤해 보여요.

와타나베: 오늘 정말 행복했어.

와타나베가 술을 한 잔 따라 마신다.

여직원: 그런데 왜 극장에서 조셨어요?

와타나베: 사실 어젯밤에…….

와타나베가 와이셔츠 맨 위 단추를 풀고 물수건으로 얼굴을 닦는다.

와타나베: 다른 사람한텐 말할 수가 없어. 너무 창피해서 …… 왜 지난 30년간 미라처럼 살아왔을까?

여직원이 물을 마시다 말고 와타나베를 힐끗 쳐다본다.

와타나베: 아니야. 내 별명을 지었다고 뭐라고 하는 게 아냐. 자네 말이 옳아. 아무것도 이룬 게 없어. 하지만 왜 …… 내가 미라가 된 거지? 아들을 위해 모든 걸 바쳤다네. 하지만 내 아들은 그렇지 않은 것 같아.

장면 5. 찻집, 저녁

와타나베와 여직원이 찻집에 마주 앉았다. 와타나베는 장면 2의 중절모를 쓰고 아무 말 없이 고개를 떨어뜨리고 있다. 여직원은 찻집 안을 이리저리 둘러본다. 건너편에서 젊은 여학생들이 누군가의 생일 케이크를 놓고 좋다고 박수를 치고 있다. 여직원이 심심한지 하품을 한다. 와타나베가 밖에 나가 산책을 하자고 하자 여직원이 시큰둥한 반응을 보인다. 와타나베가 우울한 얼굴로 여직원을 한참 쳐다보다가 이내 초점 없는 멍한 눈을 하고서 딴생각에 잠긴다. 그러다가 갑자기 여직원 앞으로 얼굴을 들이민다.

와타나베: 난 위암으로 죽어가고 있어. 여기 …… 내 맘 알겠나? 1년도 안 남았대. 그걸 알고 난 …… 내가 어릴 때 물에 빠진 적이 있었지. 그때와 같은 기분이야. 아무것도 안 보이고 잡을 것도 없어. 오직 자네만…….

여직원: 아드님은요?

와타나베: 그놈 얘긴 하지도 마! 나 혼자야. 자네는 이해 못해! 아들은 너무 멀리 있어. 물에 빠졌을 때 우리 부모님도 멀리 계셨지. 생각만 해도 괴로운 일이야.

여직원: 하지만 전 아무것도…….

와타나베: 하지만 자네한테 …… 난 어떤 정 같은 걸 느껴. 나 같은 미라에게 …… 자네는 내게 진심을 보여주잖아. 아니, 자네는 너무 젊고 생기에 넘쳐서 …… 아니, 자네는…….

와타나베가 자리에서 벌떡 일어나 여직원 옆 자리에 앉는다. 여직원이 놀라 멈칫 뒤로 물러선다.

와타나베: 어디서 그런 힘이 나오는 건가? 자네의 그런 점이 정말 부럽네. 죽기 전에 하루라도 자네처럼 살고 싶어. 그렇지 않으면 눈을 감을 수 없어. 죽기 전에 어떤 일이든 하고 죽어야 하는데, 그게 뭔지 모르겠어. 하지만 자넨 알 거야. 아니, 모를지도 모르지.

여직원: 전…….

와타나베: 가르쳐줘. 어떻게 하면 자네처럼 살 수 있지?

여직원: 전 그저 먹고 일하는 것뿐이에요. 그것뿐이에요. 정말이

에요.

　와타나베가 절실한 표정으로 계속 여직원을 쳐다본다. 여직원이 가
방에서 뭔가를 꺼낸다.

　여직원: 전 이런 걸 만들어요.

　여직원이 꺼내놓은 건 태엽으로 작동하는 토끼 인형이다. 그녀가
태엽을 감자 토끼가 팔딱팔딱 테이블 위를 뛰어다닌다.

　여직원: 이걸 만들 때 애들과 친구가 된 기분이에요. 정 모르시겠
으면 일단 뭐라도 해보세요.
　와타나베: 시청에서 뭘 하겠나.
　여직원: 다른 일을 찾아보시든가요.
　와타나베: 너무 늦었어.

　와타나베가 한참 동안 멍하니 고개를 떨어뜨리고 있다. 찻집 스피
커에선 경쾌한 행진곡이 흘러나오고 있다. 와타나베가 갑자기 고개
를 휙 돌려 여직원을 쳐다본다. 여직원이 깜짝 놀란다.

　와타나베: 늦지 않았어. 할 수 있을지도 몰라. 할 수 있어. 할 수 있어.

　와타나베가 토끼 인형을 뚫어지게 쳐다보다 인형을 손에 쥐고 자리

를 뜬다.

와타나베: 할 수 있어.

찻집 계단을 내려가는 와타나베를 향해 여학생들이 'Happy birth-
day to you'를 합창한다. 와타나베가 사라지자 케이크 주인공이 나타
나 기쁜 얼굴로 계단을 오른다.

장면 6. 와타나베 집, 밤

집에 마련된 분향소. 시청 직원들이 마치 회의를 하듯 두 줄로 길게
앉아 음식을 먹으며 얘기를 나누고 있다. 아들과 며느리, 그리고 삼
촌 내외도 동석했다. 정면에 와타나베의 영정이 모셔져 있다. 술에
많이 취한 늙은 직원 하나가 말을 꺼낸다.

직원 1: 도무지 모르겠어. 어떻게 사람이 그렇게 갑자기 변할 수 있
지?

시민과 주임이 퍼뜩 한마디 한다.

주임: 자신이 암에 걸렸다는 걸 알고 계셨던 거야. 지금 막 생각났어.

플래시백—시청 복도, 낮
와타나베와 주임이 시청 다른 과 사무실에서 걸어 나온다.

주임: 벌써 몇 번째입니까? 2주째라고요! 예산이 있는지도 말 안 해주고 항상 이런 식이에요! 자기 돈도 아니면서 이래도 되는 겁니까? 과장님은 화도 안 나세요?
와타나베: 난 누구도 미워할 수 없네. 그럴 시간이 없어.

시청 직원들 모두 말이 없다. 다른 직원 한 명이 또 퍼뜩 말을 꺼낸다. 그도 술에 취했다.

직원 2: 그게 …… 그러고 보니 …… 저도 하나 생각나는군요.

플래시백—거리, 해질 녘
와타나베와 직원 2가 공사가 한창인 공원을 둘러보고는 퇴근하려 한다. 와타나베가 돌연 멈춰 서서 저녁노을을 바라본다.

와타나베: 아름답군. 정말 아름다워. 이 아름다운 걸 30년 동안 모르고 살았다니……. 하지만 이젠 이럴 시간이 없어.

와타나베가 다시 걷기 시작한다. 직원 2가 앞서 가는 와타나베를 멍하니 쳐다본다.

(중략)

직원들 대부분이 술에 취해 침통한 분위기다. 직원 3이 가만히 와타나베의 영정을 바라본다. 와타나베가 영정 속에서 무덤덤한 표정을 짓고 있다. 잠시 후 가정부가 와타나베의 중절모를 들고 나타난다.

가정부: 경찰이 이걸 가져왔어요. 공원에서 주웠대요. 인사를 하고 싶답니다.

아들과 며느리가 손님을 맞으러 분향소 입구로 나간다. 아들은 모자를 받아들고 며느리는 손님에게 머리를 숙인다. 경찰이 직원들에게 목례를 하고 와타나베의 영정 앞에 무릎을 꿇는다. 고인에게 예를 올리고 뒤돌아 나가려는데 삼촌이 막아선다.

삼촌 : 잠깐, 한잔하고 가시죠.

경찰이 술잔을 받은 채로 망설이다가 그대로 내려놓는다.

경찰 : 실은 …… 어제 공원을 순찰하고 있을 때 고인을 뵀었습니다. 그때 시간이 …… 10시쯤이었죠. 전 술주정뱅이인 줄 알았습니다. 너무 부주의했습니다.

경찰이 고개 숙여 일동에게 사죄한다.

경찰: 그때 어떻게 했어야 하는데 …… 그랬다면 이렇게까지는 …… 무슨 말을 해야 할지……. 참 행복해 보이셨거든요.

모두 어리둥절해 한다.

경찰: 딱히 설명하기 힘들지만 여유롭게 노래를 하고 계셨어요. 그 목소리가 …… 제 마음을 울렸습니다.

플래시백—와타나베가 만든 공원, 밤
함박눈이 내리는 공원. 와타나베가 아무도 없는 공원에서 그 중절 모를 쓰고 혼자 그네를 타고 있다. 너무도 초췌한 그가 차분하게 노래를 부른다.

와타나베: 삶은 찰나의 것/소녀여 빨리 사랑에 빠져라/그대의 입술이 아직 붉은색으로 빛날 때/그대의 사랑이 아직 식지 않았을 때/내일 일은 아무도 모르는 것이니…….

와타나베의 무덤덤한 영정은 그대로이고 가족과 경찰과 직원들은 쥐 죽은 듯 조용하다.

구로사와 아키라 감독, 〈이키루〉, 토호 주식회사, 1952

와타나베는
왜 동네 놀이터에서
죽었나?

구로사와 아키라 감독의 1952년작 영화 〈이키루(生きる)〉의 '이키루'는 '살다'라는 뜻이다. 한 시청 직원의 죽음을 다루고 있으면서도 제목이 '죽다'가 아니라 '살다'이다. 주인공 와타나베는 비교적 이른 나이에 위암 선고를 받고 자기 삶을 돌아보게 된다. 나의 삶은 어떤 것이었나, 남은 시간을 어떻게 보낼 것인가, 그는 깊은 고민에 빠진다. 얼마 남지 않은 시한부의 삶이 주어진다면 당신은 어떤 기분일까? 무엇을 하고 싶은가? 영화는 우리를 향해 이렇게 묻는다.

주인공은 생을 허비하며 살지 않았다. 좀 더 열심히 살았더라면, 하는 회한은 주인공의 경우에 해당되지 않는다. 30년간 시청 직원으로 봉직하면서 산더미처럼 쌓인 서류 더미 밑에서 열심히 '일했다'고 그는 고백한다. 그의 성실하고 모범적인 삶에는 아들에 대한 애정과 의무도 포함되어 있었다. 그런데도 와타나베는 공허한 심정을 금할 수가 없다. 그는 지난 세월을 되돌아보며 "이 나이까지 뭘 하고 살았나 모르겠습니다."라고 한탄한다. 이제 그에게는 '얼마나 열심히 일했는가?'가 아니라 '무슨 일에 열심이었나?'라는 질문이 중요하게 부각된다.

질문의 핵심어는 우선 '일'이다. 누구나 살면서 일을 한다. 그런데 그 일이라는 것의 내용과 의미가 문제다. 누구나 최선을 다해야 한다고 말하지만, 그 최선의 대상과 목표가 무엇인지 질문 받는다면? 시한부 인생을 선고받은 와타나베는 바로 이 문제에 부딪혔다. 일의 의미와 무의미의 경계는 무엇일까? 일은 삶과 어떤 관계에 있을까? 주인공 와타나베가 일에 대해 새로운 태도를 갖게 되는 동기와 과정은 삶의 의미와 관련되어 있다.

삶의 큰 질문에 봉착한 와타나베는 자포자기의 상태에 이른다. 술집에서 마주친 젊은 소설가에게서 삶에 대해 더 욕심을 부려야 한다는 말을 듣지만 좀처럼 귀에 들어오지 않는다. 그는 시청 시민과에서 같이 근무했던 젊은 여직원과 가까워지면서 일의 의미에 대해 새롭게 눈을 뜨게 된다. 그녀는 시청 '일'을 그만두고 태엽으로 작동하는 토끼 인형 만드는 '일'로 전업한다. 인형을 만들 땐 "애들과 친구가 된 기분"이라는 그녀의 말은 와타나베에게 큰 울림으로 다가온다. 이때 배경음악으로 'Happy birthday to you!'가 경쾌하게 깔리는 건 물론 우연이 아니다. 이는 새로운 와타나베의 탄생을 알리는 신호이다.

새롭게 태어나고 있는 그에게는 일뿐만 아니라 일상의 풍경도 새롭게 다가왔다. 퇴근길에 저녁노을을 보며 "이 아름다운 걸 30년 동안 모르고 살았다니……." 하고 중얼거린다. 무엇이 30년 동안 모르고 살았던 아름다움을 발견하게 만들었나? 이 물음에 답변하기 위해서는 죽음에 대한 의식이 일깨운 삶의 의미가 해명되어야 한다. 〈이키루〉 텍스트는 '삶은 궁극적으로 무엇을 위한 것인가?', '삶의 의미는 어디에 있을까?' 하는 문제를 던진다. 주인공 와타나베가 열심히 살기는 했지만 자신의 삶을 '삶'이라고 보지 않는다는 사실이 중요하다. 그의 마지막 일이 되는 놀이터 만들기는 그의 이전 일과 비교하여 어떤 차이점이 있을까? 그는 어떻게 일다운 일, 삶다운 삶을 찾게 되는 걸까? 삶은 어떻게 따뜻해지나. '나는 살았다!'라는 돌파구는 단지 삶의 보람에만 그치지 않고 인간 존재의 궁극적인 의미와 관련되어 있다.

S

어떻게 죽어서도
살 수 있나?

시후 | 결국은 행복하게 돌아가셨네, 우리 과장님.

하람 | 뭔가 해내서 행복하셨던 거지. 아이들을 위해 공원을 만들었어. 참 멋있는 발상이야.

나연 | 그네에 앉아서 돌아가셨다니 정말 뭉클하다. 가부좌 자세로 열반에 드는 스님처럼 멋지지 않니? 너무 슬프고 쓸쓸하고…….

준서 | 멋있는 건 잘 모르겠고 슬프긴 해. 이 영화 최근에 봤는데 마지막 노래 부르는 장면은 정말 슬펐어. 나 같은 목석도 찔끔 눈물을 흘렸을 정도니까.

시후 │ 어머, 어머, 너 지금 눈가에 물기가…….

준서 │ 흐흠, 그런데 와타나베가 처음부터 공원을 만들려고 작정했던 건 아니었어. 공원이 궁극적인 목적이었다곤 보이지 않아.

나연 │ 왜? 장면 5를 보면 팔딱팔딱 뛰는 토끼 인형이 나오잖아. 이 인형이 영감을 준 거 아니니? 같이 다니는 여직원이 아주 노골적으로 얘기하잖아. "이걸 만들 때 애들과 친구가 된 기분이에요." 그래서 와타나베가 아이들을 위해 공원을 만든 거 아니야?

준서 │ 그래. 와타나베가 인형을 손에 쥐고 자리를 뜬 것도 맞고, 그 길로 시청으로 달려가 공원을 만들어야겠다고 결심한 것도 맞아. 하지만 와타나베가 공원을 못 만들어서 그토록 우울했던 건 아니야. 맨 첫 장면에서 소설가와 술을 마시며 하는 말을 봐. "이 나이까지 뭘 하고 살았나 모르겠습니다." 장면 3에서는 여직원에게 이런 얘기도 해. "30년 동안 이 직장에서 내가 한 일이 없어. 아무것도 생각이 안 나. 매일 바빴다는 것만 기억날 뿐이야." 실질적으로는 일생 동안 아무 일도 안 했다는 거야. 시한부 인생이란 걸 알고 난 후부터 그는 뭘 할지 몰라서 발만 동동 구르고 있었어. 공원은 영화 후반부에 갑자기 등장한 해결책일 뿐이야.

하람 │ 그렇지. 여자가 토끼 인형을 꺼내기 직전에 와타나베가 하는 말이 "죽기 전에 어떤 일이든 하고 죽어야 하는데, 그게 뭔지 모르겠어."야. 그때까지도 갈피를 못 잡고 있었다는 얘기지. 그러던 차에 여자가 '짠~' 하고 토끼 인형을 꺼내 보여준 거야. 아마 보여주지 않았다면 계속 헤맸을걸.

시후 | 그러니까 엉겁결에 영감을 얻었다는 얘기로구먼. 만약에 여직원이 토끼 인형이 아니라 할아버지 인형을 보여줬다면? 그럼 경로당이나 노인정을 만들었겠네?

하람 | 그러게. 그렇담 공원은 궁극적인 목적이 아니야. 와타나베는 "어떤 일이든" 하려고 벼르고 있었어. 뭐라도 걸려들면 할 태세였지. 그에겐 '행동의 내용'이 아니라 '행동' 자체가 중요했으니까. 결국 공원이 걸려든 거야. 글쎄, 와타나베가 아이들 생각을 얼마나 했을까? 했다 하더라도 그건 토끼 인형을 본 다음에 생긴 부산물일 거야.

나연 | 하람이 말이 맞긴 한데, 난 여전히 토끼 인형에 뭔가가 있다고 생각해. 와타나베가 토끼 인형을 보고 경쾌한 행진곡이 이어지고 뭔가 필받은 듯 여직원을 휙 돌아보았다. 내 생각엔 마음속으로 '바로 이거야!'라고 외치는 것 같아. 행진곡은 와타나베를 위한 일종의 축하 메시지 아닐까? 어머머, 여학생들은 아예 대놓고 'Happy birthday to you!'를 합창하는데? 이 정도면 와타나베의 새 출발을 만방에

알리는 선포식 아니니?

시후 | 흐흠……, 나연 양의 장광설이 그럭저럭 괜찮은데. 죽기 전에 아무 지푸라기나 잡은 게 아니라 완전히 새로 태어나셨다, 이 말이지. 그렇다면 말이야, 우리 과장님께서 토끼 인형과 조우하기 전에는 뭐 다른 일을 하신 적이 없나? 정말로 영화 내내 뭘 해야 할지 몰라서 갈팡질팡하기만 한 거야? 뭔가 스토리가 더 있을 것 같은데. 예를 들어 첫 장면에서 만난 소설가랑 신나게 놀았다든지…….

하람 | 거 참 잘도 맞추네. 맞아, 그 소설가와 진짜로 신나게 놀았어. 유흥가를 돌아다니면서 돈을 펑펑 쓰고 다녔지. 그런데 그날 하루뿐이었어. 장면 2를 보면 중절모가 바뀌었다는 얘기가 나오지? 소설가와 놀다가 쓰고 다니던 걸 잃어버려서 새로 하나 장만한 거야. 아무튼 그때부터는 계속 여직원과 다녔어. 그러고 보니 여직원하고도 계속 놀러만 다녔네. 극장에서 영화 보고, 같이 외식하고. 아마 놀이공원에도 다녀왔을걸.

시후 | 뭐야. 그럼 계속 사람 바꿔가면서 놀기만 한 거야? 놀면서 계속 안절부절, 그러다가 느닷없이 토끼 인형 등장?

준서 | 아니야. 그게 그렇지가 않아. 소설가와 놀러 다닌 건 맞는데, 여직원하고는 놀러만 다닌 게 아니야. 처음부터 공원 만들기가 와타

나베의 목적은 아니었어. 그런데 어느 순간 그것이 기막힌 목적이 돼버렸어. 나연이 얘기가 맞아. 토끼 인형이 결정적인 영감을 줬어.

시후 | 와타나베랑 여직원이랑 놀러 다니기만 한 게 아니라며? 그 얘기 좀 해보시지.

준서 | 아, 간단해. 와타나베가 여직원에 대해 이렇게 말해. "자네는 내게 진심을 보여주잖아. 아니, 자네는 너무 젊고 생기에 넘쳐서……." 그 다음에는 또 "자네의 그런 점이 정말 부럽네. 죽기 전에 하루라도 자네처럼 살고 싶어."라는 말도 해.

나연 | 그러니까 지금 와타나베는 자기가 여직원을 왜 따라다니는지 그 이유를 밝히고 있는 거야. 겉으로 보기엔 둘이 여기저기 놀러 다닌 게 맞지. 하지만 와타나베의 진짜 목적은 데이트가 아니었어. 와타나베는 여직원의 모습이 보기 좋았던 거야. 젊고 생기발랄하고 순진하게 웃고. 자기 생각을 거침없이 말하는 것도 무척 신선했을 거야. "30년 …… 나보고 견디라면 죽어버릴 거야." 이런 말을 서슴없이 하잖아. 30년을 봉직한 와타나베에게 '미라'라는 별명도 지어줬고.

준서 | 정확해. 여직원을 설명하면 토끼 인형의 정체도 자연스럽게 풀려. 팔딱팔딱 뛰는 토끼는 여직원의 분신이라고 볼 수 있어. 둘은 너무 잘 어울려. 알다시피 여직원은 1년 반 만에 시청에서 사무 보는

일을 그만두고 인형 공장으로 갔어. 와타나베 말마따나 시청에선 도무지 하는 일이 없으니까. 그곳은 "그날이 그날" 같은 고리타분한 곳이니까.

나연 | 여직원이 토끼 인형을 보면서 "이걸 만들 때 애들과 친구가 된 기분이에요."라고 말했잖아. 이 말을 와타나베에게도 그대로 적용할 수 있을 것 같아. 여직원이랑 다니면서 동심의 세계 비슷한 걸 경험한 것 아닐까?

준서 | 음……, 내 생각은 달라. 토끼 인형이 결정적인 영감이자 결정적인 전환점이라는 것엔 동의해. 와타나베는 여직원을 졸졸 따라다녔고 그녀의 천진난만한 모습에 분명히 매료됐어. "가르쳐줘. 어떻게 하면 자네처럼 살 수 있지?"라고 직접 물어봤을 정도니까. 하지만 그걸 동심과 연결시키고 싶진 않아. 왜냐하면 와타나베의 근본적인 고민은 여전히 "이 나이까지 뭘 하고 살았나 모르겠습니다." "왜 지난 30년간 미라처럼 살아왔을까?" "죽기 전에 어떤 일이든 하고 죽어야 하는데……." 이런 말들에 있거든. 그는 유종의 미를 거두려 했고 뭔가 일다운 일을 하려고 했어. 이런 상황에서 우연찮게 여직원의 친절한 안내를 받게 된 거지.

하람 | 공원 만들기도 결국은 자기 자신을 납득시키는 일이지 않았을까? 일다운 일을 끝끝내 하고야 말겠다는 거지. 30년 동안 쌓은 미라

의 울분을 어떻게든 풀고 죽어야 하니까. 마지막 장면에서 주임이 떠올린 와타나베의 말을 들어봐. "난 누구도 미워할 수 없네. 그럴 시간이 없어." 그는 무엇에 홀린 듯이, 맹목적으로 일했어. 일 자체에 몰두했어.

시후 | 준서 옹과 하람의 협공이 무시무시하구먼. 근데 말야, 어쨌든 아이들이 뛰어놀 수 있는 공간이 생긴 건 사실이잖아. 뭔가 만들어놓은 건 분명하다구.

나연 | 맞아. 사람들이 기억하는 건 일에 홀려 있던 와타나베가 아니야. 공원을 만든 와타나베지. 와타나베가 만들어서 유산으로 남겼다는 사실을 중요하게 생각해.

하람 | 순전히 결과적인 얘기야. 와타나베가 직접 '만들어야 한다.', '남겨야 한다.'고 말한 적은 없어. 그는 후대까지 염두에 둔 야심가가 아니었어. 그저 소박하게 제대로 한번 살고 싶었을 뿐이야.

나연 | 난 바로 그 점이 흥미로워. 당장의 소원은 "어떤 일이든" 하고 죽자는 것이었는데, 그 '어떤 일' 때문에 결과적으로 '죽지 않게' 됐어. 왜냐하면 그 공원을 와타나베가 만들었다는 사실만큼은 결코 죽지 않으니까.

시후 | 역사에 길이길이 남는다는 얘기군. 공원을 갈아엎어서 재개발하지 않는 한 사람들의 입에 와타나베란 이름이 계속 오르내리겠지.

준서 | 그래. 나연이 얘기 틀린 거 하나도 없어. 와타나베는 아이들이 참여하고 반응할 수 있는 공간을 남겼어. 누구는 남기고 죽고, 누구는 남겨진 곳에서 살고. 그렇게 서로 연결되지. 나의 존재가 연장되는 거야.

시후 | 그래서 내가 아까 말했잖아. 경로당이면 어떻고 노인정이면 어떠하리. 남기면 그만인 것을.

나연 | 아무리 생각해도 경로당은 어색해. 난 토끼 인형이 정말 잘 어울린다고 생각해. 30년 묵은 미라랑 정확히 반대잖아. 여직원의 생기가 와타나베의 마지막 열정을 부추겼다는 걸 부인할 순 없어.

하람 | 나연이의 토끼 인형이 생각보다 질기네. 난 와타나베처럼 죽음에 닥쳐서 허둥대는 인생 말고 미리미리 계획적으로 야심을 품는 인생을 살고 싶어. 후대가 공유할 수 있는 어떤 것을 남기려면 좀 더 주도면밀할 필요가 있어. 비생산적인 노동 말고 생산적인 노동을 해야겠지.

나연 | 맞아. 와타나베처럼 뒤늦게 영생의 비법에 뛰어들면 여러모로

골치 아파.

시후 ┃ 영생의 비법이라……. 살아 있는 사람들을 살게 함으로써 죽은 이도 살게 되는 이 오묘한 이치~. 그래, 그래, 경로당은 일찌감치 포기하마. 죽기 전에 테마파크 하나 만들면 나도 영원히 살 수 있는 거냐?

하람 ┃ 무료입장 시켜주면 가능하다고 본다.

죽음 앞에서
자기 일을 찾다

"이 나이까지 뭘 하고 살았나 모르겠습니다." 삶을 마감할 순간에 남에게 이런 말을 해야 하는 이의 기분은 어떨까? 구로사와 아키라 감독의 영화 〈이키루〉는 위암 선고를 받고 1년여 남짓한 삶을 앞에 둔 주인공 와타나베의 회한을 이렇게 그리고 있다. 시청의 시민과장으로 30년을 봉직했지만 "왜 지난 30년간 미라처럼 살아왔을까?" 하며 후회한다. 생명의 모래시계는 위로 흐르는 법이 없다. 속절없이 아래로만 흘러내린다. 그나마 이제는 흘러내릴 모래마저 거의 소진된 상태다. 어찌해야 할까?

'뭘 하고 살았나 모르겠습니다.'에 머물러 보자. 사는 데 꼭 '뭘 해야' 하는 걸까? 무언가를 하지 않고 살 수는 없는 걸까? 불가능하다. '살아 있다'는 것은 반드시 '무언가를 한다'는 것이다. 하지 않고는 살아 있을 수가 없다. 무엇이든지 해야만 살아 있다는 증거가 된다. 삶의 가혹성이 여기에 있다. 아무리 하찮은 거라도 하지 않으면 안 된다. '한다'는 삶의 운명이며 명령이다. 그런데 '하기' 위해서는 자기 주변의 일들 가운데 어떤 것을 선택해야 한다. 아무것도 선택하지 않는다는 건 있을 수 없다. 선택은 강요된다. 하릴없이 빈둥대는 것, 따분해서 낮잠 자는 것, 세상사가 귀찮아 산속으로 은둔하는 것 등도 결과적으로는 모두 선택일 수밖에 없다.

그런데 선택이 불가피하다고 해서 아무거나 선택하며 살 수는 없다. 무얼 선택하며 사느냐, 어떻게 행동하느냐는 삶의 내용을 이루면서 삶의 의미까지 결정짓기 때문이다. 〈이키루〉 텍스트에서는 모든 행위가 의미 있게 취급되지는 않는다. 와타나베의 30년간의 공직생활은 그의 말대로 "매일 바빴다." 그는 나름대로 열심히 살았다. 특히 아들을 위해 헌신적으로 일했다. 하지만 그의 삶은 의미 없이 번잡한 일에 시달리는 시간이었다. 겉으로는 바쁘게 보였지만 실제로는 시간을 낭비한 세월이었다. 일하는 척하는 공무원의 무사안일에 매몰되어 30년을 하루같이 보냈다. 그는 생물로서는 살았지만 인간으로서 산 것은 아니었다. 30여 년간 그는 산 것이 아니었다. 이제부터 어떻게 살아야 '살았다'고 할 수 있을까? 흔적 없이 사라질 미라의 삶에 어떻게 맞설 것인가?

그의 30년 공직생활은 '산 자'의 삶이 아니었다. 회한에 휩싸인 그의 눈에 자기처럼 '살아도 죽어 있는 자'가 아니라 '진짜로 살고 있는 사람'이 들어온다. 한 젊은 여성이다. 그녀는 얼마 전에 시청 일을 그만두고 새로운 일자리를 찾아 기계적인 일상에서 벗어났다. 그녀와 가까이 접하면서 그의 남은 삶에 새로운 지평이 열린다. 처음에는 그녀가 따뜻하고 친절해서 끌리지만 차츰 그녀의 활달하고 생기 있는 모습을 부러워한다. 그녀는 움직이는 토끼 인형을 만들고 있었다. 인형을 만들면 아이들과 친구가 되는 느낌이 든다는 그녀의 말에 그는 크게 움직인다. 무언가 '만든다'는 것! 그리하여 자기가 만든 것이 다른 사람과 소통할 수 있다는 것! 그것은 아주 짜릿한 성취감을 안겨줄 것이 분명했다. 토끼 인형을 만든 사람은 죽어도, 인형은 아이들의 사랑 속에서 살아남지 않겠는가.

이제 자기가 할 일이 결정됐다. 무언가를 자기 힘으로 만들어 다른 사람들이 그것과 소통할 수 있게 할 것! 자신의 작품을 통해 다른 사람들이 자기를 기억하고 삶을 호흡할 수 있게 할 것! 그러기 위해서는 타성에 젖은 일상적 업무에서 속히 벗어나야 한다. 자기를 묶어두고 있는 과거의 끈을 끊어버려야 한다. 이제야말로 타성의 노예가 아니라 창조의 주인으로 살아야 한다. '죽은 삶'이 아니라 '산 삶'을 살아야 한다. 주민들이 동네에 공원을 세워달라는 민원이 접수된 지 오래지만 부서 간에 서로 떠넘기느라 업무가 답보 상태에 있다는 생각에 미치자, 와타나베는 공원 건립에 발 벗고 나선다. 와타나베는 공원 건립을 성공적으로 성사시키고 흐뭇해 하며 죽는다. 그의 살아 있음은 이렇게 해서 그 의미가 확보된다. 삶의 의미는 본래 주어져 있는 것이 아니라 개인의 가치관과 취향에 따라 주관적으로 만드는 것이다. 그래서 삶의 의미에 우열을 매기기는 곤란하다. 하지만 〈이키루〉 텍스트는 의미 있는 일이란 타인과 소통할 수 있는 어떤 것을 자기 힘으로 만드는 일이라는 사실을 명확히 하고 있다. 역사 속의 위인들이 세인들의 가슴속에 살아남는 이유도 이와 다르지 않다.

아렌트(H. Arendt)는 인간 삶의 실존적인 조건을 인간의 조건(conditio humana)으로 명시하고 있다. 노동(labor)과 작업(work)과 행위(action)가 그것이다. 여기서 행위는 인간 상호 간의 의사소통을 뜻한다. 〈이키루〉 텍스트와 관련하여 주목할 것은 노동과 작업의 차이다. 노동은 인간이 생물학적인 생명 유지와 종족 보존을 위해 행하는 활동인 데 반하여, 작업은 인간의 자연적인 생명 활동을 위한 것이 아니라 문명적인 것을 산출하는 활동이다. 그래서 노동을 행하는 개체로서의 개인은 죽더라도 작업의 결과로 산출된 것은 죽지 않고 지속된다. 바로 이 사항이 와타나베의 삶의 내용과 만난다. 그는 노동을 했을 뿐 작업을 하지는 않았던 것이다. 그가 아들을 위해 모든 걸 바쳤다고 했을 때, 그가 바친 것은 노동이지 작업이 아니다. 그는 아들에게 투자하여 자기의 종족 보존에만 몰두했을 뿐 혈연관계를 넘어서 타인의 행복에 적극적으로 관여하지는 않았다.

작업은 노동의 물질적인 일시성을 넘어 정신적인 영속성을 띤 가치를 창출한다. 그런 의미에서 아렌트는 노동이 생명과 관련된다면 작업은 세계성과 관련된다고 말한다. 노동이 개인과 가족이라는 좁은 울타리에 갇혀 있는 생명 활동인 데 반해 작업은 인류의 보편적 가치를 실현하는 넓은 울타리에서 진행된다. 초점은 결국 자기의 작업/작품을 통한 타인과의 소통에 있다. 〈이키루〉의 와타나베는 비록 공무원으로서 안정된 삶을 영위하기는 했지만 시청 직원이라는 안정적인 신분은 그에게 오히려 삶의 덫과 늪이 되었다. 철밥통이 그를 무사안일에 빠져 사는 것을 용인한 셈이다. 시청의 직원으로서 주어진 일에 열심이긴 했지만 그건 순전히 가족의 안위를 위한 사무적인 동작일 뿐 시민들이 시청 직원에게 기대하는 행위는 아니었다. 그는 가족의 일원으로 살았을 뿐 시민 사회의 일원으로 살지는 않았다. 그는 자기 앞에 수북이 쌓여 있는 서류들에 맹목적으로 도장 찍는 노동을 했을 뿐이다. 자기의 힘이 타인을 행복하게 할 수도 있다는 사실에 대해 전혀 감각을 키우지 못했다. 그는 시민공원을 만듦으로써 비로소 세계 속으로 진입하여 타인과 소통하는 세계성과 만나게 된 것이다.

결국 와타나베는 공원 건립을 통해 '살아 있는 자기'를 만나게 되었다. 하지만 등한시했던 공원 건립 사업에 병든 몸을 이끌고 헌신하는 이러한 태도 변화는 급작스런 죽음의 소식을 접하지 않았던들 불가능했을 것이다. 곧 죽는다는 생각은 그의 삶의 새로운 출구에 눈을 뜨게 했고, 급기야 새로운 자기를 찾아 나서게 한다. 상상으로 만나는 죽음과 현실로 다가오는 죽음은 질적인 차이를 보인다. 건강한 사람도 평소에 언젠가는 자기가 죽는다는 사실을 알고 있다. 하지만 죽음이 '언젠가 죽는다.'는 막연한 미래의 사실이 아니라 구체적으로 '1년 뒤에 죽는다.'는 확실한 사실로 다가올 때 죽음에 대한 체감 정도는 급격히 상승한다. 사실 '언젠가 죽을 것이다.'에는 막연하게 '안 죽을 수도 있다.'는 비현실적인 기대가 배어 있다. 살아 있는 자에게 죽는다는 사실만큼 낯선 것은 없기 때문이다. 죽어본 경험이 없어서라기보다는 살아 있는 한에서는 삶의 울타리 안을 세계의 전부라고 생각하기 쉽기 때문이다. 물고기가 물 밖을 생각하기 힘든 것과 비슷한 이치다. 죽음이 그렇게 낯선 만큼 자기가 죽음에 임박했다고 통보받을 때에야 비로소 죽음이 삶과 첨예하게 대립된다는 사실을 몸소 깨닫게 된다. 그리하여 자기의 물질적인 무화(無化)에 저항하기 시작한다.

무화, 즉 '아무것도 아닌 것이 되는 것'은 두렵다. 정확히 말하면 무엇이 될지 모르는 절대 무지와 절대 타자의 세계로 진입하는 입구에 설 경우 의식은 번뜩 정신을 차리면서 삶 밖으로 향하기 시작한다. 저승사자가 바로 자기 앞에서 손짓할 때 삶과 죽음의 경계가 더 분명해지면서 마음은 삶의 이쪽과 저쪽을 넘나들게 된다. 〈이키루〉에서 와타나베의 삶과 죽음은 살아남은 다른 시청 직원들에게도 경종을 울린다. 그들도 생전의 와타나베와 다를 바 없이 무사안일하게 직장에서 시간을 때웠다. 하지만 와타나베의 죽음을 계기로 그들 스스로 삶을 되돌아보고 새로운 자기로 다시 태어나고 싶어한다. 와타나베가 죽기 직전의 행적에 비추어 자신들의 근무 태도를 되돌아보고 자기들도 주민을 위해 보람 있는 일을 하겠다고 다짐한다. 그들도 이제야 비로소 '살기'로 마음먹은 것이다. 물론 영화 말미에서 그려지듯이 시청 직원들 대다수는 일시적으로 감동받는 데 그치지만, 몇몇 직원은 구태를 씻고 와타나베의 모범에 따라 삶의 새로운 방향을 모색한다. 이들에게 죽음은 삶의 진정성을 위한 기폭제로 작용했던 것이다.

인간에게는 미래에 닥칠 일을 앞당겨 생각하는 위대한 능력이 있다. 죽음이라는 무거운 사태에 접해서도 인간은 이런 태도를 취할 수 있다. 그렇다고 매 순간 죽음을 의식하여 마치 시한부 인생처럼 산다는 건 우매한 짓이다. 내일 죽을 것처럼 오늘을 살 수는 없는 노릇이다. 누군가는 "오늘은 어제 죽은 사람이 그렇게 살기를 원했던 바로 그날이다."라고 읊었다. 이 말 자체에 서린 비장함에 속을 수는 없다. 물론 삶을 결코 헛되게 살지 말라는 경구로 새길 만하지만 그 말의 내용을 곧이곧대로 이해할 필요는 없다. 만일 어제 죽기로 되어 있는 사람이 오늘도 살아 있다면 그는 허둥지둥 현재를 호흡하기에 여념이 없을 것이다. "내일 지구의 종말이 온다 해도 나는 오늘 한 그루의 사과나무를 심을 것이다."라는 스피노자의 지혜가 필요할 따름이다. 5개월 뒤에 죽게 되든 50년 뒤에 죽든 중요한 건 죽음이라는 사건 자체이지 죽음의 시기가 아니다. 죽음이라는 사태를 자기 곁에 가까이 둘 때 의미 있는 일을 할 수 있다. 그러기 위해서는 자기 안에서 죽음을 발견하는 일이 긴요하다. 의식 한 편에 죽음을 살게 하여 그에 비추어 자기 삶을 반추함으로써 삶이 삶으로서 빛나게 할 수 있다. 삶 속의 죽음을 일깨워 삶을 삶답게 만들어야 한다. 죽음은 삶의 적이 아니라 친구이다. 죽음 덕분에 삶을 살게 되기 때문이다.

삶 속에 죽음이 흐르게 하라! 이러한 정황은 블랑쇼(M. Blanchot)가 《문학의 공간》에서 릴케의 시를 해석한 내용과 맞물린다. "나의 죽음이란 맨 마지막 순간의 죽음만이 있는 것이 아니다. 내가 삶의 내밀성과 깊이 속에서 살아가기 시작한 그 순간부터 죽음이 있는 것이다. 그러므로 죽음은 삶의 한 부분을 이루는 것이다. 가장 내밀한 곳에서 나의 삶으로 살아가는 것이 죽음이다. 이렇게 죽음은 '나'로 만들어지는 것이다." 죽음은 이미 항상 내 안 깊숙이 자리 잡고 있었다. 다만 우리가 그것을 눈치 채지 못하거나 알면서도 모르쇠 할 따름이다. 죽음도 삶 안에서 자기 고유의 삶을 영위해오고 있다. 그래서 블랑쇼는 다음과 같이 말을 잇는다. "릴케가 죽음에 대해 식물적인 성숙 같은 이미지를 사용하는 것은 죽음과 아무 관계없이 살아가고자 하는 우리로 하여금 죽음으로 눈을 돌리게 하여, 죽음에도 일종의 삶이 있다는 것을 보여주고, 이 죽음이 영위하는 삶에 우리의 관심을 쏟게 하고, 우리의 염려를 일깨우기 위해서이다. 죽음에도 삶이 있다." 삶 안에 살고 있는 죽음에게 애정의 눈길을 보내어 깨어나게 하자. 그리하여 삶 안에 죽음이 거주할 수 있는 공간을 마련해주자. 죽음의 삶에게 당당한 권리를 부여하자. "나는 죽음을 위하여 무언가 할 일이 있다." 〈이키루〉의 와타나베가 공원을 만든 것도 자기 죽음을 위해 무언가 할 일을 한 것이다.

삶의 내밀한 곳에서 죽음의 실재를 인정하고 정당한 권리를 부여하는 일은 삶이 죽음을 부끄럽지 않게 하는 일과 통한다. 죽음이 부끄럽지 않게 하기 위해서는 삶을 확실하게 살아주어야 한다. 확실하게 살지 않으면 나중에 확실한 죽음을 맞을 수 없다. 죽음이 죽음 '으로서' 죽기 위해서는 삶이 삶 '으로서' 살아야 한다. 삶과 죽음의 자격은 서로 맞물린다. 이러한 이중주 속에서 일상적 의미의 죽음, 즉 삶에서 죽음으로의 경계 이동이 이루어진다. 삶과 죽음이라는 두 극한이 철길처럼 나란히 진행하다가 어느 순간에 합쳐져서 하나의 길만 남게 되는 사태가 곧 통상적인 의미의 죽음이다. 삶 안에서 부단히 작동하고 있는 죽음을 직시하여 이를 바탕으로 삶을 명료하게 살아냄으로써 결국 죽음이 죽음일 수 있도록 하는 사실적인 근거를 마련하는 일이야말로 살아 있는 자의 의무이다. 그리하여 삶과 죽음이 하나로 통하게 할 일이다.

삶에서 죽음을 의식하는 일은 삶을 삶답게 살기 위한 전제조건이다. 그래서 죽음의 의식은 비단 와타나베의 공원 건립에서처럼 타인에게 의미 있는 어떤 것을 만든다든지 하는 일에 그치지 않고 일상에서 살아 있음을 느끼며 살아야 한다는 사실로 이어진다. 삶에만 익숙해져 있을 경우 삶 속에서 주어지는 다양한 아름다움을 향유하기 어렵다. 삶은 그 주체의 의식에서 볼 때 삶의 이전과 이후가 알려져 있지 않기 때문에 삶만으로 세계를 만나기 쉬우며, 그럴 경우 일상적인 삶 자체를 항상 새롭게 만나기는 여의치 않다. 와타나베가 퇴근길에 저녁노을을 바라보면서 "아름답군. 정말 아름다워. 이 아름다운 걸 30년 동안 모르고 살았다니……." 하고 뇌까리는 대목은 처연하기까지 하다. 삶을 삶에서만 바라보면 매번 만나는 일상의 풍경들은 밋밋하기 그지없다. 그 풍경이 그 풍경일 따름이다. 하지만 '그 풍경'을 인간은 한없이 만날 수는 없다. 매번 봄이 와서 꽃이 피는 것 같지만 인간은 기껏해야 백 번 남짓의 봄을 살아서 만날 수 있을 뿐이다. 죽음의 의식은 '살아 있는' 자기뿐만 아니라 살아 숨 쉬는 환경을 만나게한다. 의식하고 느끼면서 살지 않으면 살아도 산 것이 아니다.

죽음은 삶을 살게 만든다. 죽음은 삶을 의식하게 만든다. 삶은 죽음과 대비됨으로써 빛난다. 여기서 디킨스(Ch. Dickens)의 소설 《크리스마스 캐럴》의 스크루지 영감을 떠올리게 된다. 크리스마스이브, 7년 전에 죽은 동료 말리의 유령이 온몸에 쇠사슬을 칭칭 감고 스크루지 앞에 나타나 이렇게 하소연한다. "생전에 내가 어쩌자고 눈을 아래로 내리깔고 사람들 사이를 모르는 체 지나다녔을까?" 말리의 유령은 자기를 빗대어 스크루지에게 경각심을 불러일으키려 한다. 자기와 같은 비참한 운명을 피할 기회를 주기 위해 스크루지가 그의 과거와 현재와 미래를 두루 경험하게 한다. 그 가운데 세 번째 유령은 스크루지를 미래의 자기 시체 앞에 세운다. 아무렇게나 방치된 자기 시체 앞에 둘러선 사람들의 반응이 냉정하게 그려진다. 어떤 부인이 말한다. "왜 생전에 남들처럼 못했지? 그랬으면 죽을병에 걸려 누워 있을 때 누군가 돌봐줬을 게 아니겠수?" 어디선가 이런 말도 들려온다. "아아, 냉혹하고 준엄한 이 무서운 죽음! 여기 그대의 제단을 차려놓고 마음껏 무서운 공포로 그것을 장식하라! …… 후려치라! 죽음이여, 후려치라!" 후려치는 죽음 앞에서 스크루지는 자신의 과거와 현재를 뼈저리게 뉘우친다. 삶에서 "여러 가지 친절한 덕을 쌓기” 위해 그는 이제 새로운 삶을 살기 시작한다.

스크루지는 가상적인 죽음을 체험하면서 새로운 자기로 재탄생한다. 와타나베가 스스로 해야 할 일을 찾아냈을 때 'Happy Birthday to You!'가 배경음악으로 계속 깔리듯이, 스크루지는 자신이 그렇게도 싫어하던 'Merry Christmas!'를 누구보다도 즐거운 마음으로 입에 달고 다니게 된다. 모두 새로운 인간이 탄생하는 순간을 축하하는 소리다. 이러한 변화는 겉으로는 죽음을 통하여 삶을 바라보고 삶에 죽음을 투사하는 데서 비롯하는 것 같지만, 궁극적으로는 삶 속에 이미 죽음이 함께 살아 숨 쉬고 있어서 이를 의식으로 떠올리는 데서 가능한 사태다. 말리의 유령은 스크루지에게 경고한다. “잘 들어! 이제 시간이 없어.” 와타나베도 말한다. “남을 원망할 시간이 없어!” 이제 삶을 의미있게 살려줄 많은 일들이 기다리고 있다.

chapter 5

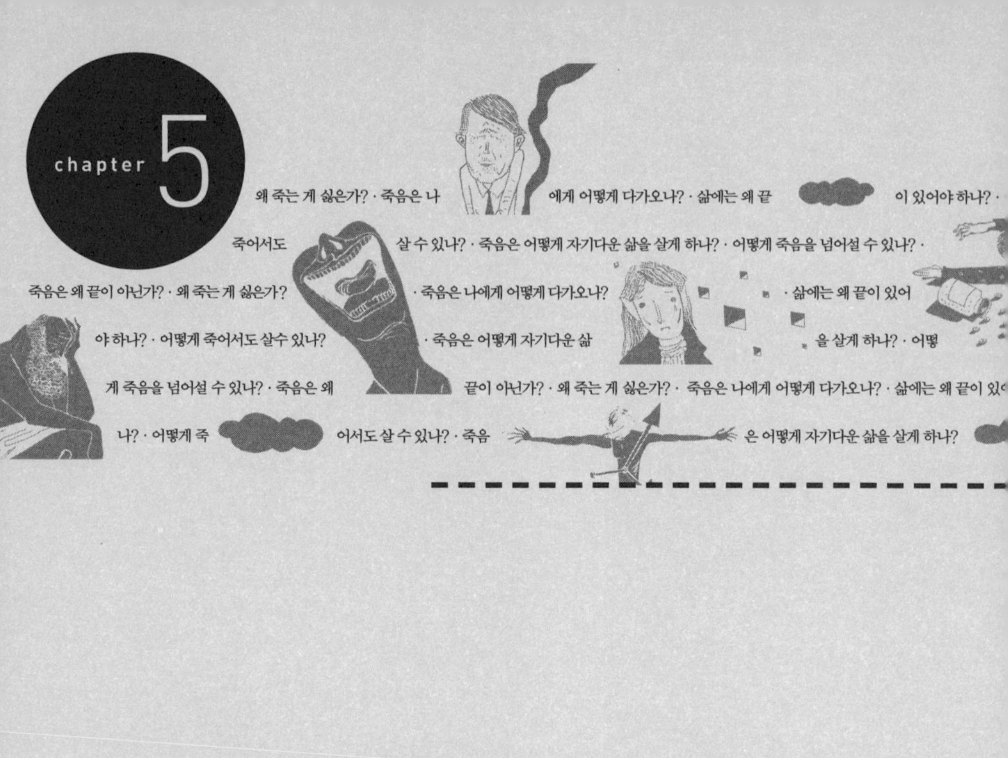

왜 죽는 게 싫은가? · 죽음은 나   에게 어떻게 다가오나? · 삶에는 왜 끝   이 있어야 하나?
죽어서도   살 수 있나? · 죽음은 어떻게 자기다운 삶을 살게 하나? · 어떻게 죽음을 넘어설 수 있나? ·
죽음은 왜 끝이 아닌가? · 왜 죽는 게 싫은가?   · 죽음은 나에게 어떻게 다가오나?   · 삶에는 왜 끝이 있어
야 하나? · 어떻게 죽어서도 살수 있나?   · 죽음은 어떻게 자기다운 삶   을 살게 하나? · 어떻
게 죽음을 넘어설 수 있나? · 죽음은 왜   끝이 아닌가? · 왜 죽는 게 싫은가? · 죽음은 나에게 어떻게 다가오나? · 삶에는 왜 끝이 있어
나? · 어떻게 죽   어서도 살 수 있나? · 죽음   은 어떻게 자기다운 삶을 살게 하나?

삶만이 아름답 다 · 내 삶은 나의 죽음을 취급하지 않는다 · 죽 음의 어둠 속에서 빛을 보다 · 살아 있는 것은 죽기 때문에 아름답다 · 죽음 앞에서 자기 일을 찾다 · 삶을 걷어차야 진짜 삶이 보인다 · 진 리를 향한 믿음은 죽음을 무릅쓴 다 · 시계가 멈춘다고 시 간이 멈추지는 않 는다 · 삶만이 아름 답다 · 내 삶은 나의 죽음을 취급하지 않는다 · 죽음의 어둠 속에서 빛을 보다 · 살아 있는 것 은 죽 기 때문에 아름 답다 · 죽음 앞에서 자기 일을 찾다 · 삶을 걷어차야 진짜 삶이 보인다 · 향한 믿음은 죽음을 무릅 쓴다 · 시계가 멈춘다고 시간이 멈추지는 않는다 · 삶만이 아름답다

죽음이 삶을 후려칠 때

베로니카, 죽기로 결심하다

코엘료(P. Coelho)의 《베로니카, 죽기로 결심하다》는 《연금술사》를 비롯한 그의 다른 작품들과 마찬가지로 삶에 대한 깊은 통찰과 애정을 담고 있다. 스물네 살의 젊은 여성 베로니카가 자살 기도에 실패하면서 새로운 삶의 출구를 찾아가는 과정이 빌레트 정신병원의 요양 생활 중에 발생하는 다채로운 일화를 통하여 흥미롭게 전개된다. 발췌한 텍스트도 빌레트 안에 있는 살롱의 풍경으로 시작한다.

대부분의 환자들은 텔레비전 앞에 자리를 잡았다. 멍하니 허공을 바라보는 사람도 있고, 낮은 목소리로 혼자 중얼거리는 사람도 있었다 ― 혼잣말 안 해본 사람이 누가 있겠는가?

베로니카는 가장 나이 많은 마리아가 살롱 한구석에 우르르 몰려선 사람들을 향해 다가가는 것을 보았다. 몇몇 환자들이 그 근처를 오락가락하고 있었다. 베로니카는 그들 쪽으로 접근을 시도했다. 그들이 나누는 대화를 들어보기 위해서였다. 그녀는 자신의 의도를 들킬까 조심스러웠다. 그런데 그녀가 가까이 다가가자, 그들은 모두 입을 다물고 일제히 그녀를 뚫어져라 쳐다보았다.

"원하는 게 뭐야?"

'형제 클럽'(실제로 그런 모임이 존재한다면, 그리고 제드카가 멀쩡한 겉모습만큼 그렇게 미친 게 아니라면)의 우두머리로 보이는 나이든 남자가 그녀에게 물었다.

"아무것도 아니에요. 그냥 지나가는 거예요."

그들은 모두 서로를 쳐다보며 미친 사람들이 흔히 그러듯 고개를 설레설레 흔들었다. "그냥 지나가는 거래!" 그들 중 하나가 옆 사람에게 말했다. 그러자 또 한 사람이 더 큰 목소리로 그 말을 반복했다. 잠깐 사이 모두가 그 말을 시끄럽게 외쳐댔다.

베로니카는 어찌해야 할지 몰랐다. 두려움으로 꼼짝도 할 수가 없었다. 험악하게 생긴 남자 간호사가 쫓아와 무슨 일이냐고 물었다.

"아무것도 아냐. 저 여자가 그냥 지나가기만 하는 거래. 잠깐 멈춰 서 있지만 이제 곧 지나갈 거래!"

그룹의 일원이 대답했다.

그러자 모두가 일제히 웃음을 터뜨렸다. 베로니카는 냉랭한 미소를 지으며 휙 돌아서서는 그 자리를 떠났다. 그녀의 눈에 고인 눈물을 아무도 눈치채지 못하도록. 그녀는 외투도 걸치지 않은 채 정원으로 나갔다. 한 간호사가 다시 안으로 들어가라고 말했다. 그러다 다른 간호사가 다가와 뭐라고 귓속말로 수군거리자, 입을 다물었다. 그녀는 추위 속에 내버려졌다. 죽음을 선고받은 이의 건강은 보살펴 무엇 하겠는가.

그녀는 혼란스럽고, 신경이 날카로웠다. 자기 자신에게 화가 나 있었다. 그녀는 결코 냉정을 잃고 허둥댄 적이 없었다. 어떠한 상황에서도 침착하고 차가운 표정을 잃지 말아야 한다는 걸 그녀는 일찌감치 터득한 터였다. 그런데 그 미친 사람들이 부끄러움, 두려움, 분노,

살의를 일깨웠다. 그녀가 감히 입 밖에 내뱉은 적이 없는 말들로 그들에게 상처를 입히고 싶은 욕망을 그녀의 내부에 일깨워놓았던 것이다.

아마 그녀가 삼킨 알약들이 — 아니면 그녀를 혼수상태에서 깨어나게 하기 위해 했던 치료가 — 그녀를 외부의 도전에 대응할 줄 모르는 연약한 여자로 만들어놓았는지도 모른다. 사춘기 시절, 그녀는 이보다 더한 상황에도 여러 차례 맞선 적이 있었다. 하지만 눈물을 삼키지 못한 것은 이번이 처음이었다! 그녀는 옛 모습을 되찾아야 했다. 빈정거리는 태도로, 그들은 별볼일없는 인간들이므로, 그들이 무슨 짓을 해도 아무렇지도 않다는 듯이 행동해야 했다. 그들 중에 스스로 목숨을 끊을 용기를 가진 자가 누가 있겠는가? 빌레트의 담 뒤에 숨어사는 그 사람들 중에 누가 감히 그녀에게 삶을 가르칠 수 있겠는가? 결코 그들의 도움에 의존하지 않으리라, 어떠한 일이 있어도. 설사 죽기 위해 오륙 일을 기다려야 한다 하더라도.

"하루가 흘렀으니, 이제 남은 건 고작해야 나흘이나 닷새야."

그녀는 잠시 걸었다. 살을 에는 추위가 몸 속을 파고들어, 너무 빨리 흐르는 피와 너무 세차게 뛰는 심장을 진정시킬 수 있도록.

"웃기는 일이야. 살날이 며칠이나 남았다고 여태껏 본 적도 없고 얼마 안 있으면 두 번 다시 보지 못할 사람들이 이러쿵저러쿵하는 소리에 매달리고 있는 거지? 그런데도 속이 상하고 화가 나. 싸움이라도 한바탕 하고 싶어. 아냐, 뭐 하러 그딴 일에 시간을 낭비해?"

하지만 사실 그녀는 얼마 남지 않은 시간을 낭비하고 있었다. 다른 사람들에 의해 강요된 법칙을 따르고 싶지 않다면 격렬하게 저항해야만 하는 이 이상한 공동체 안에서 알량한 자존심 싸움을 하느라고.

"이건 말도 안 돼. 난 이런 적 없어. 절대 그딴 바보짓 때문에 싸운 적이 없었다구."

그녀는 꽁꽁 언 정원 한가운데 멈추어 섰다. 그랬다. 그녀가 삶이 자연스레 강요한 것을 결국 받아들이고 만 것은 그녀 자신이 모든 것을 '그딴 바보짓'이라 생각했기 때문이다. 사춘기 시절, 그녀는 뭔가를 선택하기에는 아직 때가 너무 이르다고 생각했다. 어른이 되었을 때는, 뭔가를 바꾸기에는 이제 너무 늦었다고 체념했다. 지금까지 무엇 하느라 내 모든 에너지를 소비한 거지? 그것도 내 삶에 아무런 변화도 일어나지 않게 하느라고. 진정한 사랑이란 시간에 따라 변모하고, 성장하고, 계속 새로운 표현 방식들을 찾아낸다는 걸 그녀도 알고는 있었지만, 부모가 어린아이였던 그녀를 사랑한 것처럼 계속 사랑할 수 있도록 그녀는 자신의 욕망 대부분을 희생시켰다. 엄마가 눈물을 흘리며 결혼생활은 이제 끝장이라고 털어놓은 날, 베로니카는 아빠를 찾아가 눈물로 호소하고 협박한 끝에 결국 집을 떠나지 않겠다는 약속을 받아냈다. 둘 다 그 대가를 톡톡히 치러야 하리라는 건 짐작도 못한 채.

일자리를 찾아야 했을 때, 그녀는 막 독립한 슬로베니아에 자리를 잡은 신생 회사가 내놓은, 누구나 솔깃할 제안은 거절하고, 보잘것없지만 안정된 수입이 보장되는 공공 도서관의 일자리를 택했다. 그녀는 매일 같은 시간에 출근했고, 상사들이 그녀를 어떤 위협으로 여기지 않도록 행동했다. 그녀는 자신의 일에 만족했고, 승진을 위해 다툴 의사는 조금도 없었다. 그녀가 바라는 것은 월말이 되면 꼬박꼬박 나오는 봉급뿐이었다.

그녀가 수도원에 방을 얻어 산 것은 세입자는 모두 정해진 시간 내에 귀가해야 한다는 규정 때문이었다. 정해진 시간 이후로는 문을 잠가버렸기 때문에 그때까지 귀가하지 못한 세입자는 길에서 잠을 자야 했다. 이렇게 해서, 그녀는 호텔이나 낯선 침대에서 억지로 밤을 보내지 않아도 되는 진짜 핑곗거리를 남자친구들에게 내세울 수 있었다.

결혼을 꿈꾸기 시작했을 때, 그녀는 아빠와 전혀 다른 사람, 그러니까 가족을 부양하기에 충분한 돈을 벌고, 그녀와 난롯가에 앉아 눈덮인 산을 바라보며 사는 것으로 만족할 사람을 그려보았다. 그렇게 류블랴나 인근의 조그만 별장에서 오순도순 살아가면 그만이었다.

그녀는 남자들에게 정확한 양의 쾌락만 — 많지도 적지도 않게, 꼭 필요한 만큼만 — 주는 법을 터득했다. 그녀는 어느 누구에게도 앙심을 품지 않았다. 그것은 반응한다는 걸 의미했고, 적과의 싸움을 초래했으며, 이어 예측할 수 없는, 예를 들면 복수 따위를 감수하게 만들었기 때문이다.

삶에서 기대했던 거의 모든 것을 마침내 얻게 되었을 때, 베로니카는 자신의 삶이 아무런 의미도 없다는 결론에 이르렀다. 매일매일이 뻔했던 것이다. 그래서 그녀는 죽기로 결심했다.

베로니카는 안으로 들어가, 살롱 한구석에 모여 있는 사람들을 향해 나아갔다. 그들은 활기차게 수다를 떨고 있었다. 하지만 그녀가 다가가자, 모두들 입을 다물었다.

그녀는 곧장 우두머리로 보이는 가장 나이 많은 노인에게 다가갔다. 그리고 누가 말릴 새도 없이, 그의 뺨을 있는 힘껏 후려쳤다. 그 소리가 온 방 안에 울려퍼졌다.

"어떡하시겠어요? 응수하시겠어요?"

모든 사람에게 들릴 만큼 큰 소리로 그녀가 물었다.

"아니. 얼마 안 있으면 우리를 방해할 수 없을 테니까."

노인은 손으로 뺨을 어루만졌다. 코에서 가느다란 핏줄기가 흘러내렸다.

그녀는 그곳을 빠져나와 병실로 갔다. 한껏 의기양양한 표정을 지으며. 전 같으면 엄두도 못 낼 행동을 해치웠던 것이다.

(중략)

그랬다. 살아오는 동안, 그녀는 많은 일을 최종 결과가 나올 때까지 밀고 나갔다. 하지만 모두 그다지 중요하지 않은 것들이었다. 사과만 하면 간단히 끝날 불화를 계속 끈다거나, 관계가 밋밋하다는 이유로 사랑하는 남자에게 끝내 먼저 전화를 걸지 않는다거나 하는. 그녀는 가장 쉬운 일에서만 고집을 꺾지 않았다. 그녀는 자신이 강하며 무심하다는 걸 스스로에게 증명하고 싶었던 것이다. 하지만 실제로 그녀는 허약했고, 학업이나 운동시합에서 결코 두드러진 성적을 거둔 적이 없으며, 가정을 화목하게 가꾸지도 못했다.

그녀는 자잘한 결점들과 싸우느라 지쳐 정작 중요한 문제에서는 쉽게 무너졌다. 독립심 강한 여자처럼 행동했지만, 내심으로는 같이 지낼 사람을 열렬히 갈구했다. 그녀가 나타나면 모든 시선이 그녀에게 집중되었지만, 그녀는 대개 홀로 밤을 보냈다. 수도원에서, 제대로 나오지도 않는 텔레비전 앞에 앉아서. 그녀는 모든 친구에게 자신이 선망의 모델이라는 인상을 심어주었다. 그리고 스스로 만들어낸 자신의 이미지에 부합하려 애쓰느라 모든 에너지를 소비했다.

바로 이런 이유로, 그녀에게는 자기 자신 — 누구나 그렇듯, 행복해지기 위해 다른 사람들을 필요로 하는 사람 — 이 되는 데 써야 할 힘이 더이상 남아 있지 않았다. 타인들, 그들을 이해하기란 또 얼마나 어려운지! 그들은 예측할 수 없는 반응을 보였고, 그들 자신이 만든 방어막 속에 갇혀 그녀처럼 모든 것에 무관심했다. 좀더 삶에 개방적인 누군가를 만나면, 그들은 그 사람을 즉각 거부하거나, 열등하고 '순진한' 사람으로 매도하여 상처를 입혔다.

좋다. 그녀가 고집과 결단력으로 많은 사람들에게 깊은 인상을 남겼다고 치자. 그런 그녀가 지금 도달한 곳은? 공허. 완전한 고독. 빌레트. 죽음의 앙티샹브르*.

자살 기도에 대한 후회가 다시 고개를 쳐들었다. 베로니카는 이번에도 그것을 단호히 뿌리쳤다. 그녀는 지금, 이제껏 스스로에게 용납하지 않았던 감정, 즉 증오를 몸서리치게 느끼고 있었던 것이다.

증오. 그녀의 몸에서 뿜어 나오는 — 벽, 피아노, 혹은 간호사만큼이나 구체적인 — 그 파괴적 에너지는 손에 잡힐 듯 생생했다. 그녀는 좋고 나쁨을 염두에 두지 않은 채, 그 감정이 솟아오르도록 가만히 내버려두었다. 그녀는 이제 자기 절제, 가면, 예의바른 태도라면 지긋지긋했다. 자신에게 남은 이삼 일 동안, 베로니카는 철저히 무례하게 행동하고 싶었다.

나이가 훨씬 많은 남자의 뺨을 후려치는 것으로 시작해, 간호사에게 앙탈을 부리고, 혼자 있고 싶을 때는 다른 사람에게 호의를 베풀거나 함께 수다떨기를 냉정하게 거부했다. 이제 그녀는 증오를 느낄 만큼 충분히 자유로웠다. 또한, 그럼에도 주위에 있는 모든 것을 다 때려부수려 들지는 않을 만큼 충분히 영리하기도 했다. 그랬다가는 진정제에 취한 상태로 생의 마지막 순간을 침대에 누워 보내게 될 터이므로.

그 순간, 그녀는 증오할 수 있는 모든 것을 증오했다. 그녀 자신, 그녀의 앞에 놓인 의자, 복도의 망가진 라디에이터, 흠잡을 데 없는 사람들, 범죄자들. 그녀는 지금 정신병원에 갇혀 있었다. 그곳에서는 인간 존재들이 자기 자신에게 감추는 것들을 느낄 수 있었다. 교육은 우리에게 오로지 사랑하고, 받아들이고, 해결책을 모색하고, 갈등을 피하라고 가르친다. 베로니카는 모든 것을, 특히 자기 속의 수없이 많은 베로니카들, 매력적이고, 끼로 넘치고, 호기심 많고, 용기 있고, 언제든 위험을 무릅쓸 준비가 되어 있는 그 베로니카들을 발견하지 못한 채 살아온 삶의 방식을 증오했다.

---

* 프랑스어로 '대기실'이라는 뜻.

파울로 코엘료, 이상해 옮김, 《베로니카, 죽기로 결심하다》, 문학동네, 2003,
64~70, 98~100쪽

노인의 뺨을 때린
베로니카에게 어떤 일이
벌어졌나?

《베로니카, 죽기로 결심하다》는 책 제목부터 심상치 않다. 죽기로 결심을 하다니……. 이 제목을 접하면 바로 '왜 죽으려 했지?' 하고 의문을 품게 된다. 아니, 우리는 이런 의문을 품어야 한다. 그래서, 그 다음에는? 죽기로 마음먹은 다음에는 어떻게 됐나? 여기에는 자살의 성공 여부에 관한 물음도 포함된다.

소설이라는 허구적 산물 역시 특정한 '의미'를 중심으로 진행되는 경우가 대부분이다. 특히 코엘료의 작품처럼 삶에 희망의 메시지를 전달하는, 다소 인생 지침서의 성격을 띤 소설의 경우에는 텍스트 안에 비교적 명료하게 '의미의 길'이 드러나 있다. 발췌한 텍스트의 중반부에서 베로니카의 생각을 분명하게 읽을 수 있다. "매일매일이 뻔했던 것이다. 그래서 그녀는 죽기로 결심했다." '그래서'로 연결된 이 대목은 원인과 결과의 관계가 너무 직접적으로 노출되어 있어 당황스럽기까지 하다. '사는 게 너무 뻔해서, 죽기로 마음먹었다.' 흔히 볼 수 있는 자살의 이유는 아니다. 더구나 별로 부족할 것 없이 평범한 일상에 묻혀 살아온 '베로니카'의 성향에 비춰볼 때 이러한 '파격'은 기대하기 힘들다. 현실에서 이런 일이 벌어졌다면 그 인물은 대단히 형이상학적이거나 실존철학적인 사고에 능해야 하는데 적어도 겉으로는 베로니카에게서 그런 성향이 보이지는 않는다. 그렇다면 베로니카가 겉보기와 달리 삶의 문제를 진지하게 생각했거나 어느 날 갑자기 삶의 새로운 지평에 눈을 떴거나 하는 의외의 가능성을 가정할 수 있다.

하지만 이러한 가정은 그다지 실속이 없다. '사는 게 뻔해서 죽기로 마음먹었다.'는 자살의 변이 과연 있을 수 있는가에 집착할 필요는 없다. 중요한 건 베로니카가 자살을 기도했으며, 그 이후에 벌어지는 사건이 그녀의 삶에 중대한 변화를 초래했다는 점이다. 그리고 이러한 극적인 전개를 통하여 《베로니카, 죽기로 결심하다》가 어떤 삶의 메시지를 전달하고 있느냐는 점이다. 허구적인 구성에서는 '사실'이 아니라 '의미'가 관건이며, 따라서 현실의 '의미'를 형상화하는 데에서 문학의 비사실적인 가정의 기법은 '새로운 사실의 발견'을 위해 오히려 고무적이기까지 하다.

그런데 한 가지 분명한 사실은 '반복되는 일상을 지루하게 영위하는 것은 삶다운 삶이라고 볼 수 없다.'는 베로니카의 견해다. 앞으로의 나날이 뻔히 내다보이는 삶, 그것도 그 삶을 더 낫게 만드는 데 자신이 할 수 있는 일이 별로 없는 삶은 살아도 사는 것이 아니라는 판단이다. 생(生)철학의 시각에서 볼 때도 이러한 견해는 일리가 있다. 앞으로의 생이 '이미 항상 있어온 생의 반복'이라면 지금 생을 마감해도 억울할 게 별로 없다. 그게 그거일 테니 말이다. 그런데 앞으로의 생이 지금까지와는 다른 내용의 삶이라면? 만일 그렇다면, 지금 죽으면 억울하다. 《베로니카, 죽기로 결심하다》는 바로 이런 문제 상황을 독자 앞에 제시하고 있다. 그녀의 자살 기도는 지금까지와는 다른 삶의 가능성을 열기 위한 소설적 장치인 셈이다.

그렇다면 텍스트의 장치 속으로 들어가서 질문을 던져보자. 베로니카가 자살하려 한 것은 정당한가? 일상이 뻔하고 지루한 것일 '수밖에' 없는 것이라면 그녀의 자살 기도는 정당해진다. 그런데 일상은 그야말로 뻔한가? 대체 누가, 무엇이 우리의 일상을 무미건조하게 만들었나? 여기서 그 책임의 소재를 밝히는 일이 중요해진다. "지금까지 무엇 하느라 내 모든 에너지를 소비한 거지? 그것도 내 삶에 아무런 변화도 일어나지 않게 하느라고." 이 대목은 자살 기도의 의미와 정당성에 대해 의문을 제기할 뿐만 아니라 베로니카에게 새로운 삶의 가능성을 열어주는 열쇠 역할을 한다. 지루한 삶의 원인이 바로 나에게 있었다면? 그렇다면 베로니카는 자살을 기도하지 말았어야 하는 것은 물론, 오히려 그 나를 새롭게 만나기 위해 더 열심히 살았어야 했다.

이렇게 보면 지루한 삶에 종지부를 찍기 위해 열려 있는 길은 자살만이 아니었다. 거기에는 다른 길, 그러니까 '새로운 자기를 만나는 길'이 열려 있었다. 그런데 이 길은 덮여 있어서 여태까지는 잘 보이지 않았다. 베로니카는 자살 기도가 실패한 후 수용된 정신병원에서 이 길과 차차 조우하게 된다. 정신병원은 그저 미친 사람들이 사회와 격리되어 치료를 받고 있는 곳이 아니었다. 좀 더 자유롭게 자기 욕망을 실현하기 위해 미친 척하는 곳으로 제시된 그곳에서 베로니카는 예의와 교육과 자존심 밑에 억눌려왔던 자신을 발견하게 된다. 그녀는 지금까지 '새로운 자기를 만나는 일을 방해했던 요소들'에 눈을 뜨게 되고, 나아가 '자신에게 허용되는 자유의 넓이와 깊이'를 확인하게 된다. 베로니카는 어떻게 감히 노인의 뺨을 후려치는가? 죽기로 결심했던 베로니카가 어떻게 삶의 욕망을 느끼는가? '살아도 사는 게 아니다.'라는 시들한 명제에서 어떻게 '미친 듯이 살고 싶다.'는 뜨거운 욕망으로 나아가는가? 이 과정을 추적하는 일은 동시에 우리 삶의 호흡까지 가다듬게 만든다.

S

죽음은
어떻게 자기다운 삶을
살게 하나?

시후 │ 심심하고 시들하고 이거 갱년기도 아닌데 찌부드드하니…….

나연 │ 웬 푸념이셔. 언젠 반짝반짝 재미나게 살았다고 하더니.

하람 │ 사는 게 재밌어서 사는 사람이 얼마나 된다고.

시후 │ 재미도 없이 뭣들 하고 사는 거유, 그럼?

나연 │ 보아하니 《베로니카, 죽기로 결심하다》 열심히 읽어 왔다고 티내는 것 같은데. 맞지?

하람 │ 그런 거야? 하긴, 이 책이 사람을 좀 싱숭생숭하게 만들지. 슬로베니아의 여인 베로니카가 제목 그대로 죽기로 결심하거든. 뛰어내리는 것보다, 동맥을 끊는 것보다 흉하지 않을 거라는 이유로 수면제를 먹어. 재미있는 건 자살을 결심한 이유야. 사는 게 심심해서. 삶의 의미를 찾을 수 없어서.

시후 | 아니, 무의미하다, 살 이유가 없다는 게 죽을 이유가 돼? 스스로 목숨을 끊는 건 자기 자유지만, 그러자면 세상에 남아날 놈이 누가 있냐.

나연 | 거봐. 그래서 난 네가 갱년기니 뭐니 해도 걱정이 안 돼. 어쨌거나 끄떡없이 살겠다 싶거든.

시후 | 저놈의 태클. 내가 자살하면 나연이 태클 무서워서 할 말 못해 죽었다고 소문 좀 내줘.

하람 | 슬슬 본론으로 들어가보자. 발췌 후반부에 이런 얘기가 있어. "삶에서 기대했던 거의 모든 것을 마침내 얻게 되었을 때, 베로니카는 자신의 삶이 아무런 의미도 없다는 결론에 이르렀다." 베로니카가 삶에서 기대했던 것들이 뭐지?

시후 | 그야 간단하지. 평온하고 안정적인 삶. "내 삶에 아무런 변화도 일어나지 않게 하느라고" 애쓰는 삶. 부모가 퍼주는 사랑과 기대에

부합하기 위해 노력하고, 때가 되면 안정된 수입이 보장되는 직장을 찾고, 적절히 여가를 즐기고, 또 때가 되면 닮은꼴을 만나 결혼하고 정착하고.

나연 | 무지 평범하네. 소박하고 편안하게, 크게 모험하지 않고, 크게 문제 일으키지 않고 남들만큼 살자.

시후 | 그게 문제를 일으킨 거야. 베로니카의 이미지 트레이닝 좀 봐라. "그녀가 나타나면 모든 시선이 그녀에게 집중되었지만, 그녀는 대개 홀로 밤을 보냈다. 수도원에서, 제대로 나오지도 않는 텔레비전 앞에 앉아서." 캬~ 정곡을 찌르는구면. 그러니까 날 뻥뻥 차던 여인네들이 모두 수도원 같은 방에 앉아 지직거리는 텔레비전 앞에서 허벅지를 쑤시고 있었던 거야.

나연 | 네가 왜 허구한 날 바람맞는지 너 빼곤 다 아는데. 그리고 허벅지 안 쑤셔도 돼. 요즘 텔레비전에서 워낙 재미있는 걸 많이 하거든.

하람 | 어쨌거나 이미지 트레이닝 덕분에 베로니카는 친구들 사이에서 '선망의 모델'이야. 아마 베로니카는 남들이 보내는 선망의 시선을 즐겼을 거야. 그런데 이 잘난 베로니카가 왜 공허함과 고독감에 빠졌을까? 이게 문제야.

준서 │ 베로니카가 성취했던 삶의 기대치란 정확히 말하면 세상 사람들에게 인정받을 만한 기대치야. 선망의 모델이라는 말도 그래. 어디까지나 남들에게 인정받는 모델이라는 의미지. 자기 삶의 모델로 자기를 만들어 나간다는 의미가 아니야.

하람 │ "자기 자신이 되는 데 써야 할 힘이 더이상 남아 있지 않았다." 난 이 부분이 핵심으로 보여. 세상의 기대치에 도달한 지점에서 베로니카는 자기 내면이 텅 비어 있다는 사실을 발견한 게 아닐까? "지금까지 무엇 하느라 내 모든 에너지를 소비한 거지?" 이 질문이 베로니카의 머릿속에 떠오르잖아. 물론 베로니카는 대답하지 못해. 텅 빈 내면에서 아무것도 건져올릴 게 없으니까.

나연 │ 베로니카만 그렇겠니. 살면서 누구나 한번쯤은 '내 삶의 주인은 내가 아니구나.'라고 느끼잖아. 일종의 배신감이랄까? 나름 노력하며 잘 살아왔는데, 아니, 잘 살아왔다고 생각했는데, 뚜껑을 열고 보니 그게 아닌 거야. 남들도 그만하면 잘 살고 있다고 말해줄 법한데 정작 스스로에게 대답할 수 없으니 마냥 허무해지는 거지.

시후 │ 그래서 베로니카가 수면제 네 통을 꿀꺽한 거 아니유. 다행히 목숨은 건져 정신병원에 수용됐다만 그곳이 진짜 "죽음의 앙티샹브르"가 될 줄이야. 앙티샹브르, 프랑스어로 대기실이란 뜻이지. 수면제가 심장에 치명적인 손상을 입혀서 일주일밖에 살지 못한다는 선고를 받거든.

준서 | 그런데 여기서 상황이 좀 달라져. 정신병원 생활을 담은 발췌 초반부를 봐. 약이 올라 눈물을 글썽거리고, 화를 내고, 누군가의 뺨을 후려치고. 이건 삶을 포기한 자의 행동이 아니야.

하람 | 맞다. 거기서 '형제클럽' 사건이 일어나잖아. 다시 자살하기로 결심한 베로니카가 약을 얻어볼까 하고 형제클럽이라 불리는 패거리에게 접근했다가 망신을 당하지. 우물쭈물 접근하는 자기를 보고 그네들이 막 놀려대니까 말 한 마디 못하고 돌아서거든. 그런데 그만, 베로니카가 자신의 소심한 태도에 울컥 열불이 난 거야. 그래서 형제클럽을 다시 찾아가. 그리고 우두머리의 뺨을 시원하게 후려쳐. 예전의 베로니카 같으면 상상도 못할 행동이야.

시후 | 야~, 이 아가씨 대단한데. 나의 베로니카, 아주 터프하구나. 소심 A형을 벗어던지고 B형으로 돌변!

나연 | 푸~, 나의 베로니카? 그래, 너의 베로니카가 왜 이렇게 됐겠니. "살날이 며칠이나 남았다고" 하고 싶은 걸 못해? 내키는 대로 해, 질러버려. 형제클럽의 반응도 똑같아. 쟤 놔둬라, 어차피 며칠 못 산다. 대응하지 않잖아.

하람 | '냉정'과 '침착'을 벗어던졌어. 그러니까 그 속에 분노와 두려움이 꿈틀거리고 있었고 정신병원의 분위기가 그걸 자극한 거야. "인간 존재들이 자기 자신에게 감추는 것들"을 거리낌 없이 발산하는 곳이 정신병원 아닐까? 예전 같았으면 베로니카는 흥분하면 지는 거다, 나는 우월하다, 끝까지 침착하자, 그랬을지 몰라. 하지만 이젠 달라. 베로니카는 무례할 만큼 자기 욕구에 충실하게 행동해. "자기 절제, 가면, 예의바른 태도"에서 벗어나 이제는 "증오"를 느낄 만큼 충분히 자유로운 상태가 돼.

준서 | 난 증오의 감정이 참 흥미로워. 증오의 화살은 세상의 가치를 강요한 주변 사람들에게 향해 있고 무엇보다 스스로를 옥죄었던 자신에게 향해 있어. "그녀는 증오할 수 있는 모든 것을 증오했다." 베로니카가 증오를 느끼는 강도만큼 새로운 삶에 대한 욕구가 커진다고 봐야겠지.

시후 | 후~ 뭐냐, 성난 여신처럼. 완전 멋지잖아. 이건 죽음 직전의 부활이라 할 만한 사건이다. 베로니카는 다시 태어났고 …… 이건 정말 나의 베로니카인걸.

나연 | 베로니카가 발견한 게 뭔지 아니? "자기 속의 수없이 많은 베로니카들, 매력적이고, 끼로 넘치고, 호기심 많고, 용기 있고, 언제든 위험을 무릅쓸 준비가 되어 있는 그 베로니카들"이야. 그 베로니카

들이 자기 안에 살아 있었고 또 억눌려왔다는 걸 깨달아. 자기 자신
의 가능성과 사랑스러움을 이제야 발견한 거지.

시후 | 자기 찾기가 핵심이구먼. 곧 죽는다는 인식이 욕구 앞에 뻔뻔해
지도록 만들었다, 즉 자기를 어떻게 포장할 것인가 하는 '모델'의 습
성을 버리게끔 만든 거지. 죽음을 자각한 이후의 베로니카는 이전의
베로니카와 '다른 베로니카'야. 좀 더 베로니카다운, 좀 더 자기에게
솔직하고 당당한 베로니카지. 이쯤 되면 베로니카의 자기 찾기가 확
실해. '자기'라는 미지의 무언가를 발견해서 완전히 살맛난 거지.

준서 | 맞아. 부활한 베로니카는 별 고민 없이 세상에 맞추어왔던 이
전의 베로니카와 달리 자기 욕망을 주체적으로 질문한다는 점에서
좀 더 자기다워.

하람 | 사실 평범하게 산다는 것도 쉬운 건 아닌데. 작지만 확실한 행
복을 위해 부단히 노력해야 하잖아. 그런데 이 과정에서 쉽게 자기를
상실한다는 게 문제야.

나연 | 문제는 별 고민 없이 무조건 열심히 살고 본다는 거야. 그렇게
남들 사는 만큼만 살겠다는 모토가 얼마나 사람들을 괴롭히니? 어느
시점에 와선 스스로 하고 싶은 것, 스스로를 사랑하는 법을 영영 잊
어버릴지도 몰라. 베로니카의 외침이 들리지 않니? 살고 싶다, 다르

게 살고 싶다, 한 번만이라도 사는 것처럼 살고 싶다.

하람 | 그러고 보니 죽고 싶다, 살맛 안 난다, 이런 말들 은근히 많이 하잖아.

나연 | 가만 보면 잃을 게 없지 않니? 반드시 해야만 하는 일? 솔직히 그런 일은 그리 많지 않아. 걱정은 좀 줄이고 대신 일상의 숨통을 틔워주는 즐거운 일을 찾아 나설 필요가 있어. 오늘 야하고 매력적인 베로니카를 만나서 너무 즐겁다.

준서 | 난 베로니카가 수용됐던 정신병원이 계속 머릿속에 남아 있어. 좀 더 자유롭게 자기 욕망을 실현하기 위해 미친 척하는 곳이 정신병원이라니……

시후 | 그래, 범생이 준서야, 이 참에 좀 미쳐라! 이게 나의 베로니카가 전해준 복음이야. 눈치 보고, 예의 차리고, 중도전선 택하지 말고, 그냥 좀 미쳐라. 내일 죽을 것처럼 자유하라. 생을 열렬히 사랑하라. 오예~.

나연 | 애, 갱년기 완전히 극복했네. 준서야, 너의 갱년기에도 행운을 ~.

삶을 걷어차야
진짜 삶이 보인다

자살하는 동물이 있다는 말은 들은 적이 없다. 사람만이 '죽기'를 결심할 수 있다. 사람만이 '죽어야 할 이유'를 스스로 찾아내기 때문이다. 25세의 젊은 여인 베로니카가 찾아낸 그 이유는 언뜻 듣기에 참 어이가 없다. 사는 게 너무 "뻔했"다는 것! 이렇다 할 풍파가 없는 평온한 일상에서 남들처럼 소시민적인 행복을 느끼지만 평온한 일상의 반복이 그녀에게는 무료하게 다가온다. 새로워질 것도 없고, 변화의 여지도 찾을 수 없다. 수면제를 복용하여 자살을 기도한 직후 그녀는 이렇게 말한다. "삶에서 기대했던 거의 모든 것을 마침내 얻게 되었을 때, 베로니카는 자신의 삶이 아무런 의미도 없다는 결론에 이르렀다." 똑같은 일과, 더 똑같아지고 더 초라해질 미래, 앞으로 남은 거라곤 늙고 병들어 비겁하고 구차하게 삶을 유지하는 일, 그것은 그녀에게 더 이상 '살아 있다'는 징표일 수 없었다. 자살 기도의 이유는 그렇게 정당화되었다.

자살을 기도하다 실패한 사람에게서 나타나는 반응은 각양각색이다. 베로니카의 경우는 대단히 이기적이고 냉소적인 방향으로 나타난다. "자기 절제, 가면, 예의바른 태도라면 지긋지긋했다. 자신에게 남은 이삼 일 동안, 베로니카는 철저히 무례하게 행동하고 싶었다." 그래서 나이 많은 이의 뺨을 후려치는 것으로 시작해서 간호사에게 반항하고 혼자 있고 싶을 때는 "다른 사람에게 호의를 베풀거나 함께 수다떨기를 냉정하게 거부했다." 남에게 호의를 베풀지 않아도 된다는 것은 그녀에게 아주 짜릿한 느낌으로 다가왔다. 거리낌 없이 자기가 하고 싶은 대로 행동한다는 것은 통쾌했다. 체면 따위의 "알량한 자존심"도 버렸다. 임박한 죽음 앞에서 베로니카는 '자기'를 놓아버린다. 지금까지 자신이 붙잡고 있던 '자기'에게서 떠난다. 그녀가 감금된 정신병원이라는 특수한 환경은 그녀가 스스로에게서 해방되는 데 안성맞춤이었다. 베로니카의 눈에 정신병동은 "좀더 자유롭게 자기 욕망을 실현하기 위해 미친 척하는 곳"으로 다가온다. 베로니카도 '미친 척'하는 자유를 만끽하면서 평소 같으면 낯부끄러워 드러낼 수 없었던 말과 행동을 마구 쏟아내기 시작한다.

죽음은 베로니카를 곧추세웠다. 죽음은 상황 종료를 의미하기 때문에 죽음이라는 카드 앞에서는 다른 어떤 것도 기를 펴지 못한다. '죽기로 마음먹으면 무슨 짓을 못하겠냐?'라는 말이 이 경우에 해당한다. 그녀는 지금 거의 완전한 자유를 누리고 있다. 이제는 반복이 아니라 전복(顚覆)이 관건이다. 뒤집기는 반복적 일상에 대한 반란이다. 하지만 그 반란은 일탈이 아닌 한에서 끊임없는 자기 혁신의 행위이다. 겁내서 하지 못할 일들은 생각보다 많지 않다. 죽음은 삶을 빛나게 하고 삶의 위험을 무릅쓰게 한다.

린저(L. Rinser)가 쓴 《생의 한가운데》의 주인공 니나 역시 죽음에 직면하여 삶을 회복한 경우이다. 베로니카처럼 니나는 습관적인 삶을 회의하고 죽음을 동경하기에 이른다. "나는 죽고 싶어요. 여기에

서 사는 것보다 훨씬 아름다운 것이 있다는 걸 알고 있으니까요. 공
부하고 먹고 자고 직업을 갖고 결혼하고 아이를 낳고, 그게 뭐예요?
그것만으로는 부족해요. 사람들은 그것에 습관이 되어버리고 마치
그것에 의의가 있을 것처럼 스스로 타이르는 거예요." 하지만 니나
는 슈타인 박사의 간호로 서서히 건강을 회복하면서 "생의 편으로"
돌아선다. "생의 한가운데 내던져진" 니나는 비로소 열정적으로 살
기 시작한다. 소설의 구절대로 "모든 것을 내던져버릴 만한 위험이
없는 생"이란 무가치하다. 니나는 삶의 평안을 약속하는 슈타인 박
사의 끈질긴 구애를 뿌리치고 자신의 자유로운 욕구와 소망에 따라
알렉산더를 택하는가 하면, 투옥을 감수하면서도 나치 정권에 저항
하는 정치 활동에 가담한다. '죽음'에 대한 의식이 삶의 욕망을 일깨
우자 그는 비로소 삶의 한복판을 호흡하기 시작한 것이다.

　니나와 베로니카가 다시 살기 시작한 생, 이 삶은 이전의 삶과 다른
것일까? 삶은 동일하게 숨 쉬고 있었는데 그 호흡의 주체가 달라진
것이다. 이전에 지지부진한 삶은 베로니카 스스로 초래한 결과이다.
세상은 베로니카에게 변화 있는 삶을 살지 말라고 주문하지 않았다.
하지만 그녀 스스로 자신의 평온과 평화를 위해 '변화 없는 일상'에
자신을 맡기면서 무료함을 느꼈던 것이다. 이후 죽음에의 인식과 정
신병동의 자유가 그녀를 일깨우면서 베로니카는 새삼 '내가 왜 진작
이렇게 살지 못했을까?' 하고 후회하기 시작한다. 그렇다면? 자살을
시도할 일이 아니었다. 삶의 태도를 바꾸면 그만이었다. 변화 있는
삶을 소망하고 그에 따라 살면 되었던 것이다. 하지만 이미 때는 늦

었다.

　인간은 기본적으로 보수적이다. '보수적'이란 지금 진행되고 있는 것이 그대로 지속되기를 바라는 마음과 행위의 성질이다. 변화는 낯선 것과의 만남을 전제하기 때문에 그 적응 자체가 어색하고 불편하다. 인간의 행위가 항상 '경제성'을 지향한다면, 변화에 적응하는 데는 시간과 노력이 요구되기 때문에 변화는 경제적이지 않다. 지금까지와는 다른 새로운 에너지를 사용하여 긴장해야 하는 일에 인간은 본능적으로 저항하려는 성향이 있다. 베로니카도 변화가 싫었다. 주위의 변화가 자기의 평온한 일상을 깨는 것을 원치 않았다. 이러한 소극적인 생활 태도를 배후에서 조장한 것이 다름 아닌 교육이라고 베로니카는 단정한다. "교육은 우리에게 오로지 사랑하고, 받아들이고, 해결책을 모색하고, 갈등을 피하라고 가르친다." 교육은 삶에서 갈등의 소지를 없애고 문제를 극복할 것을 권장한다. 그래서 교육은 현실 순응자를 양산해내기 쉽다. 갈등과 변화보다는 안정과 타협이 교육의 모토에 가깝다.

　베로니카가 교육에 의해 길들여진 가면을 벗어버리자 그 안에 새로운 베로니카의 얼굴이 드러났다. 그녀의 또 다른 얼굴이다. 그녀는 정신병원에서의 해프닝을 통하여 "다른 '나'들"의 존재에 눈을 뜬다. "내가 사랑할 수도 있는 다른 베로니카"의 존재를 그녀는 예감한다. 일상이 새롭지 못했던 것은 자기 안의 '또 다른 자기'를 인식하지 못한 데 있었다. 더구나 그 얼굴은 베로니카의 '진짜 얼굴'에 가깝다. "베로니카는 모든 것을, 특히 자기 속의 수없이 많은 베로니카들, 매력적이고, 끼로 넘치고, 호기심 많고, 용기 있고, 언제든 위험을 무릅쓸 준비가 되어 있는 그 베로니카들을 발견하지 못한 채 살아온 삶의 방식을 증오했다." 증오의 감정은 무엇보다 삶의 방향에 대해 고민하지 않고 평온과 성실만 추구한 자기 자신에게로 향한다. "지금까지 무엇 하느라 내 모든 에너지를 소비한 거지? 그것도 내 삶에 아무런 변화도 일어나지 않게 하느라고." 그렇다고 지금까지 베로니카가 방만하게 삶을 꾸렸던 건 아니다. 그녀는 충분히 노력하고 애썼지만, 노력의 내용과 방향에 대해 숙고해본 적이 없었다. 그녀가 추구한 삶의 모양새란 결국 무미건조한 일상이었고, 그녀가 노력하고 애썼다면 일상을 더욱 무미건조하게 만들기 위해 올인한 셈이었다.

그런데 그녀가 두려워했던 것들이 과연 실제로도 그렇게 두렵고 무서운 것이었을까? 어쩌면 가상의 적은 아니었을까? 삶의 안전지대를 확보하느라 부단히 애를 썼지만 세상은 자신이 생각한 것만큼 위험한 곳이 아니었다. 베로니카가 수용되었던 정신병원의 풍경을 보자. 모두들 자기의 욕망에 솔직하고 자기를 거리낌 없이 발산한다. 적어도 정신병동에서 '쟨, 미쳤어.'라는 소리를 들을 일은 없을 테니까. 예의와 교육과 화합만 앞세우다보면 개성은 사라진다. 아무 자각 없이 자기 삶의 방향키를 세상에 맡겨버리는 일도 허다하다. 조금씩 이기적이고 조금씩 미치지 않는다면 세상은 정신병동 이상으로 닫히고 갑갑해지기 쉽다.

흔히 세상이 답답하다고 하지만, 사실 세상을 좁게 만드는 것은 세상 속에 사는 우리다. 개개인의 언행에 대해 사회는 얼마간의 틈과 여유를 가지고 대응하게 마련이다. 나 스스로 '무리(無理)'라고 포기했던 일이 세상 속에 하나의 '일리(一理)'가 되기도 한다. 세상은 우리가 생각하는 것 이상으로 개인에 대해 무관심한지도 모른다. 세상은 생각보다 개성에 관대하다. 다시 태어난 베로니카처럼 "포기했던 실수를 저질러가며", "살아 있음의 위험을 무릅쓰며" 살아볼 필요가 있다. 지레 겁먹고 자기 울타리의 반경을 좁혀갈 필요는 없다.

물론 자기가 길들여진 편안하고 안정된 길을 거부하기란 쉬운 일이 아니다. 개인의 습관도 그렇지만 사회의 관행도 그 선악을 떠나 일단 그 방향에 익숙해지면 기존의 관성적인 힘이 작용하여 변화에 저항하는 쪽으로 기울게 마련이다. 변화는 생을 걸고 습관적인 것과 단절을 꾀함으로서만 이루어질 수 있다. 브레히트(B. Brecht)는 단편 〈예스맨과 노맨〉에서 죽음을 각오하고 "위대한 관습"에 저항할 것을 요구한다. 한 소년이 있었다. 소년은 병든 어머니의 치료를 위해 훌륭한 의사를 찾아 한 선생과 대학생 세 명과 함께 산을 넘다가 정작 자신이 병에 걸리고 만다. 위대한 관습에 따르면 이런 경우 다른 일행을 위해 소년을 산골짜기에 던져버리기로 되어 있다. 예스맨은 관습에 따라 소년을 골짜기에 버린다. 하지만 노맨은 관습에 저항하고 결국 소년은 구조된다. 고질적인 관습도 고치고 소년도 죽음을 면하는 제3의 길이 열린 것이다. 관습은 사람의 생명을 좌지우지할 만큼 크고 무시무시하다. 헤겔(W. F. Hegel)의 《정신현상학》의 용어를 빌리면 새로운 자기의 탄생에는 "생사(生死)를 건 인정(認定) 투쟁"이 요구된다. 새로운 자기를 만나기 위해서는 죽음을 각오한 결단과 행동이 뒤따라야 한다. 그렇지 않을 경우 기존의 자기에서 탈피할 수 없다. 만(Th. Mann)도 자전적인 단편소설 〈토니오 크뢰거〉에서 이렇게 말한다. "무언가 새로운 것을 만들고자 하는 자는 끊임없이 죽어 있어야 한다."

죽음은 삶을 삶 '으로서' 빛나게 만든다. 박상륭의 역작 《죽음의 한 연구》를 보자. 작품 전면에 등장하는 '마른 늪에서 고기 낚기'라는 화두는 '무(無)생명에서 생명 만들기'라는 자기 모순적이고도 연금술적인 화법을 구사한다. 제목 안의 '죽음'과 연계해서 볼 때, 소설의 핵심은 '죽음으로써 생명/금(金)을 만드는 행위'로 보인다. "하나의 죽음을 통해 생명을 낚는 것이 그 목적이므로, 그 결과에 있어 고기와 생명은 같다." 사실 삶 속에는 죽음이 편재한다. 생명이란 "죽음의 바다에서 헤엄치는 한 마리 물고기"이며, "아름다움 속에도 시즙(屍汁)이 괴어 있다." 작가가 우주의 원리로 정형화한 '양끝이 뾰족한 타원형'은 삶과 죽음을 "대치(對峙)"시킴으로써 완전하게 죽음을 맞이하기 위해서는 삶을 온전하게 살아내야 한다는 메시지를 전한다. 그러니까 죽음은 삶을 삶으로서 제대로 살아내기 위해 절대적인 전제조건이다. 삶 안에 이미 편재하고 있는 죽음을 의식하고 그 죽음에게 나중에 적절한 의미를 부여할 수 있기 위해서는 삶을 충분히 빛나게 살아주어야 한다. 죽음의 의식은 일상의 나태를 채찍질하여 삶이 시시각각 새롭게 눈뜨게 만든다.

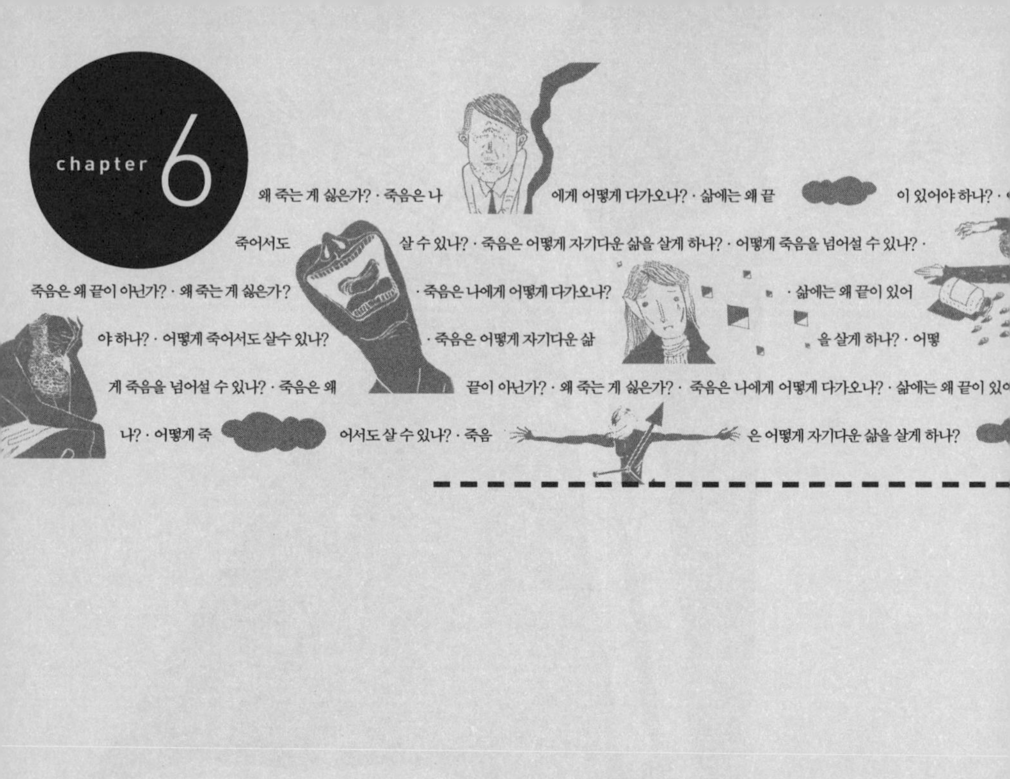

chapter 6
왜 죽는 게 싫은가? · 죽음은 나에게 어떻게 다가오나? · 삶에는 왜 끝이 있어야 하나? · 죽어서도 살 수 있나? · 죽음은 어떻게 자기다운 삶을 살게 하나? · 어떻게 죽음을 넘어설 수 있나? · 죽음은 왜 끝이 아닌가? · 왜 죽는 게 싫은가? · 죽음은 나에게 어떻게 다가오나? · 삶에는 왜 끝이 있어야 하나? · 어떻게 죽어서도 살수 있나? · 죽음은 어떻게 자기다운 삶 을 살게 하나? · 어떻게 죽음을 넘어설 수 있나? · 죽음은 왜 끝이 아닌가? · 왜 죽는 게 싫은가? · 죽음은 나에게 어떻게 다가오나? · 삶에는 왜 끝이 있어 나? · 어떻게 죽어서도 살 수 있나? · 죽음은 어떻게 자기다운 삶을 살게 하나?

삶만이 아름답   다 · 내 삶은 나의   죽음을 취급하지 않는다 · 죽   음의 어둠 속에서 빛을 보다 ·
살아 있는 것은 죽기 때문에 아름답다 · 죽음   앞에서 자기 일을 찾다 · 삶을   걷어차야 진짜 삶이 보인다 · 진
리를 향한   믿음은 죽음을 무릅쓴   다 · 시계가 멈춘다고 시   간이 멈추지는 않
는다 · 삶만이 아름   답다 · 내 삶은 나의 죽음을 취급하지 않는다 · 죽음의 어둠 속에서 빛을 보다 · 살아 있는 것   은 죽
기 때문에 아름   답다 · 죽음 앞에서 자기 일을 찾다 ·   삶을 걷어차야   진짜 삶이 보인다 ·
향한 믿음은 죽음을 무릅   쓴다 · 시계가 멈춘다고 시간이 멈추지는   않는다 · 삶만이 아름답다

진리찾아 황천까지

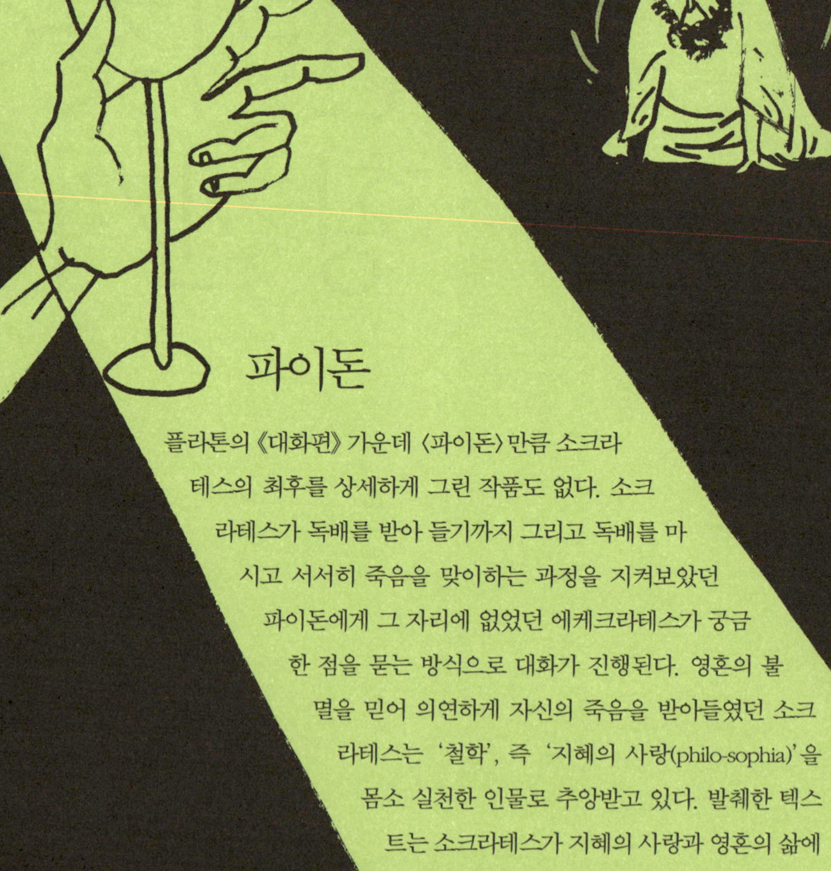

파이돈

플라톤의 《대화편》 가운데 〈파이돈〉만큼 소크라테스의 최후를 상세하게 그린 작품도 없다. 소크라테스가 독배를 받아 들기까지 그리고 독배를 마시고 서서히 죽음을 맞이하는 과정을 지켜보았던 파이돈에게 그 자리에 없었던 에케크라테스가 궁금한 점을 묻는 방식으로 대화가 진행된다. 영혼의 불멸을 믿어 의연하게 자신의 죽음을 받아들였던 소크라테스는 '철학', 즉 '지혜의 사랑(philo-sophia)'을 몸소 실천한 인물로 추앙받고 있다. 발췌한 텍스트는 소크라테스가 지혜의 사랑과 영혼의 삶에 대해 설파하는 장면으로 시작하고 있다.

"…… 생전에 경건한 생활을 한 사람들 가운데 지혜에 대한 사랑으로 충분히 정화된 사람들은 그 뒤로 계속 몸 없이 살게 되며, 앞에서 말한 사람들의 거처보다 훨씬 아름다운 거처에 이르는데, 이것은 드러내기가 쉽지도 않거니와 지금은 시간도 충분치 않네 그려.

하지만 이제, 시미아스! 앞에서 묘사한 것과 같은 이 모든 이유로 우리는 인생에서 훌륭함과 지혜에 관여하기 위해 최선을 다해야만 하네. 그 상(賞)은 훌륭하고, 우리의 희망도 크기 때문일세.

지각 있는 사람이라면 내 이야기가 전부 사실이라고 주장하지는 않을 거야. 그렇지만 우리의 영혼 그리고 우리의 영혼이 깃드는 곳의 참모습은 내가 말한 대로이거나 아니면 그와 아주 유사할 텐데, 그 이유는 영혼이 죽지 않는다는 것이 확실하게 드러났기 때문이지. 그래서 이렇게 믿는 사람은 모험을 해야 하는데 난 그럴 만한 가치가 있다고 생각하네. 이 모험은 고귀하기 때문에 마치 주문처럼 이러한 것들을 자기 자신에게 자꾸만 되뇌어야 한다네. 이것이 내가 이야기를 길게 늘어뜨린 이유라네.

이런 이유들 때문에 어느 누구라도 자신의 영혼에 확신을 가져야만 하네. 다시 말해서, 살아가는 동안 육체적 즐거움이나 몸치장을 마치 낯선 것처럼 거부하며, 그것들이 이롭기보다는 해를 끼친다고 생각하고, 배움의 즐거움에 전념하며, 자기의 영혼을 낯설지 않은 영혼 자체를 위한 장식물인 절제와 정의·용기·자유·진리로 장식하고, 운명이 부를 때면 언제든지 하데스로의 여행을 떠나려고 기다리고 있는 사람들처럼 말일세.

자네들, 시미아스와 케베스 그리고 다른 사람들도, 앞으로 어느 땐가 이런 여행을 할 걸세. 운명이 나를 부르는구먼. 비극 속 주인공이 내뱉을 만한 말이지만, 욕실로 향할 시간이 다 된 것 같군. 물론 목욕을 한 후에 독약을 마시는 편이 좋을 것 같아. 그래야 여인들이 시체를 닦는 수고를 덜게 될 테니 말일세.”

소크라테스 선생님께서 이 말씀을 하시자 크리톤께서 말씀하셨습니다.

“좋아, 소크라테스! 이 사람들이나 내게 자네 아이들이나 그 밖의 일에 대해 마지막으로 지시할 일이 뭔가? 우리가 자네를 위해 들어줄 수 있는 특별한 부탁이라도 있는가?”

“내가 늘 이야기하던 것들이야. 크리톤! 새로울 건 아무것도 없다네. 자네들 스스로를 돌본다면, 자네들이 나나 내 가족 그리고 자네들 자신을 위해 무슨 일을 하든 모두 도움이 될 거야. 지금 당장 약속을 하지 않더라고 말이야. 하지만 만일 자네들이 자신들을 돌보지 않는다면, 마치 발자국을 따라가듯 지금 그리고 이전에 내가 말한 대로 살려고 하지 않는다면, 지금 당장 아무리 많이 다짐을 하더라도 제대로 할 수 있는 건 아무것도 없을 걸세." 소크라테스 선생님께서 말씀하셨습니다.

"그러면 자네가 말한 대로 하려고 힘쓰겠네. 헌데, 우리가 자네를 어떤 식으로 매장해야 하겠나?" 크리톤께서 물으셨습니다.

"자네들이 원하는 대로 하게나. 나를 붙잡아 내가 달아나지 못하게 할 수 있다면 말이야." 선생님께서 말씀하셨습니다. 그리고 가만히 웃으시면서 우리 쪽을 바라보며 말씀하셨습니다.

"여보게들, 난 크리톤을 설득하지 못하고 있네. 내가 이 소크라테스라는 것, 즉 지금 대화를 나누고 우리의 논점 하나하나를 정리하고 있는 사람이라는 것을 말일세. 크리톤은 나를 잠시 후에 주검으로 보게 되리라 생각하고는 어떻게 매장해야 하는지를 묻고 있지 않나. 내가 독약을 마시면 그 후엔 자네들과 남아 있지 못하지만, 축복받은 사람들이 있는 행복한 세상으로 떠나가는 것임을 보여 주려 오랜 기간 동안 긴 논의를 했건만, 자네들과 나 자신을 위로하면서 내가 한 말이 이 사람에게는 공연한 짓으로 보이네 그려.

크리톤 앞에서 나를 보증해 주게. 배심원들 앞에서 크리톤이 해 준 보증과 반대로. 크리톤은 내가 머물 거라고 단언했네. 그러나 내가 죽으면, 절대로 머물지 않고 떠나가 버릴 거라는 데 대해서 자네들이 보증해 주게나. 그래야 크리톤도 훨씬 수월하게 견딜 수 있을 테고,

내 몸이 태워지거나 매장되는 것을 보고서 내가 끔찍한 일을 겪고 있다고 생각하여 안절부절하지 않도록, 또한 그가 장례식에서 '소크라테스의 입관 준비를 한다, 무덤으로 옮긴다, 매장한다.' 등의 말을 하지 않도록 말이야.

여보게, 크리톤! 잘 알아 두게나. 올바르게 말을 하지 못하는 것은 그 자체로도 잘못된 짓일뿐더러 우리의 영혼에도 해가 되는 일일세. 그러니 자네는 확신을 가지고 '내 몸'을 매장한다고 말해야만 하네. 자네에게 적당해 보이는 대로 그리고 자네가 관습에 가장 잘 맞다고 생각하는 대로 매장해 주게나."

(중략)

안에서 오랜 시간을 보내시는 동안 어느덧 해질녘이 다가왔습니다. 선생님께서 와서 앉아 계시다가 정갈히 목욕도 하셨으며, 그 이후로는 별 말씀이 없으셨습니다. 그때 11인 위원회의 보좌관이 와서는 선생님 곁에 서더니 말했습니다.

"소크라테스 선생님! 다른 사람들을 탓하는 것처럼 선생님을 탓하지는 않겠습니다. 제가 집정관들의 명령에 따라 사람들에게 독약을 마시라고 지시를 하면 그 사람들은 제게 화를 내고 저주를 퍼붓습니다. 선생님께서 여기 계시는 동안, 전 선생님이야말로 이곳에 온 그 누구보다도 가장 고귀하고 너그럽고 훌륭한 분임을 알게 되었습니다. 게다가 선생님께서는 누구에게 책임이 있는지를 알고 계실 테니, 제가 아니라 그분들에게 화를 내리란 걸 잘 알고 있습니다. 제가 무슨 말을 전하려고 왔는지 알고 계실 겁니다. 안녕히 가십시오. 그리고 이러한 피할 수 없는 일들을 가능한 쉽게 견디도록 노력해 보세요."

뒤돌아 울면서 그는 가 버렸습니다. 그리고 소크라테스 선생님께서도 그 뒷모습을 바라보시며 말씀하셨습니다.

"당신도 잘 계시오. 그리고 당신이 말한 대로 할 것이오."

그러시면서 우리에게 말씀하셨습니다.

"저 사람은 얼마나 예의가 바른가! 사실 내가 여기 있는 동안 줄곧 나를 찾아 왔고 가끔은 이야기도 나누었지. 아주 좋은 사람이야. 지금도 나를 위해 얼마나 고귀하게 울고 있는가! 그러면 크리톤, 저 사람의 말을 따르기로 하세. 독약을 찧어 놓았으면 가져오라고 하게. 만일 찧어 놓지 않았다면, 사람을 시켜 찧게 하게."

그러자 크리톤께서 말씀하셨습니다.

"하지만 소크라테스! 해가 아직 산에 걸려 있다네. 아직은 해가 진 게 아닐세. 다른 사람들은 명령이 내려진 후에도 한참 뒤에야 독약을 마신다는 것을 난 알고 있네. 잘 먹고 마시고 난 후에 심지어는 욕망이 일어나는 사람과 성관계까지 갖는다는 것도 말일세. 아직은 시간이 남아 있다네."

그러자 소크라테스 선생님께서 말씀하셨습니다.

"크리톤! 자네가 말한 그 사람들에게는 그런 짓을 하는 것이 당연하지. 그 사람들은 그런 행동을 통해 이득을 얻는다고 생각하니까. 그리고 난 그런 짓을 하지 않는 것이 당연하고. 난 조금 늦게 독약을 마신다고 해서 내게 이득이 되리라고 생각하지 않네. 삶에 집착해서,

그리고 남아 있는 것이 아무것도 없는데도 아끼려고 함으로써 내 자신을 조롱거리로 만드는 것 말고는 말일세. 이제 가게나. 내가 원하는 대로 해 주게나, 다른 것은 말고." 선생님께서 말씀하셨습니다.

이 말씀을 듣고 크리톤께서 가까이 앉아 있던 소년에게 고갯짓을 했습니다. 그 소년은 나가고 한참이 지난 후에야 선생님께 독약을 드릴 사람과 함께 왔습니다. 그 사람은 찧어 놓은 것을 잔에 담아 들고 있었지요. 선생님께서 그 사람을 보시고는 물으셨습니다.

"좋소. 당신은 이 일에 대해 잘 알고 계실 테니, 어떻게 해야 하는지 알려 주시오."

"그냥 마시고 다리가 무거워질 때까지 거니시기만 하면 됩니다. 그런 다음에는 누우세요. 그러면 저절로 약 기운이 돌 겁니다." 이렇게 말하면서 잔을 선생님께 내밀었습니다.

에케크라테스, 선생님께서는 아주 담담하게 잔을 쥐시고는 두려움도 없이 안색이나 표정의 변화도 없이, 눈을 치켜뜨시고 평소처럼 황소 같은 표정으로 그 사람을 보면서 물으셨습니다.

"이 잔에서 신께 드릴 술을 따라 낸다면 당신은 뭐라 하겠소? 허용이 되오?"

"소크라테스 선생님, 저희는 마시기에 적당한 분량만큼만 찧습니다." 그 사람이 대답했습니다.

"알겠소. 이승에서 저승으로의 이주가 행운이 되도록 신들께 기도하는 것이야 허용될 것이고 또 마땅히 그래야만 하겠지. 이것이 내가 기원하는 바이니 그대로 이루어지기를!"

이 말씀과 함께 잔을 입술에 대시고 매우 흔쾌히 침착하게 잔을 비웠습니다. 그때까지 우리 대부분은 울음을 애써 참을 수 있었습니다. 하지만 선생님께서 독약을 마시는 모습을, 아니 이미 다 마신 것을 보자 더는 참을 수가 없었습니다. 저 자신만 해도 눈물이 억수같이 쏟아져 얼굴을 가리고 상실감에 비탄해 했습니다. 제가 비통해 한 것은 선생님을 위해서가 아니라 그와 같은 동지를 빼앗겼다는 저 자신의 불행 때문이었습니다. 크리톤께서는 눈물을 참을 수가 없어서 저보다도 먼저 일어나 나가셨습니다. 하지만 줄곧 울음을 참지 못하던 아폴로도로스는 바로 그 순간에 통곡을 했으며, 함께 있던 사람들 가운데 소크라테스 선생님 자신 말고는 울음을 터뜨리지 않은 사람은 아무도 없었습니다.

그러자 선생님께서 말씀하셨습니다.

"이 친구들아, 뭘 하고 있는 게야? 내가 이런 이유 때문에 여자들을 보낸 거라네. 이런 엉뚱한 짓을 하지 못하도록 말이야. 고요히 죽음을 맞는 것이 더 좋다는 말을 들었네. 조용히들 하고 의연하게 있게나."

이 말씀을 듣고 우리는 부끄러운 마음이 들어 울음을 참았습니다. 선생님께서는 이리저리 거니시다가 다리가 무거워졌다고 하시고는 반듯하게 누우셨습니다. 그 자세는 선생님께 약을 드린 사람이 그렇게 하도록 지시한 것이었습니다. 동시에 그 사람은 선생님을 붙잡고 잠시 후에 발과 다리를 살펴보기 시작했고 선생님 발을 세게 누르면서 감각이 느껴지는지를 물었습니다. 선생님께서는 느껴지지 않는다고 말씀하셨습니다. 다시 잠시 후에는 정강이를 눌렀습니다. 이런 식으로 위로 올라가면서, 그 사람은 선생님의 몸이 식으면서 굳어 가는 것을 우리에게 보여 주었습니다. 그리고 그 사람은 직접 선생님을 만져 보고는 심장까지 차갑게 굳어지면 그때가 마지막이 될 거라고 말했습니다.

아랫배 부분이 거의 차가워졌을 때, 이미 덮여 있던 선생님께서 직접 덮고 있던 것을 걷으면서 하신 마지막 말씀은 이것이었습니다.

"크리톤! 우리는 아스클레피오스께 닭 한 마리를 빚지고 있네. 빚을 갚아 주게. 소홀히 하지 말고."

"그리할 걸세. 그 밖에 달리 할 말이 없나 생각해 보게."

크리톤의 물음에 선생님께서는 대답이 없으셨습니다. 그리고 잠시 후에 몸이 흔들렸습니다. 마침내 그 사람이 선생님을 덮고 있던 것을 걷으니, 선생님의 눈동자는 고정되어 있었습니다. 이를 보시고 크리톤께서 선생님의 입을 다물고 눈을 감겨 드렸습니다.

플라톤, 문창욱·김영범 옮김, 《소크라테스의 변론 파이돈》, 서해문집, 2008, 205~213쪽

소크라테스가 기꺼이 독배를 든 까닭은?

〈파이돈〉은 플라톤이 저술한 작품이다. 작품의 주인공은 소크라테스이며, 파이돈은 작품 속에

서 소크라테스의 제자로 등장하여 이 대화를 들려주는 인물이다. 파이돈은 스승 소크라테스가 독배를 마시기 직전에 주위 사람들과 나누는 언행을 자세하게 전하고 있다. 기원전의 역사적인 인물인 소크라테스는 진리를 향한 열정과 관련하여 서구 철학의 정수를 보여주는 인물이다. 죽음에 임하는 소크라테스의 태도에 대해서는 다른 작품에서도 다루고 있으나 독배를 마시고 죽는 과정이 〈파이돈〉만큼 사실적으로 묘사된 작품은 없다.

그의 죽음에 관한 한 '악법도 법이다.'라는 말과 함께 독배를 받아들었다는 일화가 유명하다. 이 텍스트에서 우리는 철학자 소크라테스가 독배를 마시는 극적인 장면을 살필 수 있다. 특히 소크라테스의 경우는 병사나 사고사도 아니고 억울하게 사형을 언도받은 상황으로, 주위 사람들은 그에게 한결같이 동정과 애도를 보내고 있다. 그런데 정작 소크라테스 본인은 태연하다. 그는 자신의 죽음에 대하여 시종일관 의연한 모습을 보여주고 있다. 자신의 죽음을 슬퍼하는 주위 사람들을 오히려 야단치기도 하고 위로하기까지 한다. 대체 이런 일이 가능할까? 그는 죽음을 어떻게 이해하고 '인간'을 어떻게 이해했기에 이런 태도를 취하는가? 그는 정말로 두렵지 않은 걸까?

독배를 받아든 그는 "이승에서 저승으로의 이주가 행운이 되도록 신들께 기도"하고 "침착하게 잔을 비웠"다. 소크라테스가 독배를 마시는 장면은 이렇게 묘사되고 있다. 그렇다면 소크라테스 자신도 죽음 이후의 세계에 대해 백 퍼센트 확신하지 못했다는 뜻일까? 물론 신들이 그 소망을 들어줄 것으로 믿고 있기는 하지만 결국에는 "기원"하기 때문에. 그래서 이 대목의 의미를 정확히 짚을 필요가 있다.

죽은 뒤에도 활동하는 "영혼에 확신을 가져야만" 한다고 앞에서 기세 좋게 역설하던 태도에 비하면 한풀 꺾인 듯한 면모를 보이기 때문이다. 소크라테스는 죽음 앞에서 지금 흔들리고 있는 것일까?

그런데 사람이 죽으면 '행복한 사후 세계'를 맞이할까? 모두가 그렇지는 않다. 소크라테스는 '영혼 불멸'을 말하지만 복된 사후 세계를 맞이하기 위한 조건을 덧붙인다. 이는 텍스트 초반에 "지혜에 대한 사랑으로 충분히 정화된 사람들은 그 뒤로 계속 몸 없이 살게 되며"라든지, "훌륭함과 지혜에 관여하기 위해 최선을 다"하면 "그 상은 훌륭하고, 우리의 희망도 크기"에 더 아름다운 거처에 이르게 된다고 말하는 대목과 관련된다. 어떻게 살았는가 하는 문제는 어떤 사후 세계를 맞게 되는가를 결정한다. 왜 그런가? 이 물음은 소크라테스 철학 사상과 맞물려 있다.

'몸은 사라져도 혼은 사라지지 않는다.'는 소크라테스의 영혼불멸설에서 우리는 '영혼의 불멸'뿐만 아니라 '신체의 필멸', 그러니까 알맹이가 아니라 '껍데기'로서의 신체의 특성을 보아야 한다. "육체적 즐거움이나 몸치장을 마치 낯선 것처럼 거부하며, 그것들이 이롭기보다는 해를 끼친다고 생각"하여 거부하도록 권하는 장면은 다른 동물과 달리 인간이라는 존재만이 지닌 고귀한 속성에 다가서게 한다. 과연 소크라테스의 의연한 죽음은 인간이 진정 신체적인 욕망에서 벗어나 순수한 정신세계에서 행복을 누릴 수 있는 지평을 마련하고 있는 걸까?

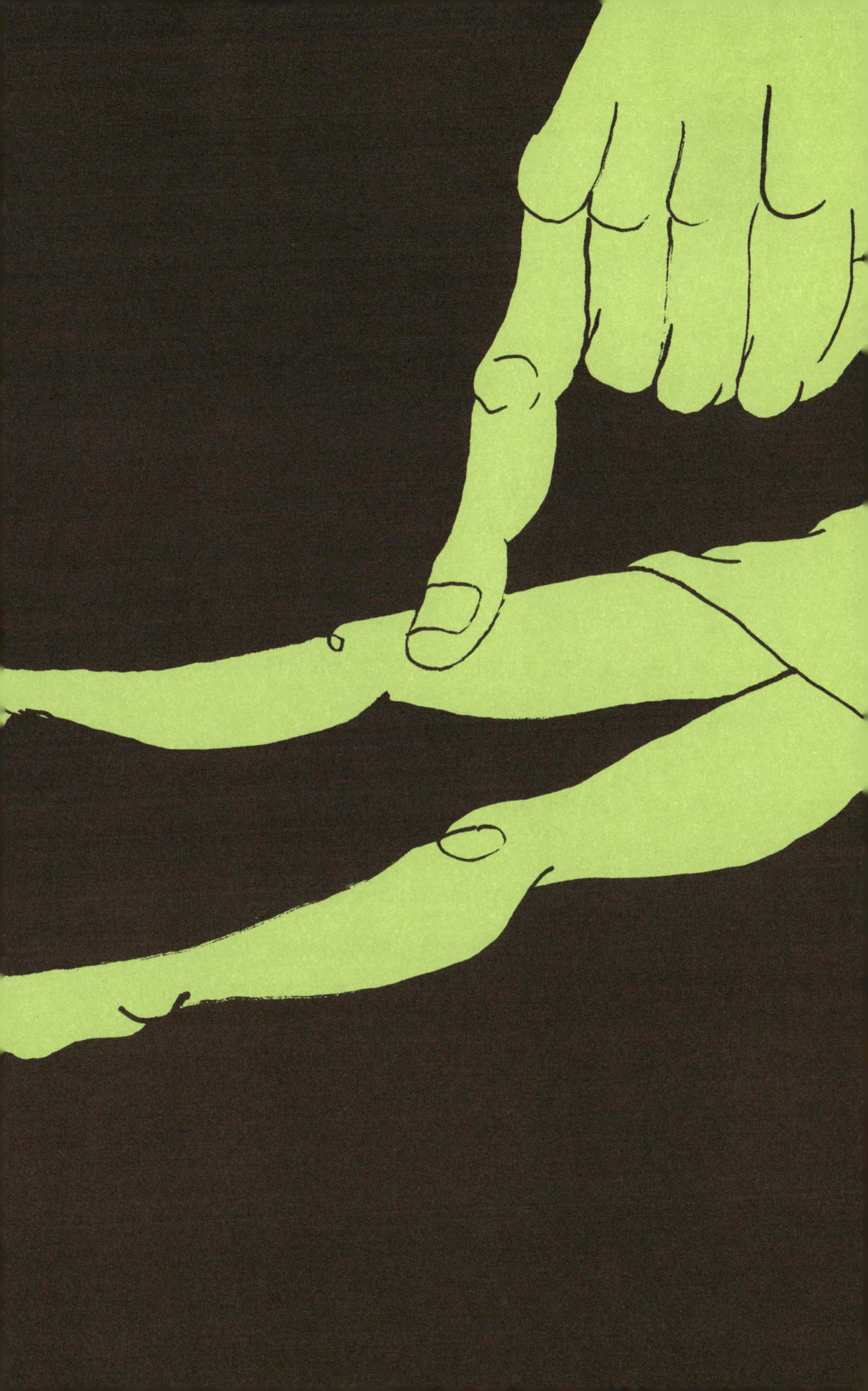

어떻게 죽음을
넘어설 수 있나?

나연 │ 저기 진달래 보니까 할머니 생각이 난다. 2년 전에 돌아가신…….

하람 │ 할머니와 많이 친했니?

나연 │ 응. 우리 엄마가 직장에 다녀서 할머니가 어릴 때부터 날 키워주셨거든. 돌아가실 때까지 우리 집에서 사셨어. 이상하게 요즘 들어 할머니 생각이 많이 나. 아프기 전엔 나랑 자주 산책을 나갔어. 근데 이런 봄날에 나가면 꼭 진달래 앞에서 한참을 서 계셨어. 꽃을 물끄러미 바라보면서 계속 중얼거리시는 거야. "이제 가야 하는디, 갈 때가 되었는디." 지금도 가끔 진달래를 볼 때마다 그 목소리가 귀에서 맴돌아. 잔잔하고 슬프면서도 왠지 사람을 편안하게 만들어.

시후 | 눈에 또 습기가 차오르는구나.

나연 | 그런데 할머니는 정작 암 진단을 받고 나서 달라지셨어. 그때 생각하면 할머니 팔에 난 피멍이 떠올라. 발견했을 때 암은 이미 말기여서 가망이 없었어. 그런데도 할머니는 입원할 때마다 다른 병원으로 가겠다고 자꾸 우기시는 거야. 낫지도 않을 병을 어떻게든 고쳐보겠다고. 결국 돌아가시기 전까지 병원을 여섯 군데나 옮겨 다녔어. 그 중에서 다섯 번째 병원에서 그랬나. 어느 정신없는 간호사가 링거를 잘못 놓아서 할머니 팔뚝의 혈관을 터뜨려버렸지 뭐야. 그 바람에 앙상한 팔에 주먹만 한 멍이 났어. 이제 와서 드는 생각이지만 그 색깔이 꼭 시든 진달래 같았어. 시들어 흐물거리는데도 가지에 붙어서 떨어지지 않는 진달래 말이야.

하람 | 난 할머니 마음이 충분히 이해 가. 죽음 앞에서 약해지지 않는 사람이 있을까?

준서 | 예외가 있지. 〈파이돈〉에서 사형을 당하는 소크라테스는 너무나 평온해. 어떻게 인간이 이럴 수 있을까 싶을 정도로.

나연 | 그래, 나도 읽고 놀랐어. 언제 처형당할지 알고서도 전혀 동요하지 않아. 그걸 알려준 관리한테 오히려 온화하게 대하잖아. 그가 간 다음 그이의 따뜻한 마음을 칭찬할 만큼 여유로워. 독배를 받고서

도 마찬가지야. 독배를 받는 사람이 독배를 가져온 사람보다 더 당당해. 그 사람이 일러주기도 전에 독약 먹는 법을 알려달라고 먼저 청하잖아. 그리곤 마셔버려.

시후 | 그 장면이 참 멋지단 말씀이야. 떨기는커녕 당당히 원샷하겠다는 배포. 이게 바로 사나이지.

준서 | 정말 놀라운 건 소크라테스가 죽는 순간까지 자기를 위하지 않았다는 거야. 크리톤이 소크라테스에게 그의 가족을 어떻게 돌볼지, 그의 몸을 어떻게 묻을지, 그러니까 소크라테스를 위해 해줄 수 있는 일을 물어. 그런데 대답은? 아무것도 필요 없다, 내 몸은 어떻게 매장하든 상관없다, 그보다 너희 자신을 돌보는 게 진정 나를 위하는 일이다.

시후 | 그래, 딱 그렇게만 말하면 되잖아. 어떻게 묻어줄까, 이 단순한 질문에 내가 죽더라도 내 영혼은 죽지 않고 "축복받은 사람들이 있는 행복한 세상"으로 떠날 거다, 이렇게 알쏭달쏭하게 답하질 않나, 또 죽음이란 오직 내 몸의 죽음이니 오직 내 '몸'을 매장한다고 정확히 말해라, 그렇지 않으면 크리톤 네 영혼에 해가 끼칠 게다, 이렇게 협박조로 나오질 않나. 너무 예민하신 거 아냐?

준서 | 아니, 전혀. 내가 보기엔 소크라테스가 길게 응수한 것도 참 소

크라테스다워. 묻지도 않은 질문에 굳이 답하려 한 이유가 그답다는 거야. 그 이유는 두 가지야. 하나, 그는 다른 사람을 위로하려 했어. 자기는 죽어도 "행복한 세상"으로 가니 슬퍼하지 말라는 거지. 실제로 이렇게 말해. 한편으로는 "자네들과", 그러니까 그 주위의 제자들을, 한편으로는 "나 자신을 위로하면서" 말하고 있다고.

하람 | 다른 이유는?

준서 | 자신이 가치 있게 여기는 생각을 다른 사람에게 전하려 했어. 혼의 불멸과 행복한 사후 세계가 단지 위로의 멘트만은 아냐. 그는 그것을 진실이라고 믿고 다른 이들에게 가르치려 한 거지. 소크라테스는 크리톤의 질문에 답하면서 '자네'가 아니라 "자네들"이라고 말해. 크리톤 개인의 질문에 답하는 게 아니라 제자들 모두를 상대로 생각을 전하는 거야. 그는 위로로 타인의 감정을 배려하고 가르침으론 타인의 영혼을 염려해. 이렇게 끝까지 타인을 위하고 자기를 위하지 않는 게 소크라테스지.

하람 | 달리 말하면 소크라테스는 다른 사람을 배려할 만큼 자기의 비참한 처지를 괘념치 않고 있어. 살 시간이 얼마 남지 않았지만 그 때문에 고통스러워하기는커녕 오히려 평온해. 한마디로 삶에 집착하지 않아.

나연 | 크리톤의 역할이 참 재밌네. 크리톤은 소크라테스가 싫어하는 것만 골라서 요구하잖아. 독배를 좀 늦게 마셔서 삶을 연장하라고 하고, 그동안 맛있는 음식을 먹거나 여자와 잠을 자는 건 어떠냐고 떠보기도 해. 어쩜 이리 분위기 파악을 못하는지.

하람 | 덕분에 소크라테스의 면모가 확실히 드러나게 됐지. 소크라테스가 이렇게 대꾸하잖아. "삶에 집착"한다는 것이 자기에겐 아무 의미가 없다고. "남아 있는 것이 아무것도 없는데도 아끼려고" 하는 건 어리석다고.

시후 | 근데 "남아 있는 것이 아무것도 없는데도 아끼려고" 한다는 말이 무슨 뜻이야? 뭘 아낀다는 거지?

하람 | 삶이지. 왜 삶이 거의 안 남았는데 삶을 아끼는 사람들 주위에 많잖아. 명이 다하거나 회복할 수 없이 건강이 나빠졌는데 하루라도 더 살려고 아등바등하는 인간들. 소크라테스가 그런 인간들 들으라고 '술'에 비유해서 말하는 거야. 술병에 술이 거의 없는데 그걸 아낀다는 게 얼마나 우스워.

나연 | 참, 아무리 생각해도 신기해. 어떻게 사람이 죽음을 앞두고 이만큼 담담할 수 있을까? 존경스럽긴 하지만 선뜻 이해가 가질 않아.

시후 | 내 말이 그 말이야. 아니, 사람이 죽으면 귀신이 돼서 극락세계로 간다니, 이거 너무 아리송한 얘기 아냐? 죽으면 영혼만 남아서 "행복한 세상"으로 간다며? 그게 가치 있는 생각에다 진실이라고 말한 준서 군, 어디 해명 좀 해보셔.

준서 | 영혼의 불멸과 행복이 소크라테스의 초연한 태도와 관련이 있어 보여.

시후 | 귀신 얘기랑 초연함이 어떻게 관련이 있어 보여? 넌 보여? 난 잘 안 보이는데.

준서 | 설명하기가 좀 어려운데 …… 사람이 죽는다는 건 소크라테스 식으로 말하면 몸이 죽는 거야. 하지만 영혼은 죽지 않고 저세상에서 영원히 살아. 그래서 소크라테스는 초연할 수 있었겠지. 저세상에서 영원히 살 수 있으니까 이 세상에선 더 바랄 게 없는 거지. 이 세상에서 못 이뤄도 저세상에서 얼마든지 이룰 수 있다고 생각해봐.

시후 | 하지만 죽어서도 이승을 헤매는 혼령을 생각해봐. 이 세상에서 쌓인 한이 저세상에서 풀어질 거라고 어떻게 장담하지?

준서 | 영혼의 불멸만으론 초연해지기 힘들어. 영혼이 영원히 산다 하더라도 어떻게 사는지가 문제야. 만약 시후가 말한 것처럼 영혼이 불

행하다면 얘기가 달라지겠지. 지옥행 운명을 알게 되는 순간 불안과 공포로 안절부절못할 거야. 그러니까 영혼은 행복의 조건을 갖춰야 돼. 영혼이 영속하고 또 행복하리라 믿을 때 사람은 비로소 삶에 거리를 둘 수 있어. 이런 마음이 들 테지. 나는 이 세상에서 더 바라지 않아도 괜찮다. 영원한 행복이 저세상에서 나를 기다리니까.

나연 | 정말로 그렇다면 죽음 앞에서도 아쉬워할 이유가 없겠다. 오히려 약간의 용기까지 얻겠는걸. 죽음은 한없는 행복에 다가가는 계기니까. 지복한 땅으로 옮겨가는 거니까.

준서 | 이건 그리 낯선 생각이 아냐. 주위에서 흔히 듣는 얘기들이야. 영혼의 천당 가기. 혼백의 정토 행.

시후 | 절에 가서서 울 엄마는 정토 행도 빌고 아버지 사업 잘 되라고도 빌던데. 오히려 다녀올 때마다 집착을 한 움큼씩 더해 오시던데. 아무튼 뭐, 그 말엔 나도 동의한다. 내 혼백이 사해진미, 주지육림의 정토에 머문다고 상상하면……. 왜 그런 눈으로 봐? 아니야, 아직 모르겠어. 내가 죽어서 과연 극락에 갈 수 있을까? 왠지 끔찍한 곳이 날 기다릴 거 같아. 얼굴이 땅에 닿도록 바싹 엎드리고 손발도 꽁꽁 묶여서 꼼짝달싹 못하는 그런 저승에서…….

나연 | 그렇다고 꼼짝 못할 시후가 아닐 텐데. 어디서 주지육림 냄새

가 나면 어떻게든 결박 풀고 도망칠걸. 아무튼 나도 비슷한 의심이 들긴 해. 소크라테스처럼 믿을 수 있다면 얼마나 좋을까? 하지만 난 그럴 수 없어. 소크라테스는 영혼의 불멸과 행복을 대체 어떻게 믿게 되었다니?

준서 | 글쎄. 영혼의 불멸과 행복은 소크라테스의 신념이야. 소크라테스는 어떤 이유를 갖고 믿은 게 아니라 그냥 믿었어. 그도 그럴 수밖에 없는 게 영혼의 불멸과 행복이란 애초에 논리적으로 설명할 수 없는 비이성적인 문제기 때문이야. 소크라테스가 "우리의 영혼 그리고 우리의 영혼이 깃드는 곳"에 관해 한참 설명한 다음에 이렇게 토를 달지. "지각 있는 사람이라면 내 이야기가 전부 사실이라고 주장하지는 않을 거야." 영혼에 대해 자기처럼 주장하지 말라는 건 자기 주장에 거짓이 있다는 뜻은 아니야. 그보다 사후의 영혼의 문제가 원래 이성적으로 논리정연하게 풀어낼 영역이 아니란 거지. 그래서 그 누구도 백 퍼센트 확실하게 이해한 채 아무런 주저 없이 주장할 수 없다는 거야.

시후 | 근데 어딘가 이상하네. 영혼의 불멸과 행복은 이성적인 사안이 아니라서 그냥 믿을 수밖에 없다구? 그럼 그게 환상이나 공상이랑 뭐가 다른 거지?

준서 | 음…….

하람 | 그렇지만 소크라테스의 신념은 환상이나 공상과는 분명 달라. 뭔가 합리적이야.

시후 | 합리적이라 함은 그럴듯한 이유가 있다는 말?

하람 | 응. 영혼의 행복을 믿는 이유가 텍스트에 나와 있어. 처음 부분을 보면 소크라테스가 크리톤에게 한 말씀하잖아. "우리는 인생에서 훌륭함과 지혜에 관여하기 위해 최선을 다해야만 하네." 그렇게 하면 영혼에게 아름다운 거처에 머물 수 있는 훌륭한 상이 주어질 거라고 말해. 소크라테스는 평생 지혜와 덕을 쌓았기 때문에 자기 영혼이 저 세상에서 행복할 거라고 믿었어.

나연 | 그런데 지혜를 쌓고 덕을 쌓았다고 해서 어떻게 죽어서도 영혼이 행복할 수 있을까? 지혜와 덕을 쌓아 이 세상에서 행복하게 살 수 있다는 건 이해되지만…….

하람 | 설명이 좀 부실했나? 소크라테스는 이렇게 생각해. 지혜와 덕을 쌓는 것은 영혼을 순수하게 하는 일이고, 순수한 영혼은 사후에 행복하다고. 자기와 세계를 알려 노력하고 절제, 정의, 용기를 갖추려 애쓰면 그이의 순수해진 영혼은 저세상에서 행복하다는 거야. 소크라테스는 영혼을 맑게 하는 것을 일컬어 '영혼을 정화한다.'고 하는데, 생전에 정화된 영혼은 사후에 행복해. 실제로 이렇게 말하지.

"지혜에 대한 사랑으로 충분히 정화된 사람들"은 그렇지 않은 자들
보다 "훨씬 아름다운 거처"에서 살게 된다고.

준서 | 그렇지. 순수한 사람만이 진정으로 기뻐할 수 있는 것처럼 순
수한 영혼은 행복하겠지.

나연 | 정말로 그런 거니? 난 순수한 영혼은 곧 행복하다는 전제부터
좀 의심스러워. 그나저나 순수와 행복의 모호한 관계는 둘째치고, 순
수한 영혼이 내세에 행복하려면 사람이 죽을 때 같이 죽지 않고 살아
남아야 하잖아? 또 죽음을 거치고도 예전의 순수함을 유지해야 하고.

시후 | 영혼의 불멸성과 연속성이 밝혀지지 않으면 소크라테스의 내
세 행복론은 논리적으로 문제가 있다는 말씀?

준서 | 소크라테스의 믿음을 논리적으로 따질 수는 없어. 나연이도 순
수한 영혼이 왜 행복하지 않은지, 영혼이 죽는다면 왜 죽는지, 증거
를 대지 않았으니까. 그보다 우리는 그의 믿음이 진실하다는 증거에
주목해야 해. 바로 죽음을 앞둔 그의 평온. 소크라테스는 죽음의 두
려움을 극복함으로써 자신의 믿음이 진실한지 그렇지 않은지를 가리
는 가장 어려운 시험을 통과한 거야. 죽음을 초월하여 믿음의 진실성
을 증명했지.

하람 ｜ 목숨을 대가로 진실함을 입증한 셈이야.

시후 ｜ 흠. 진실함이라……. 결국에는 영혼의 불멸성 문제를 얼마나 확실히 믿느냐는 문제구만.

준서 ｜ 그저 믿는 게 아니라 이성적인 지식에 바탕을 둔 믿음이지.

시후 ｜ 근데 난 왜 자꾸 천국이 아니라 저승으로 통하는 구멍이 보이냐?

나연 ｜ 나도 극락 갈 자신은 없어. 혹시 구멍 옆에 나 안 보여?

진리를 향한 믿음은 죽음을 무릅쓴다

아픔 없이 죽기는 정녕 어렵다. 죽음을 감지한 이는 그때부터 신체적 고통과 더불어 새로운 차원의 심리적 고통에 시달린다. 하고 싶은 것을 이루지 못한 사람은 얼마 남지 않은 시간이 아쉽고 애달프다. 자기가 원했던 만큼 사랑받지 못한 사람은 사랑받고 싶었던 이를 향해 순간적으로 분노하기도 한다. 이제껏 헛살았다는 생각이 들면 자신에 대한 혐오에 몸을 떨기도 한다. 죽어가는 것은 그 자체만으로도 몹시 아픈 일인데 거기에 삶에 대한 미련까지 더해지면 고통은 더 심해진다. 하지만 살아생전에 자기가 하고 싶은 일을 다 이루는 사람이 몇이나 되며, 자기 삶에 미련이 없는 사람이 얼마나 되겠는가. 그래서 고통 없이 죽음을 맞이하기란 도무지 불가능해 보인다.

그런데 평온한 마음으로 죽음을 받아들이는 이를 간간이 접할 수 있다. 세상을 떠나는 마지막 순간에 '저세상'에서 다시 만날 것을 기약하며 웃음 짓는 사람. 사형을 선도 받은 순간에도 눈 하나 껌뻑하지 않는 혁명가. 형장으로 들어가는 문 앞에서도 침착한 사형수. 〈파이돈〉에서 독배를 들어 죽음을 맞이하는 소크라테스도 그러한 사람 가운데 하나이다. 대체 이들은 어떻게 죽음 앞에서 당당할 수 있었을까? 마치 어릴 적 그 이름만으로 오금을 못 쓰게 하던 망태 할아버지와 같은 죽음! 모든 생명이 두려워하는 죽음을 대체 어떻게 극복할 수 있을까? 소크라테스는 영혼의 불멸을 믿음으로써 죽음을 초월한 인물이다.

이성을 신뢰하는 철학자 소크라테스는 다소 뜻밖에도 죽음 이후에 또 다른 삶이 있다고 믿었다. 소크라테스, 아니 정확히 말해서 〈파이돈〉의 저자인 플라톤은 사람이 죽은 다음에도 그 영혼이 또 다른 삶을 산다고 생각했다. 사후에도 영혼의 삶이 있다는 생각은 예로부터 서양의 사상가들이 즐기던 '육체와 영혼의 이분법'에서 비롯한다. 이 이분법에 따르면 육체는 죽음으로 사라지지만 영혼은 죽은 뒤에도 소멸하지 않는다. 내가 죽는 것은 내 몸이 죽는다는 뜻이다. 그래서 땅에 묻히는 것도 정확히 말하면 '내'가 아니라 '내 몸'이다. 〈파이돈〉에서 사형을 앞둔 소크라테스는 매장 방식에 관해 질문을 받는데, 그는 내가 아니라 내 몸을 묻는다고 정확히 표현하라고 되받는다. 내가 죽을 때 내 몸은 죽어 묻히지만 내 영혼은 죽지 않고 다른 세계로 이동한다는 것이다.

그렇다면 영혼은 그 다른 세계에서 대체 어떤 모습으로 살아갈까? 죽은 다음의 영혼은 죽기 전의 영혼과 같을까? 플라톤이 보기에 둘은 크게 다르지 않다. 그는 〈파이돈〉 이외에도 다른 여러 글 속에서 파편적으로 사후 존재에 대해 언급했는데, 그 중 〈고르기아스〉에는 이런 이야기가 있다. 사람이 죽으면 죽은 몸에는 살았을 때의 흔적이 남는다. 키가 큰 사람의 시체는 길이가 길 것이고, 뼈가 굽은 채로 죽은 이의 시체는 굽어 있는 모습일 것이다. 영혼도 몸과 마찬가지다. 죽은 영혼도 "인간이 각자의 일을 추구하면서 그의 영혼 속에 가졌던 고통과 본성적인 것", 즉 삶이 영혼에 남긴 흔적을 지니고 있다. 다시 말해 영혼은 죽어서도 각자의 고유한 특성을 유지한다. 사후의 영혼은 개성과 인격을 유지한다는 점에서 그 본성상 생전의 영혼과 크게 다르지 않다.

플라톤이 생각하는 사후 세계 영혼의 또 다른 특징은 영혼이 육체를 가진다는 점이다. 플라톤은 〈파이돈〉뿐만 아니라 《국가》의 10권에서도 사후 세계에 관한 신화를 전한다. 그리스 신화에 바탕을 두고 구성된 이 신화에는 생소한 그리스 지명들이 자주 나오는데, 그 곳이 그리 낯설게 느껴지지 않는 이유는 그곳에도 천국과 지옥, 또는 극락과 저승 같은 것이 있기 때문이다. 훌륭하게 살았던 이의 영혼은 순수한 곳, 아름다운 거처로 가서 영원한 기쁨을 누리고, 죄를 진 사람의 영혼은 '타르타로스'란 저승에서 극심한 고통을 겪는다. 이러한 사후의 상벌 기제는 생전의 행동에 근거한다는 점에서 '영혼은 죽음 이후에도 죽기 전과 연속적이다.'라는 앞의 논의를 뒷받침하고, 더 나아가 영혼은 죽어서도 고통과 기쁨을 느낀다는 새로운 사실을 알려준다. 다시 말하면 사후의 영혼은 감각을 지닌다. 살았을 때와 같은 감각은 아니라 해도 그와 유사한 감각을 가지는 것이다. 그런데 감각을 가진다는 것은 몸이 있다는 것과 같은 말이다. 그렇다면 감각할 수 있는 사후의 영혼은 육체를 가진다. 영혼이 육체를 가진다?! 이 육체는 살았을 때와 같은 육체는 아니어서 '육체적인 것'이라고 부르는 게 좋겠다. 아니면 기독교식으로 영혼에 육체적인 부분이 있다고 할 수도 있다. 어떻게 부르든 영혼이 육체를 가진다는 생각은 선뜻 이해되지 않는 대목이다. 하지만 이것이 플라톤의 생각이었다.

그렇다면 플라톤이 사후에도 존속한다고 보는 영혼은 여러 면에서 생전의 존재와 닮았다. 습관, 성향, 기억과 같은 정신적 특징을 그대로 가지고 있다는 점, 그리고 생전과 똑같은 육체는 아니지만 그와 유사한 육체적 형태를 지닌다는 점에서 그렇다. 이렇게 플라톤은 영혼이 몸과 인격을 가지고 불멸한다고 믿었다. 다시 말해서 영혼의 인간적인 불멸을 믿었다. 그렇지만 이러한 영혼의 불멸을 과연 어떤 근거에서 믿을 수 있을까? 그는 〈파이돈〉에서 영혼이 죽고 사라진다면 새 생명이 어디서 오는지 알 수 없다는 일종의 윤회설로도 영혼 불멸을 설명한다. 하지만 같은 책에서 그는 특유의 '상기설'로 이를 설명하는 데 더 많은 지면을 할애한다.

'상기설'이란 우리의 모든 앎이 과거에 습득했던 지식을 다시 기억해내는 것이라고 보는 인식 이론이다. 상기설에 따르면 우리가 무언가를 알게 되는 것은 백지상태에서 새롭게 무엇을 알게 되는 게 아니라 언젠가 이미 알고 있던 것을 다시 떠올리는 것이다. 이를테면 우리가 '2+3=5'를 옳다고 인식하는 것은 이미 알고 있던 수의 원리를 떠올리기 때문이다. 또한 봄이 되어 나뭇가지 끝에 색색이 피어나는 연한 잎을 '꽃'이라고 인식하는 것은 언젠가 꽃이 무엇인지 알았던 것을 다시 떠올리기 때문이다. 이렇게 '2+3=5'라든지 '꽃'을 안다는 것은 과거에 알았던 숫자와 꽃의 '본질', 플라톤 식으로 말하면 그것들의 이데아를 상기하는 것이다.

이러한 상기설에 기초하여 플라톤은 영혼의 불멸을 증명하려 한다. 그리고 그가 보기에 영혼은 두 가지 의미에서 죽지 않는다. 첫째, 영혼은 전생에 지녔던 지식의 주체로서 죽지 않는다. 우리가 태어나기 전에 지식을 가졌다면 우리의 어떤 부분은 그때에도 존재하여 지식을 담고 있어야 하는데 우리의 육체는 그럴 수 없다. 그래서 우리의 영혼이 탄생 이전에 존재해야만 한다. 그리고 우리가 태어나기 전에 있으려면 영혼은 우리가 죽은 다음에도 있어야 한다. 영혼이 죽음과

함께 사라진다면 ― 여기서 슬쩍 윤회설이 도입되는데 ― 다시 태어
나는 인간은 항상 새로운 영혼을 입을 뿐 전생의 영혼을 다시 가질
수는 없는 까닭이다.

　인간의 영혼은 죽지 않으면서 사물과 세계의 본질을 알고 있다. 그
런데 그 본질이 영원하다는 데서 영혼 불멸에 대한 두 번째 설명이
나온다. 본질은 그 정의상 죽음을 모른다. 〈파이돈〉에 제시된 사물과
세계의 본질은 복합적이지 않은 것이므로 순수하며, 한결같은 상태
이므로 자기 동일적이고, 보이지 않는 것이므로 지성적이다. 이 모
든 것은 세계의 본질이 영원하다는 것을 말해준다. 순수한 것은 나눠
지지 않기에 소멸되지 않고, 자기 동일적인 것은 동일성을 유지하기
위해 어떤 변화도 용납하지 않는다. 또한 지성적인 것은 물질성을 띠
고 있지 않아서 파괴될 수 없는 것이다. 그런데 사물과 세계에만 이
러한 본질이 있는 게 아니라 영혼 자체도 이러한 본질과 비슷한 성질
을 지녔다고 플라톤은 생각한다. 영혼은 본질의 특징을 지닌다. 그것
은 "신적이며 죽지 않고, 지성에 의해서 알 수 있으며, 한 가지로 보
이고, 해체되지 않으며, 또한 자기에 대해 언제나 똑같은 방식과 한
결같은 상태로 있는 것을 가장 닮은 것"이다. 영혼은 지식을 담당할
뿐만 아니라 본질로서도 죽지 않는다.

　하지만 플라톤의 이러한 설명은 얼마나 설득력을 지닐까? 무엇보
다 설명의 방향이 혼선을 빚고 있지 않나 하는 의구심이 든다. 그의
설명에 따르면 영혼은 지식을 담는 주체로서 불멸하는데, 여기서 지
식을 담는 '그릇'은 좀 더 구체적으로 말하면 영혼이라기보다 이성이

아닌가? 그가 '영혼'을 말하면서 실제로는 다른 무엇을 염두에 두고 있다는 것은 상기설에서 분명히 드러난다. 이 맥락에서 그가 '영혼'이라고 부르는 것은 그 특징들로 보아 '이성'이라 부르는 게 적절하다. 더 구체적으로 말하면 자기 자신을 돌아보는 이성의 활동으로서 '의식'이라고 할 만하다. 의식은 스스로 자신을 인식하고 추상화한다. 그럼으로써 자기 안의 차이를 없애고 동질적인 상태를 유지한다. 플라톤은 영혼이 "자기에 대해 언제나 똑같은 방식과 한결같은 상태로" 있다고 설명하는데 이때 '영혼'의 동질성은 '의식'의 동질성과 다를 바 없다. 요컨대 그는 영혼이 아닌 이성 또는 의식의 불멸을 증명한 것이다.

그렇다고 해서 플라톤이 영혼 불멸의 근거를 잘못 제시했다고 비난할 수는 없다. 영혼이 어떻게 불멸하는지 아무도 자신 있게 답변하지 못하는 상황에서 적어도 그는 자기 나름의 믿음에 따라 영혼 불멸의 이유를 설득력 있게 제시하려고 애썼다. 플라톤 자신이 쓰고 있듯이 영혼의 개념은 '비합리적'이다. 플라톤은 사후의 영혼에 대해 이야기한 뒤 "지각 있는 사람이라면 내 이야기가 전부 사실이라고 주장하지는 않을 거야."라며 주의를 준다. 신이 아닌 이상 영혼이 어떻게 영원히 사는지, 더구나 어떻게 기억과 육체를 가지며 불멸하는지에 대해 섣불리 말할 수는 없다. 이러한 인식의 위험성을 고려할 때 플라톤이 영혼 불멸의 근거를 제시한 것은 그 나름대로 가치가 있다. 영혼의 불멸을 증명하는 일이 비록 불발로 끝난다 하더라도 자신의 신념을 이성적으로 설명하려는 그의 학구적 자세만큼은 높이 평가하지 않을 수 없다.

그런데 〈파이돈〉의 소크라테스는 영혼의 불멸을 믿고 증명하려는데 그치지 않고 이를 구체적으로 실행에 옮겼다. 자기의 영혼이 불멸하도록 기원하는 것 이외에 다른 일을 하지 않는다면 그러한 믿음은 단순한 기복 행위에 지나지 않는다. 하지만 소크라테스에 따르면 의식 있는 인간은 영혼의 불멸을 기원하는 데 그치지 않고 영혼의 불멸에 따라 행동할 수 있는 소질을 이미 지니고 있다. 이 소질을 끊임없이 계발하면 영혼의 불멸을 위해 활동할 수 있다는 것이다. 그러한 활동의 정신적 측면이 곧 철학, 즉 지혜(sophy)의 사랑(philo)이다. 우리는 살아 있는 동안 지혜를 사랑함으로써 사후에 우리의 영혼이 영원히 행복하게 살게 해야 하며, 또한 그렇게 할 수 있다는 것이다. 〈파이돈〉에서 소크라테스가 말하듯이 "지혜에 대한 사랑으로 충분히 정화된 사람들"은 그 영혼이 사후에 다른 영혼의 거처보다 "훨씬 아름다운 거처"에 이르게 된다. 참된 앎을 순수하게 추구하는 사람은 영원한 행복을 누리게 된다. 또한 사물과 세계를 깊고 온전히 이해하면 죽어서도 영원히 무한한 기쁨 속에서 살게 된다.

하지만 지혜의 사랑이 행복한 불멸을 직접적으로 보장하지는 않는다. 플라톤에 따르면 지혜를 사랑하기 위해서는 먼저 영혼을 정화시켜야 하는데, 바로 이 영혼의 정화를 통해서 우리는 행복하게 불멸할 수 있다. 영혼의 정화란 말 그대로 영혼을 몸에서 해방시켜 순수하게 만드는 일이다. 그리고 이러한 영혼의 순수함은 지혜를 사랑하는 데 기본적이고 필수적인 조건이다. 플라톤이 〈파이돈〉에서 설명하듯,

우리는 영혼을 정화하지 않고 지혜에 다다를 수 없다. "우리는 언제고 뭔가를 순수하게 알려고 한다면, 우리는 몸에서 해방되어야만 하며 사물들을 그 자체로 혼 자체에 의해서 바라보아야 하는 것이지." 영혼이 몸에서 해방되지 않는 한 우리는 사물을 순수하게 인식할 수 없다. 몸이란 굴레에 묶인 인간은 신체적 욕망으로 인해 사물을 올바르게 바라보지 못하고, 각자가 처한 물질적 이해관계로 인해 세계의 실상을 파악하는 데 실패한다. 그래서 부단한 노력으로 순수해진 영혼만이 지혜를 접할 수 있고 지혜를 접한 자만이 세계와 바르게 소통할 수 있다. 플라톤에게 지혜는 가장 높은 가치이며 희열이어서 지혜를 가진 영혼은 죽어서도 최고의 복된 삶을 누린다.

그러나 평소에 아무리 지혜에 대한 신념이 강했어도 그 신념이 정작 자신의 생명을 위협할 때 마지막까지 그것을 고수하기란 결코 쉬운 일이 아니다. 그래서 대개의 경우 신념이 곧바로 행위로 이어지지는 않는다. 생각이 올바르다고 해서 반드시 올바르게 사는 것은 아니기 때문이다. 하지만 소크라테스는 달랐다. 그는 영혼의 불멸과 지혜의 사랑에 대한 자기의 신념을 죽는 순간까지 밀고 갔다. 그는 영혼의 불멸을 믿고 지혜에 대한 사랑을 실천하며 살아왔기 때문에 자신에게 다가온 죽음 앞에서 초연할 수 있었다. 영혼의 불멸에 대한 그의 믿음에는 불멸에 대한 인식과 실천이 동반되었기 때문에 죽음 앞에서 그의 행동은 흐트러지지 않고 오히려 당당할 수 있었다.

하지만 근본적으로 볼 때 소크라테스가 기꺼이 죽음을 맞이할 수 있었던 이유는 '불멸'에 대한 믿음보다는 '진리'에 대한 믿음과 용기에서 찾는 게 더 합당할 것이다. 물론 영혼의 불멸은 사후 세계의 존재를 보장한다는 점에서 죽음을 두려워하지 않을 수 있는 직접적인 동기라고 할 수 있다. 하지만 영혼의 불멸성은 다시 진리의 영원성에 의존하기 때문에 진리는 영혼보다 상위의 개념이며, 따라서 소크라테스의 죽음은 궁극적으로 진리에 대한 확신과 실천에 결부된 사항이라 할 수 있다. 영혼 불멸을 믿는 신비주의자보다는 진리/지혜를 탐구하고 실천하는 철학자라는 명칭이 그에게 더 어울린다고 할 때, 그의 죽음은 진리를 위해 기꺼이 목숨을 바친 인간의 전형을 보여 준다. 진리에 대한 온전한 사랑이 없었던들 그는 그토록 초연하게 독배를 들지 않았을 것이다.

　진리에 대한 확신은 죽음의 두려움을 넘어선다. 소크라테스의 경우 진리에 대한 믿음이 영혼의 불멸과 연결되면서 죽음 앞에서 당당할 수 있었지만, 진리에 대한 믿음은 영혼 불멸 외에 다른 방향으로 작용할 수도 있다. 예컨대 정의를 믿는 사람은 죽음을 무릅쓰고 정의로운 일을 한다. 숄(I. Scholl)의 소설 《아무도 미워하지 않는 자의 죽음》은 독일의 나치에 저항하여 기꺼이 목숨을 바친 독일 뮌헨 대학의 두 학생에 관한 실화를 바탕으로 씌어진 작품이다. 작품 속 주인공 한스 숄과 소피 숄은 이 작품을 쓴 잉게 숄의 친오빠와 언니다. 한스와 소피 남매는 나치의 인권 유린과 자유 탄압에 항거하다 체포되어 사형 집행 감옥으로 옮겨진다. 면회를 온 아버지에게 한스는 말한다. "저는 제 운명을 조금도 저주하지 않습니다. 모든 것은 제 스스로 택한 것이었습니다." 그러자 아버지가 말한다. "너는 역사에 남을 것이다. 아직도 정의는 살아 있다." 그리고 나중에 "한스는 단두대에 목을 올려놓기 전에 전 감옥이 울리도록 큰 소리로 '자유 만세!'를 외쳤다." 그는 비굴하게 살기보단 정의롭게 죽는 길을 택했다. '정의와 자유'라는 참된 뜻을 위해 죽는 것은 영예롭고 기쁜 일이었다.

소포클레스의 비극 《안티고네》에서 그려진 안티고네의 죽음도 인간의 정의로운 도리를 위해 죽음을 무릅쓴 경우이다. 그녀는 길바닥에 버려진 역적의 시체를 건드리면 사형에 처한다는 왕의 경고에도 불구하고, 친오빠의 시체를 깨끗이 염하여 매장한다. 가족의 시신이 길거리에 방치되는 걸 방관하는 건 인륜에 어긋나는 일이라고 판단하여 왕의 명령을 어겨가면서까지 행동한 것이다. 안티고네의 소식을 들은 시민들은 오빠의 시체를 거두는 안티고네의 뜻에 공감하고 감동받는다. 권력 다툼에 여념이 없어 인간적인 감정이 메마른 왕을 제외하고는 누구나 안티고네의 행동에 동감을 표시한 것이다. 왕에게 심문을 받는 도중 안티고네는 이렇게 말한다. "저는 서로 미워하기 위해서가 아니라 서로 사랑하려고 태어났습니다." 안티고네는 시체를 수습하다 발각되어 결국 사형을 당하지만, 가족의 시신을 매장하는 게 인간의 도리라는 소신을 굽히지 않고 꿋꿋하게 자기 길을 간 것은 분명 소크라테스가 소신 있게 진리의 길을 간 것과 견줄 만하다.

자신의 신념에 따라 죽음을 맞이하는 사람들은 주변에서도 종종 찾을 수 있다. 장례식장에서 '하느님 나라에서 다시 만나자!'라고 하며 눈물을 보이지 않고 담담하게 죽은 자에게 작별 인사를 건네는 기독교인. 거센 탄압에 맞서 좀 더 나은 사회를 위해 희생적으로 노력하는 사회 운동가. 물론 이들이 의지하고 있는 세계관이나 지향하는 가치는 서로 다르다. 전자는 영혼이 저세상에서 영원히 산다는 신념에 의거하여 초월적인 가치를 지향하지만, 후자는 실천적인 운동에 의미를 둔다. 하지만 이들은 모두 자신들이 참되다고 여기는 것, 즉 진리를 실천한다는 점에서 큰 차이가 없다. 소크라테스와 마찬가지로 이들에게도 죽음은 진리에 대한 신념을 넘어서지 못한다. 키르케고르(S. Kierkegaard)가 《죽음에 이르는 병》에서 서술하듯이 인간을 죽음에 이르게 하는 것은 신체의 죽음이 아니라 '절망'이며, 진리를 향한 믿음을 통해서만 절망에서 벗어날 수 있다. 그런 한에서 진리는 인간이 죽음을 무릅쓰고 지켜야 할 최후의 보루이다.

그런데 이 죽음에 동의를 구하는 정신적 가치가 과연 삶을 포기해도 될 만큼 진정으로 훌륭한 가치인지를 판단하기도 어려운 문제다. 마르쿠제(H. Marcuse)가 〈죽음의 이데올로기〉라는 글에서 밝히듯이 그것은 역사적으로 사회 체제를 유지하기 위해 진리라는 허울 아래 사회 구성원으로 하여금 죽음을 자처하게 만드는 이데올로기인 경우가 대부분이었다. '이데올로기를 위해 죽는 것은 개죽음이다.'라는 말도 있다. 가까운 예로 일본 야스쿠니 신사에 모셔진 2차 세계 대전의 전사자들이 있다. 그들 대부분은 신적 존재인 천황을 위하여 죽음을 불사하고 참전하여 전사한 사람들이다. 그들의 죽음은 일본인의 입장에서는 천황의 영광을 드높이며, 천황이 지배하는 일본 제국의 패망을 막기 위한 영웅적인 행위였을 것이다. 하지만 그들이 어떤 상태에서 자기를 희생하는지를 따질 필요가 있다. 적함을 향해 돌진하여 산화하는 가미카제 특공대의 일원이었던 하야시는 출격 전날 일기에 이렇게 적고 있다. "나는 희생을 회피할 생각은 없다. …… (하지만) 완벽한 자기 상실 상태에서 희생되는 것이 무슨 의미가 있을까?" 국가와 민족을 위해 목숨을 바치겠다는 애국심을 이용하여 전쟁의 희생물로 만드는 정치 이데올로기는 과연 어디에서 진리와 만나고 어긋나는 것일까?

역사에서는 이러한 예들이 끊임없이 반복되고 있다. 진리와 비진리를 구별하는 깨어 있는 의식은 언제나 중요하다. 그런데 소크라테스는 더 나아가 진리에 대한 용기를 실천한다. 진리는 '무조건적'이다. 진리라고 판단되는 것에는 어느 것도 진리를 유보시킬 수 없다. 그래서 베유(S. Weil)는 말한다. "아무 유보도 없이 죽음을 받아들일 생각이 없는 곳에는 진리에 대한 사랑은 없다." 그래서 소크라테스는 아무런 유보 조항을 달지 않고 곧장 죽음을 받아들임으로써 진리에 대한 사랑을 몸으로 입증했던 것이다.

S
O
P
H
Y

chapter 7

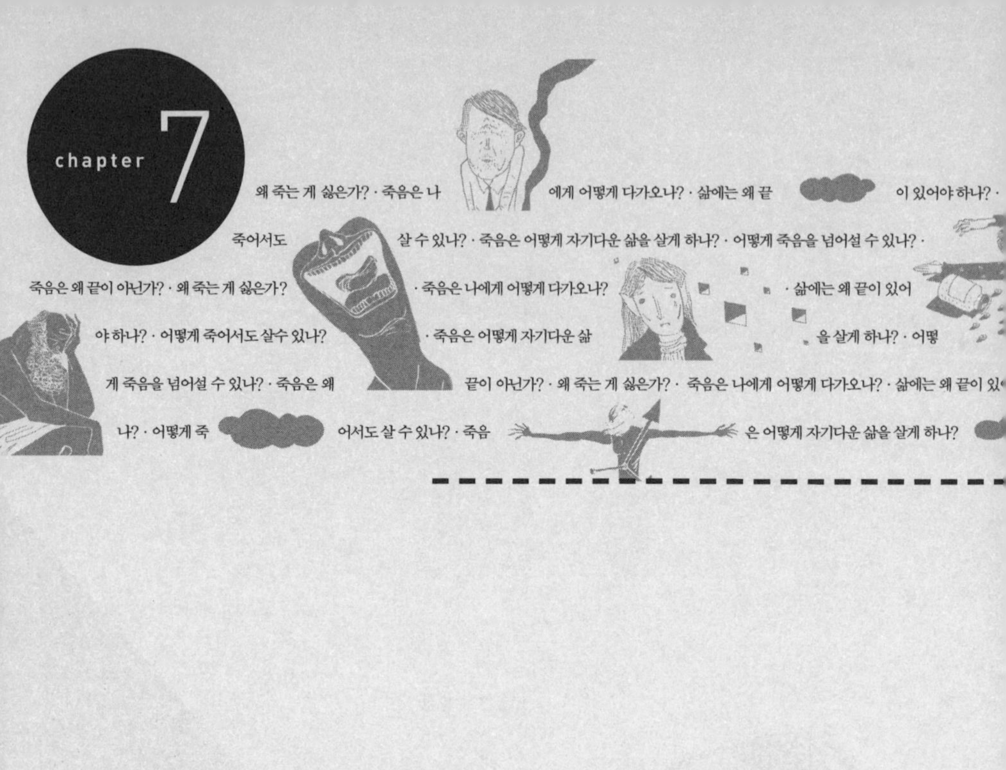
왜 죽는 게 싫은가? · 죽음은 나 에게 어떻게 다가오나? · 삶에는 왜 끝 이 있어야 하나?
죽어서도 살 수 있나? · 죽음은 어떻게 자기다운 삶을 살게 하나? · 어떻게 죽음을 넘어설 수 있나? ·
죽음은 왜 끝이 아닌가? · 왜 죽는 게 싫은가? · 죽음은 나에게 어떻게 다가오나? · 삶에는 왜 끝이 있어
야 하나? · 어떻게 죽어서도 살수 있나? · 죽음은 어떻게 자기다운 삶 을 살게 하나? · 어떻
게 죽음을 넘어설 수 있나? · 죽음은 왜 끝이 아닌가? · 왜 죽는 게 싫은가? · 죽음은 나에게 어떻게 다가오나? · 삶에는 왜 끝이 있
나? · 어떻게 죽 어서도 살 수 있나? · 죽음 은 어떻게 자기다운 삶을 살게 하나?

삶만이 아름답 다 · 내 삶은 나의 죽음을 취급하지 않는다 · 죽 음의 어둠 속에서 빛을 보다 ·
살아 있는 것은 죽기 때문에 아름답다 · 죽음 앞에서 자기 일을 찾다 · 삶을 걷어차야 진짜 삶이 보인다 · 진
리를 향한 믿음은 죽음을 무릅쓴 다 · 시계가 멈춘다고 시 간이 멈추지는 않
는다 · 삶만이 아름 답다 · 내 삶은 나의 죽음을 취급하지 않는다 · 죽음의 어둠 속에서 빛을 보다 · 살아 있는 것 은 죽
기 때문에 아름 답다 · 죽음 앞에서 자기 일을 찾다 · 삶을 걷어차야 진짜 삶이 보인다 ·
향한 믿음은 죽음을 무릅 쓴다 · 시계가 멈춘다고 시간이 멈추지는 않는다 · 삶만이 아름답다

순간이여 영원하라

시계가 걸렸던 자리

구효서의 단편 〈시계가 걸렸던 자리〉는 20여 쪽에 이르는 짤막한 분량으로 밀도 높은 문체와 구성을 보여주는 작품이다. 소설은 생이 얼마 남지 않았다는 진단을 받은 주인공이 고향집을 찾은 이야기로, 고향집에서 떠올리는 주인공의 상상 세계로 채워져 있다. 주인공의 상상은 출생 당시의 풍경과 사망 후의 풍경부터 시작해서 자신이 존재하지 않았던 오랜 과거와 오랜 미래까지 아우르면서 한 편의 파노라마를 이룬다. 이 파노라마의 마지막은 소설의 제목이기도 한 '시계가 걸렸던 자리'로 수렴된다.

T

　　　고향집 마당은 웃자란 개망초로 구렁이 돼 있었다. 축대
밑은 여뀌들로 무성했다. 몇해 전 들렀을 땐 떡살을 찧던 돌절구가
대문 밖 제자리에 그대로 있었으나, 없어져버린 자리엔 뻘건 빗물이
고여 있었다. 허리까지 자란 풀들을 헤치며 집으로 다가갔다. 미처
증발되지 않은 이슬이 바지를 적셨다.

　두달 전만 하더라도 아침 아홉시에 고향집을 찾을 거라곤 생각지
못했다. 명절 때 성묘 다녀가던 길에 한두 번 들렀던 게 고작이었다.
아이러니컬하게도 생의 끝 싯점이 언제일지를 구체적으로 계산하게
되면서 생의 처음 싯점이 궁금해졌던 것이다. 불현듯 닥쳐온 죽음 앞
에서 탄생을 생각하는 건 아이러니가 아니라 어쩌면 자연스런 일일
지도 몰랐다.

　생의 끝점은 시시각각 구체화되고 있는데 생의 시작점이 여전히 모

호하다는 게 이른 새벽 나를 고향으로 내몰았다.

(중략)

어느 날 갑작스레 코앞에 다가와 나를 이러지도 저러지도 못하게 옥죄고 있는 죽음의 그림자. 그 옴짝달싹 못하는 지경에서 내 숨통을 틔울 건 오로지 태어난 시각을 정확히 아는 것뿐이라는 식이 돼버렸다. 어째서 그런 결론에 도달하게 됐는지 알 턱이 없었다. 알 수도 없었고, 알고 싶지도 않았다. 다만 그런 식이 돼버렸다는 것이고, 날짜에 맞춰 고향집에 당도했다는 사실만 중요하게 여겨질 뿐이었다. 그럭저럭 잘 걷던, 그러나 생애 유일했던 길이 코앞에서 턱 막혀버린다면 무슨 기현상인들 안 일어날까. 생일이 내 여생의 범위 안에 있었다는 사실에 안도할 뿐이었다. 그리고 그 집이 아직도 그때의 문턱 높이를 간직한 채 그곳에 있다는 것. 언제라도 그 방에 들어갈 수 있다는 것.

(중략)

천천히 집을 한 바퀴 돌고, 다시 대청을 올라 안방으로 향했다. 대청과 안방 경계에 놓인 문턱에 엉덩이를 대고 앉았다. 여전히 구두를 신은 채.

그곳 안방에, 내가 있었다. 어머니의 무릎이 아니면 잠들지 못했던 막내. 어머니 나이 사십에 얻은 늦둥이. 잠이 쏟아져 어머니의 치맛

단을 잡고 칭얼거렸다. 어머니는 물레를 멈추고 나에게 무릎을 내주었다. 나는 끊임없이 칭얼거렸다. 배가 아파서였고, 까까머리통에 난 부스럼 때문이었다. 어머니는 가렵지 말라고 무명조각으로 부스럼을 꾹꾹 눌러주었다. 진물이 흰 무명조각에 누렇게 배어났다.

어린 나는 내 앞에, 손을 뻗으면 잡힐 듯 누워 있었다. 부르면 눈을 뜨고 나를 바라볼 것 같았다. 얼굴과 어깨와 정강이에 얼룩진 건 마른버짐이었다. 어머니 무릎 위의 나는 입술을 오물거리다 잠에 빠져들었다.

나는 손을 들어 까칠해진 턱수염을 쓸었다. 반나마 빠진 머리카락을 쓸어올렸다. 약 먹을 시간을 계산하는 나. 아내에게 화까지 내며 굳이 혼자 고향엘 다녀오겠다고 우겼던 내가 낡은 문턱에 엉덩이를 대고 있었다. 이백육십오 밀리미터의 신발을 신은 내가, 자면서도 발가락을 꼼지락거리는 어린 나를 바라보았다. 어떤 것이 나일까. 둘 다 나라면, 어느 것도 내가 아닌 것이다.

고개를 들던 나는 소스라쳐 뒤로 나가자빠질 뻔했다. 반사적으로 문턱을 움켜쥐고 간신히 균형을 잡았다. 놀란 내 눈에, 방 한가운데 반듯이 누워 있는 나의 시신이 들어왔다. 그나마 얼굴피부가 곱고 수의마저 단정해 잠깐 안심이 됐으나 주검은 곧 부패를 시작해 빠르게 육탈되기 시작했다. 팔년 전에 돌아가신 어머니의 유골을 환영으로 보고 있는 건 아닌가 싶었지만 그건 분명 나였다. 턱과 목 사이의 검은 점, 뭉툭한 손가락, 귀밑의 임파선 수술 자국, 쥐에게 물린 새끼손가락, 랩을 들을 때마다 찡그리던 이마, 특정 국가에 대해 독설을 퍼붓던 입술……

시신은 곧 핥아놓은 듯이 깨끗한 뼈로 변했다. 눈이 부셨다. 수의도 머리카락도 흔적없이 사라져버렸다. 나는 복잡하기도 하고 단순하기도 한 그 새하얀 석회질의 구조물을 오래오래, 하나하나, 구석구석 바라보았다. 천천히. 자세히. 왠지 웃음이 나왔다. 그건 더이상 내가 아니었다. 애당초 내가 아니었다. 나는 차라리 저 문밖의 대추나무거나 보리똥나무거나 뼈꾹채거나 방안을 가득 메우고 있는 햇살이거나 보리똥나무 사이로 보이는 하늘이라면 하늘이었다. 설령 나라고 할지라도 그것은 나의 극히 작은 일부분일 뿐이었다. 나의 훨씬 더 많은 부분들은 눈밭과, 그 눈밭을 헤집는 너구리, 백일홍, 백일홍 꽃잎 위의 아침이슬같은 것에 나뉘어 존재했다. 고작 그런 뼈라니. 웃음이 나왔다.

웃음이 끝나기도 전에 뼈는 산화를 시작해 어느새 먼지로 변했다. 방의 네 벽도 따라 무너지고 풍화됐다. 빠르게 변하는 저속촬영 화면. 그러나 나는 그것들 하나하나를 놓치지 않고 눈여겨보았다. 눈과 비가 내리고 마르고, 바람이 불고 얼음이 얼고 홍수가 졌다. 눈앞에 더이상 시신의 흔적 따위는 없었다. 꽃이 피고 지고, 무수한 새가 왔다 가고, 숱한 구름이 모였다가 흩어졌다. 좀처럼 변하지 않는 것은 돌과 바위뿐. 나무들도 늙어 쓰러지고, 쓰러진 나무 위에 또다른 나무가 겹쳐 쓰러져 썩어가다 먼지가 되어 바람에 흩어졌다. 그러는 한켠에선 새순이 땅을 뚫고 나와 풀이 되고 나무가 되었다. 좀처럼 그칠 줄 모르는 건 바람과 비와 구름의 조화였다. 집터조차 가뭇없이 사라졌다. 낯설고 황량한 대지 위에 오로지 고즈넉한 햇살이 오래도록 떨어져내릴 즈음, 휘몰아치던 변화의 화면은 깊은 한숨을 몰아쉬

며 시나브로 정지했다. 그곳에 집이 있었거나 사람이 태어나 살았다
는 흔적은 어디에도 없었다. 내가 간 뒤 언젠가는 도래하고야 말 쓸
쓸한 풍경 앞에서 나는 더이상 웃지 않았다. 그곳에 나는 없었다. 내
삶도 없었지만 죽음도 없었다.

　내 죽음은 탄생과 함께 시작된 것이었으므로 내 삶의 시작점은 곧
내 죽음의 시작점이었다. 그러니까 삶의 끝은 죽음의 시작이 아니라,
끝이었다. 삶이 끝나는 곳에 죽음도 함께 사라지는 거였다.

　나는 눈을 감고 분이나 초 따위로 쪼개거나 잴 수 없는 죽음 뒤의
시간 속에 앉아 있었다. 평온했다. 눈을 떴을 때도 나는 그곳에 있었
다. 그러나, 여전히 낯설고 황량한 대지 위에 오로지 고즈넉한 햇살
이 떨어져내려야만 했을 그곳에, 다시 집과 벽이 보이고, 안방에 누
워 산통하는 어머니가 보였다. 내가 막 태어나려 하고 있었다. 죽음
뒤 일만년이나 지났을 자리에 다시 내가 태어나고 있다니.

　어머니의 산통은 계속되었지만 내 울음소리는 들리지 않았다. 내가
태어나는 게 아니었다. 산통을 하던 어머니가 일어섰다. 아무 일도
없었다는 듯 쪽찐 머리를 쓸어올렸다. 어머니의 불룩한 배가 꺼져들
어가기 시작했다. 자꾸 젊어지던 어머니는 어느새 자취를 감추어버
리고, 우리가 들어와 살기 전에 그 집에 살았던 낯선 가족의 얼굴이
차례로 비쳤다. 그들마저도 결국 모습을 감추었다. 시간이 거꾸로 돌
아가고 있었다. 지붕이 날아가고 벽과 기둥이 사라졌다. 텅 빈 산자
락의 모습이 한동안 이어졌다. 바람이 불고 비가 내리고 눈이 오고
그쳤다. 좀처럼 변하지 않는 것은 비와 바람과 구름과 바위들뿐이었
다. 햇빛이 비치고 많은 새들이 오가고 꽃이 지고 피고 계절이 빠르

게 바뀌었다. 줄기가 가늘어지고 이파리들을 가지 속으로 숨기던 나무들은 마침내 키를 점차 줄이다가 새순이 되어 땅밑으로 기어들기를 끝없이 반복했다. 사람과 마을이 생기기 이전의 스산한 풍경들이 스쳐지나갔다. 한동안 더 거침없이 휘몰아치던 화면이 이윽고 낯익은 광경에서 시나브로 변화를 멈추었다. 황량한 대지 위에 오로지 고즈넉한 햇살을 오래도록 떨구는.

나도 없고 죽음도 없던, 좀전에 보았던 것과 거의 같은 장면이 눈앞에 완강히 멈추어 있었다. 좀전의 광경이 일만년 뒤쯤의 것이었다면 이번의 광경은 일만년 전쯤의 것이랄 수 있었다. 그 흡사함에 소스라치듯 놀랐다. 그 어디에도 나란 있을 수 없었다. 내가 바람이고 비고 하늘이고 햇빛이고 구름이고 바위가 아니라면 나는 어디에도 있을 수 없었다. 나는 정말 어디에도 없는 것일까. 그걸 보고 느끼는 지금의 나는 그럼 무엇으로부터 온 무엇이며, 그것은 또 어디로 간단 말인가.

나는 맘속으로 조용히 문밖의 과꽃을 향해 물었다. 맨드라미를 향해 물었다. 혹시 네가 나 아닐까. 햇살과 바람과 하늘에 물었다. 혹시 네가 나 아닐까. 너희가 나라면 나는 언제 어디에고 있을 수 있을 텐데. 그리고 내가 언제 어디에고 있을 수 있는 거라면, 나는 바람이고 비고 하늘이고 햇빛이고 구름이며 바위임이 분명할 텐데. 너희들이 있으면 내가 있는 것이고 내가 있으면 너희들이 있는 것일 텐데. 살고 죽을 일도 없을 텐데.

내 죽음은 칠십여일 전 어느날 오후, 의사인 친구의 우정어린 고백으로부터 갑작스럽게 시작된 게 아니었다. 내 죽음은 이미 사십육년 전 9월 18일, 오전 열시 육분 사십오초에, 탄생과 함께 시작된 것이었다. 그러나 과연 한 생명이 생일날 비로소 존재를 시작하는 것일까. 아니라면 탄생은 죽음의 시발점도 될 수 없는 것 아닐까. 삶과 죽음의 시발점이 과연 있기나 한 것일까.

햇빛이 장독대 위로 폭포처럼 쏟아져내리고 있었다. 번들거리는 대춧잎과 혈흔 묻은 것 같은 대추열매 위에 떨어져내렸다. 가늘고 긴 보리사초 이파리들이 명주실처럼 반짝였다. 화장솔 같은 보랏빛 뻐꾹채 꽃술들. 야생초에게 밀려 겨우 저만치서 쭈뼛거리는 백일홍. 보리똥나무를 휘감고 오르는 능소화 줄기며 칡넝쿨들이 늦여름의 마지막 진초록을 뿜어내고 있었다. 햇살을 받아 빛나는 그것들 하나하나를 나는 절박하게 바라보았다. 마른 입술에 연신 침을 바르며, 애타는 심정으로 맨드라미며 과꽃이며 여뀌며 개망초를 앞앞이 바라보았다. 바람이 불어 소나무 가지가 흔들렸다. 보리똥나무 틈새로 바라다보이는 하늘에 뭉게뭉게 구름이 피어오르기 시작했다. 하나의 장엄한 세계가 시야에 꽉 들어찼다. 가슴이 벅차 숨이 막혔다. 내 몸은 곧장 낱낱이 분해되어 그것들 속에 빠르게 용해돼버릴 것 같았다. 어디선가 다시 뎅, 하는 괘종 소리가 들렸다.

나는 시계가 걸렸던 자리로 눈길을 돌렸다. 녹슨 못이 변색된 유골의 파편처럼 박혀 있을 뿐이었다. 시계는 어디에도 없었다.

그 시계가 벽에 처음 걸릴 때 몇시 몇분을 가리키고 있었는지 나는 기억하지 못했다. 시간을 읽을 줄 몰랐던 때였다. 몇시 몇분인가를 가리키고 있었겠지. 하지만 그 시각은 언제부터 시작된 시각이었을까.

그 시계가 벽에서 떼어지던 때의 시각도 나는 기억하지 못했다. 떼

어내는 걸 보지도 못했다. 시계의 행방조차 알 수 없었다. 떼어낸 뒤
로 시계의 바늘은 얼마큼이나 더 돌았을까. 그 시각은 언제까지 계속
될 시각이었을까.

없는 시계. 나는 녹슨 못으로나마 그 자리를 겨우 어림짐작할 뿐이
었다.

그러나 이제 시계는 어디든 있는 거였다.

그중 하나는 내가 병상에서 눈을 감는 시각을 저 홀로 정확히 가리
킬 것이다. 반드시 그럴 것이다. 하릴없이.

구효서, 《시계가 걸렸던 자리》, 창비, 2005,
9, 12, 24~30쪽

내 삶은 몇 조각 뼈로
남을 뿐인가?

구효서의 단편 〈시계가 걸렸
던 자리〉는 문학적 상상력과 형이상학적 사고가 탄탄히 결합된 작품
이다. 작품은 주제 '죽음'과 관련하여 종교나 철학과는 다른 새로운
차원에서 죽음의 허무를 어떻게 극복할 것인가 하는 문제를 다루고
있다. 느닷없이 시한부 인생을 선고 받은 주인공이 옛 고향집을 찾아
간다. 고향집은 자기 생이 시작되었던 장소이다. 폐가나 다름없는 고

향집에서 주인공은 지난 생을 반추하면서 자기 죽음의 미래를 그려 본다. 그의 상상은 개인적인 삶의 시간을 넘어 '만 년 전'의 과거와 '만 년 후'의 미래까지 뻗어나간다. 그러면서 인간 존재의 근본적인 정체성에 대해 묻는다.

그의 상상은 현재의 자기를 중심으로 서서히 미래를 향하는 데서 출발한다. 그는 먼저 자기가 죽은 후의 모습을 상상한다. 눈앞에 자기의 시신이 나타나고 그 시신이 서서히 해체되어 뼈와 가루로 변하고 급기야는 아무것도 남아 있지 않게 된다. "고작 그런 뼈라니. 웃음이 나왔다."라는 그의 허탈한 고백은 하지만 허망하게 그치지만은 않는다. '고작 그런 뼈'가 아니라면 무엇이란 말인가? 무엇일 수 있는가? 지금 살아 있는 자신과 미래의 몇 조각 뼈 사이를 좁히지 못한 채 그는 혼란에 빠진다.

죽음의 결과로 주어지는 몇 조각의 뼈를 수긍할 수 있는 길이 인간에게 있을까? 주인공이 부딪히고 있는 이 문제 상황에 우리는 우선 동참해야 한다. 자기의 미래와 현재를 연결할 수 없어 난감해 하는 주인공의 심정을 우리는 공감할 수 있다. 우리 각자의 삶은 나름의 시련과 고통 속에서 진행되는데 이러한 삶의 무게의 끝에는 '인간 형태의 소멸'이라는 허무맹랑한 사건이 기다린다. 자신이 죽은 직후에 발생하는 허망한 사태에 머물던 주인공은 '만 년 후'와 '만 년 전'이라는 먼 미래와 과거를 왕복하며 비교하고는 소스라치게 놀란다. 그 두 시점에서 드러나는 광경이 지극히 흡사할뿐더러 거기 "어디에도 나란 있을 수 없었"기 때문이다. '지금'은 분명히 '나'라고 부를 수 있는 존재가 있는데, 과거와 미래 어디에서도 자신의 존재 흔적을 찾을 수가 없었다. 그렇다면 대체 "나는 그럼 무엇으로부터 온 무엇이며, 그것은 또 어디로 간단 말인가." 인간 존재의 근원적인 출처와 실상을 문제시하고 있는 대목이다.

'사라진 나'를 찾기 위한 주인공의 시선은 우선 '자연물'로 향한다. "맨드라미를 향해 물었다. 혹시 네가 나 아닐까. 햇살과 바람과 하늘에 물었다. 혹시 네가 나 아닐까." 제정신이 아닌 사람에게나 있을 법한 이 독백은 집중을 요하는 대목이다. 다음 대목 역시 만만치 않다. "너희가 있으면 내가 있는 것이고 내가 있으면 너희가 있는 것일 텐데. 살고 죽을 일도 없을 텐데." 이 대목은 주인공이 자기 삶의 존재론적인 근거를 확보하고 있는 시발점이 되고 있다. 주인공이 찾은 맨드라미와 햇살, 하늘은 하지만 한낱 개개의 자연물에 그치지 않는다. 텍스트에 동원된 자연물은 '나'가 아니라 '나 아닌 것'을 대변하는 대상이며, '자연 속에 내가 있음'을 확인하는 일이 주인공의 궁극적인 결론은 아니다. 주인공의 물음은 죽음에서 어떻게 벗어날 것인가 하는 죽음 극복의 문제에서, 나아가 "삶과 죽음의 시발점이 과연 있기나 한 것일까." 하는 생명의 정체성에 관한 물음으로 확대되고 있기 때문이다. 따라서 텍스트 속에 제시된 자연의 의미는 삶과 죽음의 파노라마 저편에서 진행되는 타자(他者)의 운동으로까지 확대된다.

마지막으로 텍스트의 제목 '시계가 걸렸던 자리'가 문제다. 어린 시절, 주인공의 고향집에 걸려 있던 괘종시계는 이 텍스트에서 '삶의 시간'과 관련하여 상징적인 의미를 지닌다. 옛날 신주단지처럼 모셨던 위풍당당한 시계는 이제 남아 있지 않다. 남아 있는 것은 시계가 걸렸던 '자리'뿐이다. 옛날 가족의 생활 리듬을 재단했던 시계는 흔적도 없이 사라지고 빈 공간만 주인공을 맞이한다. 시계가 걸렸던 자리에는 "녹슨 못이 변색된 유골의 파편처럼 박혀" 있었다. 여기서 '시계의 시간'은 훨씬 길고 오래된 '자연의 시간'과 구별된다. 이 사항을 주인공은 다소 역설적으로 묘사한다. "이제 시계는 어디든 있는 거였다." 시계가 사라졌는데도 어디든 시계가 있다니, 이를 어떻게 이해해야 할까? 이 역설은 삶의 끄트머리에 버티고 있는 죽음을 극복하는 일과 어떻게 관련될까? 시간 속에서 결국은 '몇 조각의 뼈'로 바뀌는 삶은 대체 완성될 수 있는 걸까?

S

죽음은
왜 끝이 아닌가?

시후 | 난 주말에 한탕 여행을 하고 왔지비.

나연 | 어쩐지, 살짝 까매졌네. 어디 물놀이라도 갔다 온 거야.

시후 | 나연 양, 내 나이가 몇 살인고. 물놀이라니. 시골의 정취를 만끽하고 왔달까.

하람 | 시골 할머니 댁에 다녀온 건가. 오늘 텍스트에도 시골의 정취가 있지. 느낌은 사뭇 다르지만.

준서 | 주인공의 상황이 특별하니까. "생의 끝 시점"을 바라보게 된 주인공이 이른 아침부터 고향집을 찾았지. 다 허물어져가는 고향집이야.

시후 ┃ 흠……, 확 우울해지네. 생의 끝 시점이라니. 병명이 뭐야. 고
향집은 왜 간 거고.

준서 ┃ 정확히 나오지 않지만 만성 위궤양으로 고생했다니 아마도 위
암 같아. 고향집에 간 이유는 발췌 부분에 정확히 나와. "죽음의 그
림자. 그 옴짝달싹 못하는 지경에서 내 숨통을 틔울 건 오로지 태어
난 시각을 정확히 아는 것뿐이라는 식이 돼버렸다."

나연 ┃ 논리적으로는 이상한데 공감은 가고 그러네. 자기가 태어난 곳
을 찾는다고 죽음의 공포에서 벗어날 수 있을까? 그냥 삶을 한번 뒤돌
아본다는 의미겠지. 고향집을 돌아보며 어렸을 때는 어땠을까, 죽는
다는 건 뭔가, 죽으면 어떻게 되나, 이런 상념의 여행을 떠나는 거야.

시후 ┃ 자기의 앞과 뒤를 몽땅 돌아다보는 거로구먼. '지금의 내'가
'이전의 나'와 '이후의 나'를 상상하기.

나연 ┃ 뎅~ 뎅~ 너도 괘종 소리를 들은 거니? 가끔 시후가 똑똑한 소
릴 한단 말이야. 고향집에 걸려 있던 옛날 괘종시계의 소리를 떠올린
다음부터 주인공의 상상이 시작되거든. 근데 그 묘사가 아주 실감나.
"자면서도 발가락을 꼼지락거리는 어린 나"에서 반듯이 누운 "시신"
으로, 그 다음에 "시신"에서 "뼈"와 "먼지"로. 초스피드로 산화하는
주인공의 모습을 봐.

시후 | 오~ 근사하네. 사는 게 뭐 별거겠어. 짧은 활동사진 같다구. 태어나고 자라고 죽는다, 이거잖아. 그러니까 주인공이 자기 시신 앞에서 "고작 그런 뼈라니." 하고 허탈하게 웃지. 웃음이 나올 수밖에.

하람 | 속도 조절 좀 하자. 토론의 적정 속도는 시속 30킬로미터라구. 묘사의 이면을 자세히 들여다봐야지. "어떤 것이 나일까." "더이상 내가 아니었다,"라는 진술을 봐. 주인공은 자기의 현재가 과거, 미래와 연결될 수 있을까, 어떻게 하면 나를 보장받을 수 있을까 혼란스러워하는 거야. 살아 있을 때의 나뿐만 아니라 살기 전의 정체성, 살고 난 후의 나의 정체성이 모두 문제가 되는 거야.

준서 | 어린 나의 "발가락"이나 "뼈"나 "먼지"는 적어도 실물 차원에서 확인할 수 있어. 눈에 보이니까 그 안에서 어느 정도 '나'의 연결고리를 찾을 수 있지. 물론 이 연결고리 자체도 '나'를 대단하게 생각했던 사람에겐 실망스럽겠지만. 그런데 주인공은 '나'에 대한 생각을 육안으로 확인 가능한 물질에서 삶의 이전과 이후로 확장하고 있어. "일만년 전"과 "일만년 뒤"까지. 그랬더니 사정이 확 달라져버렸어. 어디서도 자신의 흔적을 찾을 수가 없게 됐지.

나연 | "그 어디에도 나란 있을 수 없었다." 어떻게 보면 말장난 같기도 하고 …… 만 년 전에나 만 년 후엔 당연히 내가 없지. 불사신이 아닌 이상. '나'뿐 아니라 뭐든 남아나겠어?

시후 ┃ 여기 있잖아. "좀처럼 변하지 않는 것은 비와 바람과 구름과 바위들뿐이었다." 일만 년 전에도, 일만 년 후에도 건재한 모습으루다가.

나연 ┃ 이건 숫제 비, 바람, 구름 거느리고 인간을 만드셨다는 옛날 옛적의 얘기가 돼버리지 않니. 유치환의 〈바위〉처럼 '내 죽으면 한 개 바위가 되리라.'는 건지.

하람 ┃ 텍스트의 장치가 재미있어. 만 년 전의 풍경과 만 년 후의 풍경 묘사가 비슷해. "황량한 대지" 위에 고즈넉한 햇살만이 쏟아지는 가운데 "내 삶도 없었지만 죽음도 없었다."

나연 ┃ '일만 년'이라는 어마어마한 시간 단위를 상상한다는 점부터가 특이하지 않니? 만 년씩이나 왔다 갔다 한다면 어떤 인간도, 인간 문명의 어떤 것도 남아날 수 없어. 뭔가 냄새가 나지 않니?

시후 ┃ 오~ 나의 어머니, 대자연의 품으로 직행한다는 얘긴가? 우주의 역사를 1년으로 보면 인류는 12월 31일 저녁에 태어난 거라고 하던데. 오~ 내 삶이 바닷가의 포말처럼 흔적도 없이 스러지고 오~ 파도만이 해변을 오락가락하는구려.

준서 ┃ 인생무상, 지고(至高)의 자연이란 답으로 직행하는 건 성급하고 무책임해. 내가 자연 속에서 사라진다고 해서 문제가 끝나는 게 아니지. 지금 초점은 자연이 아니라 '나'야. '나'를 어떻게 구제할 것인가, 내가 없는 곳에서 어떻게 나를 말할 수 있나, 이게 주인공의 문제야. 지금 이 순간 너무나 확실하게 내 존재를 확인할 수 있는데도 과거와 미래에서는 흔적조차 찾을 수 없다는 사실을 어떻게든 납득시켜야 한다고. 생각해보면 정말 이상해. 이렇게 살아 숨 쉬고 있는 나를 과거의 나와 미래의 내가 전혀 지탱해주지 못해.

시후 | 그래, '현재 나의 존재'와 '과거와 미래의 나의 부재', 이 문제를 어떻게 풀 건데? "그걸 보고 느끼는 지금의 나는 그럼 무엇으로부터 온 무엇이며, 그것은 또 어디로 간단 말인가." 우와, 어쩌면 대중가요 가사랑 똑 닮았냐. '인생은 나그네 길, 어디서 왔다가 어디로 가~는가~.'

준서 | 첫 실마리는 이 대목이야. "혹시 네가 나 아닐까." 여기서 '너'란 "햇살과 바람과 하늘" "맨드라미" "과꽃" 등등이지. 자연물 전부를 가리켜.

나연 | 이 대목 정말 황당하지 않니? '내'가 없어서 쩔쩔 맬 때는 언제고 갑자기 '내'가 자연물과 같다는 거니? 과거와 미래 어디서도 자기를 못 찾겠다 싶으니까 인연이 닿는 건 죄다 끌어와서 나이거니 너이거니 하는 거니? 네가 나라니, 그게 무슨 뜻이야? 그리고 내가 자연

의 일부라면서 "언제 어디에고 있을 수 있을 텐데." "살고 죽을 일도 없을 텐데."라는 말은 왜 하는 거니? 모든 게 수상해.

시후 | 잠깐. 지나친 흥분은 당신의 건강을 해칠 수도 있소, 나연 낭자. 그러나저러나 헷갈리는걸. 인생은 짧고 자연은 영원하다는 모토가 아니라 그냥 내가 자연이라는 건가. 내가 맨드라미로 다시 태어난다는 거야? 이거 불교식 환생인가? 내가 소로 다시 태어난다는 거랑 어떻게 다른고?

준서 | 주인공이 염두에 두고 있는 것은 죽음을 끝없이 반복하는 환생의 논리와는 달라. 한 인간의 과거와 미래를 특정한 생명체나 자연물로 대체하지 않는다는 점에서 환생과는 분명히 구별돼. 주인공의 논리에 따르면 나는 자연의 일부로서 자연물에 편재해.

하람 | 하지만 '나'의 실체성을 인정하지 않는다는 점에서 불교의 기본 논리와 통해. '나'라는 주체를 고정되어 있거나 영원한 것으로 보지 않는 게 불교의 무아(無我) 아니야?

나연 | 주체가 여기저기에 편재한다니, 내가 어떻게 여기저기에 편재할 수 있냐구. 혹시 자기가 무(無)로 화해버리는 두려움에서 벗어나려고 심리적인 안전장치를 가동시킨 게 아닐까?

하람 ㅣ 자기가 태어나기 전에 아무것도 아니었거나 죽어서 아무것도 아
닌 것이 된다. 참 무서운 일이잖아. 자기가 죽어서 몇 조각 뼈로 변했
다고 상상하는 대목을 보면 그런 두려움이 보여. "그건 더이상 내가
아니었다. 애당초 내가 아니었다. 나는 차라리 저 문밖의 대추나무거
나 보리똥나무거나 …… 햇살이거나 …… 하늘이라면 하늘이었다."

준서 ㅣ 사태를 그렇게 주관적으로만 바라볼 필요는 없어. 나와 대추나
무의 동일성을 말하는 것이 존재의 허무를 극복하기 위한 주인공의
넋두리로 그치지 않고 실제로 설득력을 지닐 만한 여지는 없을까?

하람 ㅣ 음……, 유일한 방법은 화학적인 설명 아닐까?

나연 ㅣ 화학적?

하람 ㅣ 그러니까 내가 죽어서 뼈가 되고 먼지로 화한다. 나라는 먼지
가 공중으로 흩어지고 빗물로 흘러 들어가 다른 생명체의 양분이 된
다면, 나는 새나 꽃이나 나무의 일부가 되는 셈이지. 좀 쓸쓸한 설명
인가?

시후 ㅣ 그럼 태어나기 전은 어떻게 설명해? 뭐, 아무것도 없잖아?

하람 ㅣ 아니야. 역시 화학적으로 설명 가능해. 엄마가 먹은 대추가 양

분이 되고 살이 되어 내가 잉태된 거지.

나연 | 신기하네. 대추나무와 내가 확 연결되잖아.

시후 | 아니야. 여전히 뭔가 이상해. 자연물에 편재하는 '나'가 …… 그게 어떻게 나지?

준서 | 지금 나와 대추나무의 차이성이 중요한 게 아니야. 우리 논의를 짚어보자. '내가 어떻게 대추나무일 수 있는가?'가 관건이야. 나와 대추나무 사이의 상관관계가 문제라구. 내가 대추나무와 다르다는 건 이미 알고 있지. 너희 눈엔 내가 대추나무로 보여? 아니잖아. 주인공도 자기가 다른 자연물과 동일하다고는 생각하지 않아. 자기 유골을 상상하면서 그건 자기의 일부분이고 대부분은 이러저러한 자연물이라 말하고 있어. 여기서 중요한 건 앞의 '일부분'이 아니라 뒤의 '대부분'이야. 바로 여기에 논의의 초점을 맞춰야 해.

나연 | 오~ 준서~, '너희 눈엔 내가 대추나무로 보여?' 완전 히트 아니니? 무슨 컬트영화 대사 같잖아. 가만 보면 얘가 은근히 과격해요.

시후 | 그래도 난 허망하다. 내가 기껏 대추나무라니. 아니, 대추나무와 같은 부류라니. 죽어가는 사람에게 이런 설명 해준다고 어디 위로가 되겠냐고.

하람 | 네가 왜 찜찜해 하는지 이해가 가. 나와 대추나무의 유사성을 얘기하려면, 나의 관점을 뛰어넘는 무언가를 상정해야 돼. 그게 조물주든, 우주의 원리든, 그 유사성은 나 아닌 타자의 법칙에 따라 확인되는 사항이지 인간인 나로부터 확인될 수 있는 사항은 아닐 테니까. 앞에서 설명했던 화학적인 원리도 나의 관점이 아니라 자연의 관점에서 볼 때 가능한 얘기야.

준서 | 나의 관점이 아닌 자연의 관점이라……. 그렇다면 시계와 시간의 관계도 따져볼 만해. 주인공에게 시간은 중요한 변수야. 현재의 나를 중심으로 과거와 미래의 나를 따지는 거니까. 주인공의 시선을 따라가보자. "시계가 걸렸던 자리". 벽시계는 사라지고 녹슨 못이 "변색된 유골의 파편"처럼 초라하게 남아 있을 뿐이야. 시계의 위용은 참 대단하지. 자연에 따라 움직이던 사람들이 시계가 등장하면서 몇 시, 몇 분의 기계적인 시간관념을 갖게 됐고 그에 따라 움직이고 생활해왔어. 그런데 생각해봐. 시계라는 장치가 시간을 발명했을까? 그렇지 않아. 시계가 생겼다고 시간이 생긴 게 아닌 것처럼, 시계가 없어졌다고 시간이 없어진 것도 아니야. 시간의 관점에서 본다면 시계의 존재 여부는 문제가 되지 않아. 시계가 없어도 시간은 흘러.

나연 | 시계의 관점에서 시간을 보지 말고, 시간의 관점에서 시계를 보라. 멋지다~. 주관적인 것에서 객관적인 것으로 전환하는 거네. 중심에 있는 건 주관이 아니라 객관이다.

시후 | 하람이 차린 밥상을 준서가 꿀꺽~. 어쨌든 꽤 근사해. 시계와 시간의 관계를 인간과 자연의 관계에 대입시켜 생각하니까 문제의 출구가 보이는구먼. 시계가 멈춘다고 해서 시간이 사라지지 않는 것처럼 인간이 죽는다고 해서 자연이 사라지지 않는다. 하지만 시간이 없으면 시계가 움직일 수 없듯이 자연이 없으면 인간은 움직일 수 없다.

나연 | 근데 말이야, 난 아직도 사람이 자연에 편재한다는 설명이 죽음의 허무에서 벗어나려는 몸부림 같아. 결국 자기 위로의 처방전이 아니니?

하람 | 음……, 한 가지는 분명해. 시계를 기준으로 시간을 평가해선 안 되듯이 인간을 기준으로 자연을 평가해선 안 돼. 자연의 관점에서 볼 때 세계의 진상에 좀 더 접근할 수 있겠다는 생각이 들어.

나연 | 세계의 진상?

하람 | 왜, 언뜻 보면 시계가 출생 시각과 사망 시각을 규정하는 것처럼 보이잖아. 하지만 시작도 끝도 없는 자연의 시간으로 보면 인간의 시작과 끝은 절대적인 의미를 갖지 않아. 텍스트의 마지막을 봐. "시계는 어디든 있는 거였다. 그중 하나는 내가 병상에서 눈을 감는 시각을 저 홀로 정확히 가리킬 것이다. 반드시 그럴 것이다. 하릴없이." 시계는 이제 무의미해. 모든 곳에 편재하니까. 나란 존재는 그

자체로 설 수 없어. 자연 전체의 흐름과 긴밀하게 연결되어 있으니까. 시계는 시간이 흐르는 대로 따를 뿐이고 나는 자연이 이끄는 대로 따를 뿐이고. 시간이 있는 곳에 시계가 있듯이 자연이 있는 곳엔 항상 내가 있고.

나연 | 얘, 설명이 너무 자연스럽지 않니? 점점 선문답이 되어가는걸. 너 도인 다 됐다.

준서 | 주인공의 설명을 따라가다보면 노장의 도(道)나 불교의 무아를 생각하게 하는 구석이 많아. 어떤 연관이 있을지는 하람이가 득도하면 한 수 배우기로 하고. 다만 지금 말할 수 있는 건 ‘나’라는 존재의 의미를 확보하는 과정에서 주인공의 결론이 나왔다는 거야. 이건 분명히, 인생은 무상하나 자연은 영원하다는 상투적인 맥락과 달라. 적어도 인생을 긍정적으로 바라볼 수 있는 여지가 생기니까. 죽어도 ‘nothing’이 되지 않고 ‘something’이 된다는 거니까.

하람 | 주인공의 사변 여행이 정말 상당했어. 보통, 사람들은 시계와 시간을 크게 분리해서 생각하지 않잖아. 시계를 보며 시간을 재는 데 익숙한 우리에겐 두고두고 곱씹어볼 만한 텍스트야. 아~ 뭘까, 이 낯선 기분은……

시후 | 뎅~ 뎅~ 얘들아, 시계 소리 안 들려? 장면 전환의 신호음이라

구. 내 배꼽시계는 아까부터 울렸어. 오늘은 쫄면을 길게 길게 씹어 볼까나.

시계가 멈춘다고
시간이 멈추지는 않는다

통조림처럼 삶에도 유효 기간이 있다. 다만 통조림과 달리 삶에는 유효 기간이 표시되어 있지 않다. 그래서 사람들은 자기 삶의 유효 기간을 모르고 산다. 그런데 실은 이 무지(無知)야말로 삶을 살게 하는 원동력이다. 언제 어떻게 될지 모르기 때문에 지금은 웃으며 밝은 미래를 꿈꿀 수 있다. 삶의 유효 기간이 사후(事後)적으로만 알려진다는 건 얼마나 다행스러운 일인가. 그런데 자기 삶의 유효 기간이 통조림처럼 구체적으로 명시되어 있는 경우라면? 구효서의 단편소설 〈시계가 걸렸던 자리〉의 주인공은 47세의 나이에 자기 앞의 생이 몇 달밖에 남지 않았다는 의사의 진단을 접하고 깊은 실의에 빠진다. "생의 끝 싯점이 언제일지를 구체적으로 계산하게 되면서 생의 처음 싯점이 궁금해"진 주인공은 고향집을 찾아간다. 뚜렷한 종착점을 통보 받은 상황에서 희미한 시작점이나마 밝히고 싶다는 이유에서였다. 곧 닥칠 죽음 앞에서 그는 자기 삶을 어떻게 그려낼까?

　폐가나 다름없는 고향집을 구석구석 둘러보며 주인공은 애상에 잠긴다. 지극히 감상적이고 축축해지기 십상인 상황이지만 작가의 독특한 탐구 정신에 힘입어 그의 고향집 방문기는 녹록지 않은 한 편의 철학 리포트가 된다. 먼저 어린 시절을 회상하던 주인공은 얼마 지나지 않아 시신으로 변해 있을 자신의 모습을 그려내기에 이른다. 자신의 시신이 "핥아놓은 듯이 깨끗한 뼈"로 변하고, 그 "새하얀 석회질의 구조물"을 뜯어보던 주인공은 쓴웃음을 흘린다. "그건 더이상 내가 아니었다. 애당초 내가 아니었다. …… 고작 그런 뼈라니." 자기 삶이 몇 개의 뼈로 귀결되는 광경 앞에서 그는 허망하게 웃는다.

　사람이 죽으면 뼈로, 재로, 먼지로 변해 결국은 흔적을 찾을 수 없게 된다. 물질적인 차원에서의 설명이지만 이 사실만큼 삶의 허무를 단적으로 드러내는 것도 없다. 주변의 사랑하는 이가 죽어 화장장에서 순식간에 한 줌의 재로 변하여 사람들 앞에 나타난다. 한 개인의 삶을 둘러싸고 진행되었던 숱한 사연과 사건들이 감쪽같이 평정되어 사소한 것으로 둔갑해버린다. '뼈'나 '재'에서는 도저히 죽음의 당사자가 겪었을 세월을 가늠할 길이 없다. 삶의 궤적은 어디론가 사라지고 뼈와 재만 덩그러니 남는다. 삶의 의미는 죽음의 물질적 흔적 앞에서 질색하고 퇴색한다. 삶의 무거움과 죽음의 가벼움 사이에 엄청난 간격이 존재한다. "고작 뼈라니."의 '고작'에는 주인공의 씁쓸한 비애가 스미어 있다. 자기의 삶 전체가 그런 미미한 물질로 요약된다는 걸 도저히 인정할 수 없었다. 의지와 노력으로 한 삶을 꾸려왔다

면 적어도 그에 합당한 결론이 주어져야 하지 않겠는가. 그러나 실제
는 그의 기대를 저버린다. 뼈-재-먼지라는 결과물을 자기 삶의 등가
물로 놓기에는 너무나 황당하고 부당하다.

자기의 시신이 뼈와 재와 먼지로 화하는 장면은 곧 인간이 인간으
로서의 '형태'가 무너지는 과정이기도 하다. 죽음이 인간적인 형태의
해체와 소멸로 이어진다는 데 유한한 존재로서의 인간의 비애가 있
다. 인간 존재의 문제는 그래서 인간의 형태를 유지하고 있느냐, 그
렇지 않느냐 하는 문제로 흔히 귀착된다. 한 프로그램에 아버지를 여
윈 형제의 사연이 나온 적이 있다. 한 프로 야구단의 코치가 아버지
와 닮아서 만나보고 싶다는 것. 생전에 아버지가 즐겨 입던 티셔츠를
코치에게 입히고 함께 캐치볼을 하며 그리움을 달래는 형제의 모습
은 보기에도 찡했지만 그 감동은 뭔가 섬뜩하기도 했다. 죽은 사람은
이 세상에 단 한 번 존재했던 사람이라는 것, 그와 동일한 존재는 있
을 수 없다는 것, 하지만 외모만이라도 닮은꼴을 찾아보려는 그리움
의 정도가 절절하고 섬뜩했다. 죽어서 생전의 형태를 잃게 되면 인간
으로서 더 이상 존재하지 않는다는 의식이 일상에서는 지배적이다.

텍스트의 주인공은 자기의 '존재 문제'에 봉착하고 있다. 살아 '있
던' 것이 죽어 '없어지는' 경험 속에서 그는 자기의 존재 찾기에 나
선다. 자기가 몇 조각의 뼈일 수는 없다는 생각에 가까이 있는 다른
것들에서 자기의 흔적을 찾기 시작한다. "나는 차라리 저 문밖의 대
추나무거나 보리똥나무거나 뻐꾹채거나 방안을 가득 메우고 있는 햇
살이거나 보리똥나무 사이로 보이는 하늘이라면 하늘이었다." 여기

나열된 것들을 곧이곧대로 이해할 필요는 없다. 이들이 한 줌 흙이나 몇 조각의 뼈보다 좀 더 그럴싸한 것일 수 있다면 그만이다. 이것들이 헛헛한 마음을 채우기 위해 고안된 상상물인 것일까? 물론 이들이 그 자신일 수는 없다. 하지만 '고작 뼈'가 아니기 위해서는 다른 무엇이 보완물이나 대체물로 들어오지 않으면 안 된다.

자기의 대체물을 자기 밖에서 찾으려는 주인공의 노력은 시공간적으로 점차 확대된다. 그는 삶과 죽음의 저편에서 항상 있어온 것들에 관심을 돌려, "돌과 바위" 그리고 "바람과 비와 구름"만이 예나 지금이나 한결같았던 시점으로 돌아간다. 그런데 거기에서는 자기가 살던 집은 물론 사람이 태어나 살았다는 흔적조차 찾을 수 없었다. "그곳에 나는 없었다. 내 삶도 없었지만 죽음도 없었다." 삶과 죽음의 흔적이 사라진 "낯설고 황량한 대지" 위에는 "고즈넉한 햇살"만이 떨어지고 있었다. 이런 광경은 주인공의 상상을 빌리지 않더라도 현실에서 충분히 목격할 수 있다. 인간의 영욕에 휩싸였던 고대의 도시들이 세월 속에서 빛이 바래 파손된 몇몇 조형물을 통해서만 겨우 과거의 흔적을 보여준다. 그나마 시간이 흐르면 흙과 먼지로 변하여 그 자리에서 피어났던 인간의 자취는 온데간데없이 사라질 것이다.

주인공은 자기 삶의 "일만년 전"과 "일만년 뒤"라 할 만한 아득한 시간의 앞뒤로 이동하며 상상의 나래를 편다. 자기 삶의 앞뒤로 일만 년씩 이동했으니 산술적으로는 2만 년이 흘렀기 때문에 이 기간에 엄청난 변화가 일어났음직하다. 그러나 실제는 달랐다. "그 흡사함에 소스라치듯 놀랐다." 그가 사유의 실험을 거쳐 도달한 두 시점에서 본 광경에는 거의 차이가 없었던 것이다. 더욱 놀라운 사실은 "그 어디에도 나란 있을 수 없었다."는 것이다. '나'가 보이지 않았다. 만 년 전에는 내가 태어나기 훨씬 전이고 만 년 후에는 내가 죽어 없으니 그 두 곳에 내가 보일 리 만무하다. "나는 정말 어디에도 없는 것일까. …… 지금의 나는 그럼 무엇으로부터 온 무엇이며, 그것은 또 어디로 간단 말인가." 대체 내가 없던 데에서 어떻게 내가 생겨났으며, '있었던 내'가 어떻게 아무 흔적도 없이 무(無)로 화한단 말인가? 주인공의 의문은 극에 달한다.

일찍 남편을 잃은 사촌누이가 언젠가 말한 적이 있다. 아무리 기차를 타고 비행기를 타고 돌아다녀보아도 그이는 없더라고. 인간으로서 존재하지 않는다면 존재는 무(無)이다. 존재(being)는 종종 인간 존재(human being)로 대치되곤 하기 때문이다. 사람들은 2세를 낳고 영혼을 기도하고 예술의 불멸을 기리는 등 여러 가지 방식으로 자기 삶을 증폭시키고자 한다. 텍스트의 주인공이 삶을 기도하는 방식은 좀 더 사색적이다. 과거에도 미래에도 '나'가 부재한다는 사실은 현재 내가 존재하는 방식으로 과거나 미래에 존재하지 않는다는 뜻이다. 주인공은 여기서 자기 존재의 정체성을 잃게 되는데, 이 혼란은 어디까지나 나의 존재를 '인간의 모습으로 있음'을 기준으로 파악하는 데서 비롯한다. 따라서 태어나기 전이나 죽은 후에 나는 아무것도 아니라고 했을 때, 아무것도 아니라는 말은 내가 인간의 모습으로 있지 않다는 것일 뿐 아무것도 아닌 것(no-thing)은 아니다. '나'는 분명 어떤 것(some-thing)이며, 규정되어 있지 않다는 점에서 무엇

(any-thing)으로든지 확장될 수 있다.

주인공의 말, "그곳에 나는 없었다. 내 삶도 없었지만 죽음도 없었다."는 뇌까림은 물리적인 흔적 찾기에 실패한 사람의 넋두리로 비칠 수도 있다. 하지만 주인공이 만 년 전후를 상상하며 이끌어낸 풍경은 인생무상의 배경 그림 정도로 쓰인 게 아니다. 그의 성찰을 더 들여다보면 자연의 흐름 속에서 인간의 삶이 문제시되는 방식이 다르다는 존재론적인 사실을 함축하고 있다. "내 죽음은 탄생과 함께 시작된 것이었으므로 내 삶의 시작점은 곧 내 죽음의 시작점이었다." 그리고 "삶이 끝나는 곳에 죽음도 함께 사라지는 거였다."고 할 때도, '자연은 나의 탄생의 시점에 죽음을 준비해놓았다.' 인간의 '삶'과 '죽음'이라는 언어를 자연은 자기의 코드에 맞춰 이해한다. 자연은 인간이 이해할 수 없는 다른 차원의 언어 안에 인간의 언어를 가둔다. 이제 자연 안에서 나를 어디에 어떻게 위치시킬 것인지가 문제로 남는다. '거기에 나는 없었다.'고 하지만 그것은 '물질적 형태로 없었다.'는 것일 뿐 '어떤 것으로도 없었다.'를 뜻하지는 않기 때문이다. 그 '어떤 것'을 어떻게 찾을 것인가?

주인공은 이제 형태상 자기와는 전혀 다르게 생긴 자연물이나 자연현상에서 자기를 찾아 헤맨다. 그러면서 자기 주변에 있는 것들에게 존재 근거의 혐의를 둔다. "맨드라미를 향해 물었다. 혹시 네가 나 아닐까. 햇살과 바람과 하늘에 물었다. 혹시 네가 나 아닐까." 맨드라미에게 네가 나 아니냐고 묻다니! 이건 정신착란증 환자가 아닌가? 아니다. 물을 수 있다. 존재의 논리를 새로운 차원으로 끌어올리면 이러한 의문이 가능해진다. 인간의 관점에서는 불가능하지만 자연의 관점에서는 성립할 수 있는 의문이다. '맨드라미'라든지 '햇살, 바람, 하늘'이라는 개별 대상에 집착하지 않고 이들을 자연물과 자연현상으로 폭넓게 이해할 경우 앞의 이야기들이 허무맹랑하기만 한 건 아니다. 오히려 이렇게 접근함으로써 자기 존재의 비밀에 가까이 갈 수 있다. 인간의 삶과 죽음이라는 현상은 이것보다 불변하고 상위에 있는 자연의 논리에 의해 지배된다고 볼 수 있기 때문이다. 그 논리는 인간의 인식 밖에 있어서 명확하게 풀어낼 수는 없지만, 분명한 것은 그것이 적어도 인간의 논리로 환원되지 않는다는 사실이다. 그것은 조물주의 섭리일 수도 있고 우주의 이법일 수도 있어서, 상대적으로 그 섭리와 이법에 충실히 따르는 것들 안에서 자기 존재의 비밀을 캐려는 시도를 작가의 상상이 만들어낸 허구로만 단정지을 수 없다. 해마다 다시 피는 맨드라미, 변함없는 햇살과 바람과 하늘은 인간보다 훨씬 생명력이 길어서 그것들에게 인간의 탄생과 죽음의 비밀이 감추어져 있을 소지는 충분하다.

먼저 인간이 죽고 난 이후의 과정부터 살펴보자. 사람이 죽으면 유기체로서의 인간의 형태는 무너지고 흙이나 먼지 등 다른 물질적 존재로 바뀐다. 화장을 하여 한 줌의 가루로 변한다 해도 뿌려지면 바람 속에 날아다니며 하늘에 오르고 햇살을 머금는다. 그 바람과 햇살을 맞으며 맨드라미는 자란다. 주인공은 다양한 자연현상을 향하여 이렇게 말한다. "너희가 나라면 나는 언제 어디에고 있을 수 있을 텐데. 그리고 내가 언제 어디에고 있을 수 있는 거라면, 나는 바람이고 비고 하늘이고 햇빛이고 구름이며 바위임이 분명할 텐데. 너희가 있으면 내가 있는 것이고 내가 있으면 너희가 있는 것일 텐데."

주인공은 이처럼 자연주의적이고 유물론적인 시각에서 자기 존재의 편재성을 찾아 정당화한다. 존재의 양태가 바뀌기는 하지만 분명 죽음이라는 사건은 인간을 단순히 무로 돌아가게 하지는 않는다. 인간도 자연계의 순환 과정 안에 있다. 다음의 에피소드를 보자. 19세기 영국의 탐험가이자 박물학자인 워터턴(C. Waterton)은 자기가 죽은 후에는 자기 사유지에서 오리고기를 먹지 못하도록 했다고 한다. 오리가 벌레를 먹고 벌레는 자기 시신을 먹을 수 있으므로 오리를 먹는 사람은 간접적으로 자기 인육을 먹게 된다는 이유에서였다. 실제로 오리가 넓적한 부리로 모이를 먹어대는 광경은 너무나 게걸스러워서 이런 금지령을 내릴 법도 하겠지만, 이렇게 따지면 오리만으로는 금지 품목이 부족할 것이다.

좀 더 허허로운 일화도 있다. 《장자》의 〈대종사(大宗師)〉편에 자래와 자려의 이야기를 보자. 죽음에 임박한 자래에게 자려가 이렇게 말을 던진다. '위대하도다. 하늘의 조화여! 자네를 무엇으로 만들고 어디로 데려가는 것일까? 자네를 쥐의 간으로 만들려는 것일까? 벌레의 팔뚝으로 만들려는 것일까?' 죽어가는 자래의 응수도 만만치 않다. 요지는 이렇다. 현재 사람의 모습을 하고 있다고 사람으로만 있는 것은 아니니 천지를 커다란 용광로라 생각하고 조물주를 훌륭한 대장장이라 생각한다면 '어디로 간들 안 될 게 없다.'는 것이다. 자래와 자려가 말하는 '조물주'나 '하늘의 조화'는 다른 말로 대체할 수 있다. 신의 섭리나 자연의 이법이나 도(道)와 같이 인간의 의지 밖에서 인간의 운명을 결정하는 어떤 초월적인 존재를 상정해도 무방할 것이다.

다음으로 인간이 태어나기 이전의 과정도 다르지 않다. 나의 탄생 이전을 완전한 무로 상정할 수는 없다. 모체가 양분으로 섭취한 자연물이 나의 일부분을 형성했다면, 자연물과 나는 일정한 유사성을 공유하는 셈이 된다. 그런데 이러한 나와 자연현상 간의 관계는 자연과학적인 설명으로만 그치는 것이 아니다. 자기 몸이 자연으로 해체되어 자연 안에 편재하게 된다는 건 '편재할 수 있는 근거'를 몸이 이미 지니고 있어야 한다는 걸 뜻한다. 몸이 자연으로 되돌아가 어느 곳에나 자리 잡을 수 있기 위해서는 그 안에 이미 태곳적부터 진행된 자연의 진행 과정이 고스란히 축적되어 있어야 한다. 그래서 철학자 박동환은 〈모든 한계 지워진 것들의 세 가지 해법에 관하여〉라는 글에서 이렇게 말한다. "한 개체 생명이 그 몸에 지니고 있는 정보는 무한에 가깝다. 우주와 함께 몸은 기억할 수 없는 지난 시간으로부터 쌓은 자연의 경험을 저장하고 있기 때문이다." 인간은 죽은 후에 다양한 방식으로 분해되어 자연 공간을 흘러 다닐 뿐 아니라 태어나기 훨씬 이전부터 자연의 경험을 축적하고 거기에서 획득된 정보와 신호에 따라 '나'라는 생명으로 잉태되는 것이다. 한 인간의 탄생과 죽음을 둘러싸고 거대한 자연의 이법이 항상 작동하고 있는데도 다만 당사자인 인간이 이법의 정체를 알지 못할 따름이다.

현재의 나에만 집착하지 않는다면 나의 존재는 자연계의 큰 순환

속에서 새롭게 파악할 수 있다. 너무 크고 깊은 것을 사람들은 보지 못한다. 《장자》의 〈추수(秋水)〉 편에 나오는 말대로 "사람들이 안다고 하는 것은 모르는 것에 비할 바가 못 되며, 살아 있는 시간이란 살아 있지 않은 시간에 비길 바가 못 된다." 나를 나로서 인식하며 사는 시간은 백 년도 채 되지 않지만, 나를 따질 수 없는 시간은 헤아릴 수 없을 만큼 길다. 자연계의 거대한 흐름 속에서 '나'라는 개별자는 나 아닌 존재의 운행에 지배받아 그 안에 용해될 뿐이다. 내 입장에서 보면 내 삶의 시작과 종말은 일회적인 사건이어서 진지하게 대하지 않을 수 없지만, 자연의 입장에서 보면 만물의 생성과 소멸이 펼치는 파노라마의 일부에 지나지 않는다. 하루살이에게 '하루'는 우주적인 시간의 전체이지만 자연에게는 그저 하루일 따름이다. 따라서 나에게 절대적인 의미를 지니는 내 존재의 시작과 끝이 자연에게는 절대적이지 않다. "삶과 죽음의 시발점이 과연 있기나 한 것일까."라고 〈시계가 걸렸던 자리〉의 주인공이 의문을 제기했던 것도 바로 이렇게 광대한 스펙트럼 아래에서 이해할 수 있다.

생명현상과 우주의 상관관계와 관련하여 베르그송(E. Bergson)의 저술 《창조적 진화》에 따르면, 생명현상은 우주적인 생명의 약동(Elan Vital)의 결과로서 모든 개체적 현상에는 전 우주적 에너지가 총체적이고 지속적으로 작용한다. 그는 여기서 우주를 구성하는 다양한 계(界)들은 어느 것 하나 고립해서 존재하지 않고 상호 긴밀하게 실(絲)로 연결되어 있는데 그 연결 관계가 미약하다고 해서 무시해서는 안 된다고 지적한다. 태양에 관한 그의 설명을 보자. "태양을 우주와 연결시키는 실은 아마도 매우 가늘 것이다. 그러나 전 우주에 내재하는 지속이 우리가 사는 세계의 작은 부분에까지 바로 이 실을 따라서 전달되는 것이다." 우주적인 에너지는 태양의 활동과 약하게 연결되어 있기는 하지만 이 연결고리는 모든 생명체의 사소한 움직임에까지 구체적으로 파급된다. 물론 베르그송의 경우 생명 활동에 우연이 개입되므로 그 활동은 기계적으로 진행되지 않고 새로운 것을 창출하는 도약의 특성을 보이지만, 도약의 비밀이 밝혀지지 않았을 뿐 생명현상에 우주적인 에너지가 지속적으로 작용한다는 사실만큼은 확실하다.

인간과 자연의 관계에서 볼 때 텍스트의 마지막 화두는 시간의 문제다. 자연과 우주의 관점에서 볼 때 유한한 생이 새로운 차원에서 해석되듯이, 시간의 관점에서 새롭게 해석될 수 있는 대상이 있다. 바로 '시계'다. 텍스트의 제목은 〈시계가 걸렸던 자리〉인데, '걸렸던'이라는 완료시제에서 드러나듯이 주인공은 더 이상 예전의 시계를 갖고 있지 않다. 허물어져가는 고향집에서 그가 부딪힌 것은 그 옛날의 위풍당당했던 벽시계가 아니라 시계가 걸려 있었던 초라한 '자리'뿐이다. 어느 땐가 집집마다 벽시계가 걸리면서 사람들의 삶은 획기적으로 변화해왔지만 또한 변하지 않은 사실도 있다. 시계는 시간을 재단하고 측정하는 하나의 도구일 뿐이지 시계가 시간을 대체한 것은 아니다. 생명이 피고 지는 모든 곳에는 시간이 흐르고 있고 이런저런 '시계'들이 시간을 가늠해낸다. 해와 달이라는 시계, 해시계와 물시계, 전자시계가 시간을 잰다. 자연과 우주의 흐름 속에 의미 매김하고 자리 매김하는 여러 가지 '시계'들도 존재한다. 나라는 시계, 너라는 시계, 누군가의 시계, 무언가의 시계도 각자 분주하게 똑딱거린다. 그래서 구효서는 말한다. "이제 시계는 어디든 있는 거였다." 각각의 시계의 움직임은 자연과 우주의 거대한 시간 속에 편입되어 그 안에서 각자의 '나'를 표현한다. 하지만 중요한 건, 이들 개별적인 시계들이 없다면 우주의 시간도 빈 껍질에 지나지 않게 된다는 사실이다. 그런 한에서 개체의 삶과 죽음은 곧 우주 전체의 활동을 보장하고 완성하는 필수적인 계기다.

죽음아, 날 살려라

지은이 | 텍스트해석연구소 유헌식 외

1판 1쇄 발행일 2008년 10월 17일
1판 2쇄 발행일 2009년 6월 15일

발행인 | 김학원
편집인 | 한필훈 선완규
경영인 | 이상용
기획 | 최세정 홍승호 황서현 유소영 유은경 박태근
마케팅 | 하석진 김창규
디자인 | 송법성
저자 · 독자 서비스 | 조다영(humanist@humanistbooks.com)
스캔 · 출력 | 이희수 com.
조판 | 홍영사
용지 | 화인페이퍼
인쇄 | 청아문화사
제본 | 정민제본

발행처 | (주)휴머니스트 출판그룹
출판등록 | 제313-2007-000007호(2007년 1월 5일)
주소 | (121-869) 서울시 마포구 연남동 564-40
전화 | 02-335-4422 팩스 | 02-334-3427
홈페이지 | www.humanistbooks.com

ⓒ 유헌식 2008

ISBN 978-89-5862-258-1 03100

만든 사람들

기획 | 박태근(ptk2001@humanistbooks.com), 선완규
편집 | 임미영
일러스트레이션 | 양시호
디자인 | 석운디자인